JN068991

2020+1

東京大会を考える

日本オリンピック・アカデミー編著

刊行にあたって

　オリンピックは生き物で時代の流れや環境に応じて変化すると言われます。確かに歴史を見ると、アマチュアリズムの放棄、女性の進出、民間資金の導入などの構造的な変化がありました。近年はオリンピック改革の一環として、開催都市決定プロセスの変更や難民選手団の創設などオリンピック憲章のなし崩し的修正も頻繁に見られます。進化論ではありませんが、いずれもオリンピックが生き延びるための変化と言えます。

　さて東京 2020 オリンピック・パラリンピック競技大会もこのような流れの中にあります。パンデミックや暑さへの対策のため、聖火リレーの方式変更、一部競技の札幌移転、1 年延期、無観客開催、また開催懐疑論の広がりなど、近年の大会のスタンダード版から外れた措置や現象が少なからず見られました。1 年延期されたために日本国内の「政治の季節」と重なった影響も無視できません。

　この大会変容をどう評価するか、人によって見方が分かれます。コロナ流行に耐えて競技日程をすべて予定通りにこなした点に着目し肯定的評価をする人もあれば、一般国民がこぞって歓迎したわけではなく、オリンピックが持つべき祝祭感も欠けていたとして辛口の評価をする人もあります。一体何を基準にしてどこを見て大会の成否を評価すれば良いのかという入り口で迷う人もいます。こうして世論は二極化、多様化していきました。

　言うまでもなく、オリンピックは国際社会と国内社会のありさまを映し出す鏡と言われるだけに、多種多様な側面を持っています。今回の東京大会のような特殊要因が重なればなおさらです。その一側面だけを見て賛同ないし批判しても全体の評価にはなりません。各国で反オリンピックの世論に直面しているバッハ IOC 会長は、ネガティブ面だけでなくポジティブ面も併せ見てほしいと口癖のように述べていますが、なかなか個人一人ですべての側面を検証して全体像に迫るのは容易ではありません。やはり様々な意見、特に識見の深い専門家や広い経験を有する

実務者の考えを聞くことが全体の姿を理解するカギになると信じます。

　私たち日本オリンピック・アカデミー（JOA）は国際オリンピック・アカデミー（IOA）傘下の国別組織の一つとして、オリンピズムの拡大と深化を目的とする特定非営利活動法人です。日本の社会を反映する様々な職種の会員で構成されており、これまで43年にわたりそれぞれの立場でオリンピックに関与してきました。東京2020大会の準備過程や開催中も様々な形で協力しました。大会が終了した今、大会の評価を後世の歴史家に委ねるのではなく、自分たちが直接見たこと感じたこと行ったことを自分たち自身で総括して世に残し、オリンピックの発展に活かしたいとの思いで一致しました。

　本書は、東京2020大会を特徴づける多様な側面について、それぞれに精通した専門家と実務者が描いた作品を一堂に集めたものです。当然、執筆者各自の信念や体験も多様ですので、皆それぞれ視点や表現も異なる多彩な意見の発表の場となりましたが、ここに敢えてそのまま載せました。

　ただ立場や意見が違っても、すべての執筆者を貫いている共通点はオリンピックの愛好者であるとともにオリンピズムの信奉者であることです。現状を憂いたり喜んだりしつつオリンピックの将来を真剣に考えその価値を社会改革にも活かしたいとの思いを共有しています。本書に掲載されている各執筆者の論考にもこのような思いが底流となっています。

　本書が東京2020大会のレガシーの一つとなって、今後のオリンピック・ムーブメントの発展に寄与する一助となれば幸いです。

2022年2月

　　　　　　特定非営利活動法人　日本オリンピック・アカデミー会長
　　　　　　　　　　　　　　　　　　　　　　望月敏夫

編集協力：大野益弘

装　　丁：板垣敏絵

2020+1　東京大会を考える　　　目次

第3章　東京2020大会の報じ方・報じられ方・見られ方

第1章

東京 2020 大会の
評価と展望

東京大会の「魂」を探して

結城和香子

　2020 年東京大会の最後の炎が、パラリンピック閉会式で消えていく時、だれも観客のいない、巨大なスタジアムの記者席で、何とも言えない寂寥感に襲われた。

　オリンピック、パラリンピックの選手たちの活躍は、本当に素晴らしかった。それは勇気や希望を確実に世界に届けたと思うし、その舞台を用意できた私たちは、それを誇っていいのだと思った。開催して良かったか。その問いには迷わずその通り、と答えたい。それなのに、この思いは何なのだろう。

　招致時から、10 年近く追ってきた 2020 年東京大会。新型コロナウイルス感染症拡大による紆余曲折や、世論の批判を経て開催された大会は、28 年間、13 大会に及び取材を重ねてきたそれまでのオリンピック等と比べ、大きく変容してしまったように見えたのだ。選手たちの人間性の輝きが、千載一遇の大会開催という機会が、開催国日本の人々に、どれだけ届いたのだろうか。

　東京大会の光と影。それは私たちの社会、そしてオリンピック運動の今後に、どんな意味を持ち得るのかを考えたい。

宴の後

　東京大会の開催をコロナ禍の中で完遂したことには、多くの関係者から感謝と最大限の賛辞が寄せられた。

　「オリンピックの閉会式を終えた夜、我々は本当に安堵した」

　国際オリンピック委員会（IOC）のジョン・コーツ副会長（2020

年東京大会調整委員長）が述懐する。

「東京大会では、青写真も先例もない状況で、空前の規模の対策を敷かなければならなかった。しかも大会は、我々が想定した感染症の4つのシナリオの中で、世界で感染拡大が続く局面という、『最悪のシナリオ』の下で始まったからだ」

過去大会の開催の膨大な経験値を持つIOCが、相当追い込まれていたことも伝わってくる。

今回の東京大会はIOCにとって、大会が開催されるだけで「成功」だった。開催の灯を掲げ続けること、それがオリンピック憲章に定められたIOCの最も重要な使命だからだ。もちろん、開催によってもたらされる収入は、IOCを通じて国際スポーツ界を次の4年間支える資金源にもなる。しかしそれ以前に、史上初の延期を決め、世界の選手や関係者の懸念の払拭に努め、今後のオリンピック運動の浮沈をも託す形で走り続けて来たIOCとしての、安堵が先に立ったのだろう。

国際パラリンピック委員会（IPC）のクレイグ・スペンス広報部長も言う。

「2016年リオデジャネイロ大会の苦労が、まるで児戯のように見えてくる」

ちなみにリオ大会は、ブラジルの政治、経済状況の低迷の余波を受け、準備が大幅に遅れた大会だった。パラリンピックはそれに加えて、資金難のため開幕前になって「パラリンピック開催返上」の打診が組織委員会から舞い込んだ。笑えない本当の話だ。

それを超える東京大会の苦労とは、史上初の延期が決まった2020年3月以降、大会開催を模索してきた日々のことだ。感染症対策、進まない選手選考やクラス分け、加えてドイツ・ボンに本拠地を置くIPCは、ドイツ政府の規制を受け、職員が約1年半、顔

を合わせることなくオンラインで仕事をし続けた。「仲間の中には、コロナに罹患した家族にオンラインで別れを告げた者もいた。自分が死線をさまよった者もいた」

スペンス氏といい、コロナ禍で数十万人という死者を出したブラジルで、自宅からほとんど出ずに過ごしてきたというアンドリュー・パーソンズ IPC 会長といい、IPC の面々が記者会見や開閉会式で、過去に見たことがないほど感情的になり、涙まで見せていたのには事情がある。

魂のない大会

一方、やはり多くの関係者から、無観客開催となったことで、オリンピック・パラリンピックが変容してしまったことへの無念さも伝わって来た。

トーマス・バッハ IOC 会長は、オリンピック閉幕直前の総括記者会見でこう切り出した。「私は無観客開催になった東京大会が、魂のないオリンピックになるのではと感じていた。しかし、選手たちがその魂を吹き込んでくれた」

魂のない大会。歴代の IOC 会長からは聞いたことがないオリンピック評だ。無観客開催も含めたコロナ対策に関しては、日本側の判断をすべて容認してきた IOC の、これが本音だったかとも感じた。

豪州の女子競泳選手は、レース後の記者会見でこう言った。「私たちは大丈夫。むしろ日本の人々が、自国でオリンピックが開催されているのに、その祝祭の輪に加われないことが残念」

東京が招致に成功した時の IOC 評価委員長だったクレイグ・リーディー IOC 委員（元英国五輪委会長、2012 年ロンドン大会組織委理事）は、東京オリンピック閉幕前に、こんな感想をくれた。「競

技面での成功、選手の活躍、ボランティアの真心、すべて素晴らしかった。私の唯一の心の傷は、無観客になったことだ」

　なぜ観客を入れることが大切なのか。思い当たることがある。筆者が取材した過去大会で、記憶に刻まれた忘れ得ない瞬間には、常に観客の大声援がそこにあった。オリンピック史上最多の２３個の金メダルを獲得したマイケル・フェルプス選手が、満場の観衆に別れの手を挙げた時。地元英国のロンドン大会女子自転車競技で、現役最後のレースに臨み、僅差で敗れたヴィクトリア・ペンドルトン選手が、自分を破ったライバルの手を取り、万感を込めて大声援にこたえた時。リオデジャネイロ・パラリンピックで、地元ブラジルの競泳選手ダニエル・ディアス選手の笑顔に、人々が床を踏みならす大音響でこたえた時。会場を埋め尽くした人々の思いが、ただ一人の選手の人間性に向けられ、その選手が輝いているように見えたのだ。オリンピック（パラリンピック）の魔法、とも形容されるこうした忘れ得ない瞬間を、ともに創り出しているのは観客なのだと思う。そして報道は、その観客と選手の共鳴から生まれる感動を、世界の人々に伝えていくのだ。

　今大会。テニスのセンターコートでは、選手たちの背を押す拍手の代わりに、打音を覆い尽くすようなセミの大合唱が響いていた。自転車BMXやスケートボードでの、観客の盛り上がりはそこにはなかった。車いすバスケットボールの決勝戦の攻防は、どんなに張り詰めた空気に包まれただろうか。

　開催国の人々に、その記憶を残せないとは。

　バッハ会長が言うように、選手たちの涙や喜びは、無機質な空白を埋めてくれた。選手団が集まってチームの選手を応援したり、選手の手拍子の要求に対し、複数のライバルチームの関係者が応じたり。そこには、確かに魂があった。でも。

　レガシー（遺産）、という言葉がある。オリンピック・パラリンピックの開催は、私たち一人ひとりに何かを残し、その結果社会を少しでも変えられて初めて、意味があるものだと感じて来た。最初の一歩は、私たちが選手たちへの共感を通じ、受け取る触発や気づきのはずだ。リアルな祝祭感なしに、それはどこまで、心に届いたのだろう。

　友人のオリンピック記者が、こんな冗談を言っていた。「日本人は忍耐強いね。僕の国だったら、自国で開かれる大会を、なぜ国民に観戦させないのかと、暴動が起きていたと思うよ」

問われた「スポーツとは何か」

　宴の後の安堵と感謝。しかし開催国の我々には、「無事終わった」というだけでは割り切れない思いが残る。批判や懸念も呼んだ東京大会とは、私たちにとって一体何だったのか。私たちの社会には何が残ったのか——などの問いが頭をもたげるからだ。

　世界を覆ったコロナ禍という災いは、それぞれの社会が内包してきた歪みや弱点を浮き彫りにし、私たちに突きつけもした。今回東京大会に吹いた批判という逆風の中で、多くのスポーツ関係者の心に突き刺さったのは、「スポーツは不要不急だ」「コロナ禍の中でスポーツをしていいのか」といった声だったと思う。日本オリンピック委員会の山下泰裕会長は、総括の記者会見でこう言った。

　「スポーツは不要不急だ。そうした声が上がり、しかも欧米で見られたような、子どもたちからスポーツを奪わないでという反論も聞こえなかった。それは我々が、スポーツの価値やオリンピズムとは何かを、社会に伝え切れて来なかったということなのだと痛感した」

　もちろん、スポーツと人の命を比べることなどあり得ない。スポー

ツは平和な日常があって初めて行えるものだ、ともよく聞く。ただ、長引くコロナ禍の中で、感染経路などの理解が進み、対策をとり得ることが分かってきてからも、スポーツ、そして東京大会の開催に対する逆風は止まなかった。

　選手たちの中にも、スポーツを続けていいのかと自問する者が多く出た。それは、SNS等で選手たちに、大会参加を辞退してほしいという批判が出て来たのと軌を一にしている。

　スポーツとは本来、体と心を動かす喜びという、人間が享受するべき基本的な権利のひとつだ。コロナ禍の中で日々のストレスが募る中、私たちの多くは、近所の散歩や運動などが、心と体を解放してくれる貴重な時間となった体験を持つ。スポーツは、単なる娯楽と言うよりも、私たちの心や生き方に近い何かだ。オリンピック、パラリンピックの選手たちを思い起こしてほしい。彼らの挫折や歓喜の爆発は、人とは何かを教えてくれ、信じることの難しさと大切さ、希望の意味を伝えてくれた。

　スポーツ文化、という言葉がある。それは、そうしたスポーツの本質が共有され、人間らしく生きるための要素として大切にされる社会で育まれる。私たちの社会では、どこまでそれが成熟してきたのだろう。そんな疑問まで湧いてくる。

　そもそも、今回の2020年東京大会は、「スポーツの力」を人々に伝えることが目的だったはずなのだ。

　2011年の東日本大震災の後、被災地に入った選手や関係者は、皆で体を動かすことが、子どもたちに小さな笑顔を取り戻させるきっかけになるのを見た。サッカー女子ワールドカップでのなでしこジャパンの優勝や、多くの選手のメッセージ、2012年ロンドン大会での選手たちの活躍が、人々に何かを伝えるのを見た。だから2013年ブエノスアイレスIOC総会の招致演説では、「私たちは被

災地で、人に前を向かせるスポーツの力を見た。2020年大会開催を通じて、その力を感謝とともに世界に届けたい」と訴えた。それが東京大会の原点だったと言ってもいい。大会延期が決まってからは、コロナ禍に沈む世界に、スポーツを通じて光を届ける、そんな新たな使命を託されたようにさえ見えた。

　コロナ禍と、東京大会の開催をめぐる議論が浮き彫りにしたのは、私たちのスポーツ観そのものとも言える。でもその議論は、スポーツの本質を理解し、深める方向には進まなかった。

批判の正体

　批判はすべてフェアだったか？　残念ながら、私にはそれを肯定する自信はない。

　2020年1月、武漢封鎖の半月前。筆者はスイス・ローザンヌで、IOCの会議とユースオリンピックの取材をしていた。現地ではその後の激動を知らずに、東京大会のチケット販売の倍率の高さが話題になっていた。

　オリンピックの開催に、常に批判はついて回る。ただ言えるのは、このチケット狂騒曲が話題だった時期と、批判が燃え広がった時期とで、コロナ禍という要素以外、基本的なオリンピックや東京大会のありようが変わったわけではないということだ。つまり変わったのは、私たちの見方だったということになる。

　影響したのは、コロナ禍という逆境の中での意識や価値感の変化ではないか。大会開催に向けた批判が、感染拡大の局面と連動するように見えたことも、背景にある私たちの心の動きを示唆しているように思う。

　一つは心理的なものだ。先の見えないコロナ禍の中で、私たちには知らず知らずに、ストレスや怒りがたまっていった。小さなこと

でキレるようになる。熟睡できない。閉塞感、という言葉では形容しきれないほど、それは人々の精神に影響を与えたと思う。筆者もコロナ禍で父を失ったが、収入や身近な人の健康など、直接の影響を被った方々は一層そうだろうと思う。

　不満を向けやすかった象徴的な対象の一つが、オリンピックだったのではないか。もともと賛否があり、しかもコロナ禍でのリスクや、本来の姿からの変容など、批判の要素には事欠かない。政権批判とも重ねやすい。なぜ強行するのか、なぜオリンピックだけは特別なのか――。怒りや不公平さなどの理由から、正義感とともに批判の輪に加わった人もいただろう。

　怖いのは、批判の振り子が大きく振れだす時、そこには批判のための批判が生まれることだ。情報の正確性や根拠は二の次になり、どんなことでも批判のきっかけになってしまう。例えば、IOC幹部の発言の、SNSやメディアでの炎上だ。

　IOCはオリンピック運動の継続という目的を追求するビジネスライクな部分を持つ組織だ。世間の批判の根底にある反感は理解できる。ただ、批判をする場合はフェアに行わないと、事後の評価に耐えない。それは報道に携わる者として、自らに言い聞かせてきたことでもある。

　バッハ会長が「犠牲を払う必要がある」と発言したことが、日本人のコロナ禍による犠牲を示唆したかのように批判されたことをご記憶だろうか。実は同会長はこの表現を、1年以上前からスピーチで使い続けている。「東京大会は従来とは全く異なる大会になる。感染症対策への協力など、我々は全員が、何らかの犠牲を払う必要がある」という趣旨だ。その表現が突然、海外での報道を介して日本で炎上した。

　同時期のコーツ副会長の「緊急事態宣言でも開催する」との発言

も、傲慢だとの批判を呼んだ。言い方はともかく、のちに本人から聞いた真意は、日本の緊急事態宣言は欧米のロックダウンとは異なり、国内スポーツの試合も開催されている。開幕前のこの段階でIOC 幹部が大会開催に向けた逡巡を示せば、世界の選手やオリンピック委員会の信を揺るがすことになる——というものだ。発言の約 10 日後、豪州オリンピック委員会会長でもある彼の主導で、事前合宿のため最初に日本に到着したのが豪州女子ソフトボールチームだったことと合わせて考えると、彼の立場が分かりやすい。

　この「炎上」の後、IOC は、ぱたっと発信をやめてしまった。

　開幕が近づくと、いくつもの仮説を重ねて針小棒大にリスクを論じる主張も増えた。開催が世界にウイルスを爆発的に拡散する、というような極論も不安をあおった。これらは、その後の大会開催と専門家の検証を経て、杞憂であったことが示されていく。

　政治的な意図による批判の追い打ちも、大会直後に控えた総選挙をにらんで強まった。オリンピックは、招致時に与野党の支持を示す必要があり、建前上は「超党派」だ。しかし東京大会の開催は、特に大会延期決定のイニシアチブ以降、安倍元首相やそれを引き継いだ菅政権と同義語になっていった可能性がある。6 ～ 7 割を超えるような世論の批判は、野党及びその支持勢力にとっては格好の材料だったろう。某野党党首が 6 月、日本外国特派員協会の記者会見で、「出入国の権限は日本政府が持っており、強引にでも止めることは可能だ。権限を背景に（開催中止を）交渉すればまだ間に合う」と強弁していたことを思い出す。政治的批判が奏功したのか、大会開催は少なくとも、菅政権の政権浮揚にはつながらなかった。閉幕後、菅首相は総裁選への不出馬を決めた。

　世論の反対の高まりは、有識者や一部のスポーツ関係者の批判まで呼んだ。オリンピックはもはや国民に祝福される祭典ではなく、

やる意義は大きく減じた——そんな論議で、それはある意味正しかった。ただ、それでは今から中止すればいいのか？　その場合はもっと大きな未来への損失を抱えないか？　という問いに答えは見つからなかった。

　開幕さえすれば、きっと違う風が吹く。選手や組織委員会など関係者にとっては、そう念じ続けた日々だったろう。

延期ということの意味

　IOCは、自由な社会では、何事でも3割程度の反対がある、という言い方をする。コロナ禍があってもなくても、大会に反対を唱える人が3割ほどいると言いたいらしい。日本の世論調査でも当初、約30％が中止を支持し、残る30～40％は再延期という反応が続いた。

　再延期を求める声は、コロナ禍の影響への懸念の裏返しだったろう。例えば1964年東京大会を子どもの頃に見て、今度は孫と一緒に行こうと思っていたお年寄りが、コロナ禍のリスクに不安を募らせ、皆で祝える時期の開催を希望する。当然のことだ。

　ただ筆者は、再延期と聞くたび、人々はそれが非常に厳しいということを理解しているのだろうか？　と思った記憶がある。それは、史上初の延期を巡る事情を見ればよく分かる。

　オリンピックの延期というのは、古代、近代の史実を通じて初とされる。古代ギリシャのオリンピックでは、実務的な困難さ以上に、ゼウス神に捧げる祭典という性格上、人間の都合で変えることなど許されなかったのではと推察する。他方、近代オリンピックでは、戦争で中止になったことはあっても延期はない。理由の一端は、オリンピック憲章に、夏季大会はオリンピアードの初年に開催すると明記してあることだろう。

　延期後ジョン・コーツ氏に「憲章違反では」と聞いたことがある。彼の反応は、「変化を恐れていたら、世の変化についていけない」だった。

　延期は実務面では中止より大変だ。東京大会組織委員会がまず行ったのは、選手村を筆頭に、40を超える競技・関連施設の再契約交渉だった。そして前例のない感染症対策作りと実地運用。海外からの入国が始まると、組織委は一時、パンク状態になったほどだ。

　多くの課題はあったが、限られた時間でこれだけの作業や構築を行う能力を持つ、つまり延期ができ得る開催国は、実は世界にそうないのではないか。

　開催時期の変更は、選手はもちろん、国際スポーツ界にも大きな影響を与える。世界陸連など、多くの競技連盟の主要大会の日程変更。変更には開催地やスポンサーとの再交渉も必要になる。IOCが結ぶ、放送権やスポンサー契約にも影響を与える。

　再延期し、これらを全てもう一回動かしてくれというのには、相当の理由が必要になる。しかもコストをかけ、もう一年延期したとして、コロナ禍の影響が消えている保証もない。

変わりゆく未来

　バッハIOC会長は、2013年の就任以来、強権のリーダーシップで改革を打ち出してきた。新たな開催都市の選考法や、オリンピックのモットー「より速く、より高く、より強く」に「共に」を付け加えてしまうなど、タブー視されていたような領域にまで踏み込んでいく。新設されたIOC本部（オリンピックハウス）の会長室の外壁には、「Change or be Changed（自ら変われなければ、変化に呑み込まれる）」という座右の銘を、自筆で刻み込んでいるほどだ。史上初の大会延期も、彼のそうした考え方と、安倍元首相の思いとが一致した結果だった。

　他方、変革とは、様々な意味でオリンピックの姿を変えていくことでもある。延期され、コロナ禍下で開催された東京大会は、中長期的にどんな影響をオリンピック運動に与えるのか。

　コロナ禍での開催は、国内外の観客、海外から訪れる関係者の人数からサービス等に至るまで、あらゆる側面の規模縮小を突き詰め、実践する場ともなった。もちろん削減は、組織委員会のチケット収入、スポンサーのパビリオンや招待枠など、かなりの痛みを伴うものでもあり、オリンピック運動の枠組みを維持するのなら、バランスをどう取るかの議論が必要だ。だが、コーツ副会長が「大切なのは選手たちが競い合い、交流をすることであり、その他の部分は副次的なものだと悟った」と語るように、オリンピック・パラリンピック開催の根幹とは何かを熟慮するきっかけになった点では意味がある。

　東京大会の延期は、危機にあたってはオリンピック開催の時期が「変わり得る」ことも歴史に刻んだ。

　コーツ副会長は、今後開催地契約などに、大会延期を想定した条項を入れるつもりはないと言う。東京大会は、一度だけの例外だというわけだ。しかし歴史を振り返るまでもなく、オリンピックはボイコットから開催準備の遅れまで、数多くの試練に直面してきた。大会の開催が可変だという前例が、どんな余波をもたらすか。また、それは何年もかけて準備をする選手たちや、多額の投資を行うスポンサー等の心証、つまりオリンピックの価値そのものに影響を与えないか。

　目の前にある危機を脱するために、オリンピックの歴史が変わって行く。商業主義の導入も含めて、いくつもの転機がそうして訪れた。生き残るための最善の道だ。IOCはそう言うだろう。未来は、誰にも見通せないのだから。

このすばらしき世界

　東京大会の開催は、私たちと社会に何を残したのだろう。

　スポーツの力を人々に届け、それによって社会を変えるには、不可欠な前提が一つある。人々がオリンピック・パラリンピックに関心を持つことだ。コロナ対策で変容した大会の、祝祭感の減退。大会開幕まで続いた懸念や批判。こうした要素が、大会が残すレガシー（社会変化）に、負の影響を与えたことは間違いない。

　オリンピック・パラリンピック教育や、各地でのホストタウン等、多くのレガシー創出の試みも重ねられてきた。ここでも交流の中止や学校連携観戦の断念など、コロナ禍による影響は小さくなかった。大会後の教育の継続や、選手と人々が触れあう機会を設けるなど、その芽を育て続けることができればと願う。

　反面、コロナ禍の中での開催だからこそ輝いたものもあったように思う。選手たちの姿だ。今回競技会場で選手たちを見ていて、ある特徴が印象に残った。

　多くの選手が、オリンピック、パラリンピックという舞台で競い合えることを掛け値なしに喜び、支えてくれた多くの人への感謝を表したこと。

　勝ち負けや国の違いを超えて、互いをたたえ合う姿が多く見られたこと。

　皆、東京大会開催の可否さえ不透明な中で、スポーツをしていいのかと自問し、練習や選考の困難を乗り越え、厳しい感染症対策の規制を受け入れて参加を果たした。逆境が選手たちを、喜びや共感、互いへの敬意で結びつけているようだった。そこにはオリンピック・パラリンピックの、原点があるようにさえ見えた。

　だからこそだろう。選手たちの喜びの爆発や、挫折の涙は、希望を信じることの難しさ、それでも努力を続けることの意味とともに、

コロナ禍の中にいる世界の人々の心に痛いほど響いたのだ。

　13年間夢を追い続けた、上野由岐子選手らソフトボール代表の歓喜の輪。スケートボード女子パークで、高難度の技に挑んで敗れた岡本碧優（みすぐ）選手を、担ぎ上げたライバルたち。柔道男子100キロ級を、延長戦の末に制したウルフ・アロン選手の腕を、高く掲げたチョ・グハム選手（韓国）。

　パラリンピックでも、本当に多くの選手たちの姿が、私たちの記憶に焼き付き、心の扉を開いてくれた。亡き父に「私もカッパになった」と伝えたという、パラリンピック競泳女子の最年少メダリスト、山田美幸選手。車いすバスケットボールの大会MVPに選ばれた鳥海連志選手。執念で頂点を極めた、車いすテニスの国枝慎吾選手ら。大会が終わった後、自分が実に1年半ぶりに、何かに夢中になっていたことに思い当たった人もいたのではないか。心を解放し、触発する。それはかけがえのないスポーツの力だ。

　コロナ禍の中の開催だったから生まれたレガシーがもうひとつある。東京大会を完遂し、選手たちの感動を世界に伝えた日本に対し、世界の評価と好感度が高まったことだ。

　オリンピック最終日のIOC総会では、組織委員会の橋本聖子会長の報告が終わると、IOC委員や関係者が自発的に立ち上がり、長いスタンディングオベーションがわいた。

　「これだけの質の高さで遂行できたこと自体が驚くべきことだ。金メダルに値する」。次期夏季大会の開催都市、2024年パリのトニー・エスタンゲ組織委員会会長は言う。「東京大会は、スポーツはどんな暗い状況でも蘇ることができるのだと証明してくれた」

　各国大使館のオンライン会議でも、感謝が相次いだという。「ロンドン大会成功後の英国がそうだった。世界の好感度は、大切なソフトパワーとなる。それは得ようとしても得られないものだ」。ク

レイグ・リーディーIOC委員が言う。

　多くの困難やレガシーの縮減にも関わらず、大会を開くという約束を守ったこと。それが日本への信頼となり、国の「品格」を高めたというのだ。

　東京大会を開く意義とは何か。そんな声が多く聞かれたことを思い出す。大会の意義とは、「お上」が国民に示すべきものではない。それは私たちが、少子高齢化や人口減、世界での日本の立ち位置などの未来に向けて、どんな社会を目指すのか、という自問の中から生まれるべきものだ。逆境の中で自分を保ち、前を向き、誰かを助けたいと思える力。世界に貢献できる資質——。選手たちがくれた人間性の輝きと、国際社会の日本への信頼。それは私たちが探していた「東京大会の意義」にとても近いもの、と言えないだろうか。

　東京パラリンピックの閉会式。聖火が消えゆく直前に、ルイ・アームストロング晩年の名曲「このすばらしき世界（What a Woderful World)」が流れた。頸椎の損傷を負ったボーカリストの奥野敦士さんの渾身の歌が、合唱となって世界に広がっていく。人生や社会の苦難の中でも、当たり前の日常に喜びを見い出すことはできる。ほら、世界はこんなにも美しい——。そう、言われているように感じる曲だ。それは何だか、コロナ禍の中で開かれた東京オリンピック・パラリンピックそのものに、捧げられているようにも思えた。

　私たちは、人間性という美しさを見つけられただろうか。それをこれから、自分の中で育てていくことができるだろうか。この曲と、走馬燈のように心を通り過ぎる選手たちの活躍を思い起こすと、そんな問いが蘇るような気がしてくるのだ。

完成しオリンピック・パラリンピックの開幕を待つ国立競技場。しかしこの後、史上初の大会延期が訪れる（2019 年 12 月　結城和香子撮影）

東京からパリへ
——東京 2020 オリンピック大会の評価と展望

望月敏夫

はじめに―「政治・外交とスポーツの相互関与」の視点からの分析

　言うまでもなく、社会現象としてのオリンピックは政治、外交、経済、文化、メディア等の社会的勢力の影響下にあるが、そのうち、最も影響力が強いのは政治・外交であることが経験則で明らかである。更に東京大会は新型コロナ対策や国や党の選挙をめぐる国内政治の激しい動きに影響されたため、「大会の全体像」を把握するためには政治・外交の観点から見るアプローチが最も有効と言える。

　具体的には、筆者の職業的体験から導き出し講義、講演等で長年用いている「政治・外交とスポーツの相互関与の類型化（パターン）分析」の手法を使う。歴史的にオリンピックに付き物の多数の事例を４つの領域に分けパターン化し、東京大会に当てはめて比較検討するという単純な手法である。ただ東京大会は通常の大会と異なる環境の下で開催されたので、そこで生じた諸問題を一つの領域にまとめて追加し、全５つの領域にわたり検証する。

　オリンピック大会の成否を評価する際の判断基準（クライテリア）としては、技術的運用面（ロジスティクスとマネジメント）の巧拙も重要だが、決め手は実質的内容（サブスタンス）の良し悪しである。即ちオリンピズムの価値を体現させる「オリンピック・ムーブメント」が前進したか後退したかを大会で生じた事象ごとに判断することで、大会の総合的評価に近づきたい。

　「真理は細部に宿る」との格言（細かい部分にまでこだわり抜くことで全体としての完成度が高まるとの意味)を信じて検証したい。

　検証の過程で特に意識した点は、①大会が浮き彫りにした日本社会の諸課題　②オリンピック運動のあり方に陰に陽に影響する中国、韓国、北朝鮮、ロシアの動向　③3年後のパリ大会に東京から伝えるべき教訓　④オリンピックとパラリンピックの一体化が進む中で東京パラ大会の特色、である。

　なお、この小論で用いる「政治」は、外交を含む統治行為と権力闘争を中心とする政治学本来の定義を拡大して、「社会とその成員のあり方に影響する価値観及び力」を意味する「広義の政治」としたい。その主体（アクター）も、国家、政府、自治体等の公権力が主たるものだが、場合により"第4の権力者"たるマスメディア、国連等の国際機関、更にアスリート等の私人も含める。また「オリンピズムとオリンピック・ムーブメント」をひと口で定義すると、「スポーツの発展をはかり、それを通じて個人の尊厳の保持及び公正な社会の建設を目指す理念と運動」としたい。

1. 政治がスポーツに「積極的な」影響を及ぼす領域

　これは政治がオリンピック・ムーブメントの前進に貢献する領域である。

（1）国の取り組み その1─大会招致活動、「安全安心な」大会の開催

　国家は統治行為の一環としてその人材と資金を投入して、国内的には政権維持、景気浮揚、スポーツ振興、国民融和、地域開発等を、対外的には国際的地位の向上、"国威発揚"（後述）等を狙い、オリンピックを含む国際競技大会の招致と開催を支援する。

　東京大会は2007年以来2回の招致活動を経て実現したものだが、2回とも大会コンセプトの目玉に「安全安心」な大会を据えていわば国際公約とした。紆余曲折はあったが結果として、大会関係者へのコロナ対策を含め安全安心で平穏な環境をつくることがで

き、特段の事故もなく全競技日程を予定どおりにやり切った。これは「アスリート・ファースト」や「フェアプレー」原則を含むオリンピック・ムーブメントの体現と言って良い。出場した内外の選手が「大会を開催してもらい十分プレーできて有難かった」とインタビューで口々に述べていたのがそれを物語る。

　オリンピック開催を法的ではないが国際約束と認識し責任を誠実に履行したことで、信義を尊ぶ日本人の株が上がった。その根底には日本人の規律、責任感、組織力、"おもてなし精神"に加え、ボランティアと医療関係者の貢献があったことは言うまでもない。各国の政府、民間と主要メデイアの多くも称賛している。バッハ IOC 会長は大会直後の理事会で「大会は世界が待ち望んでいた希望の象徴だった。安全な大会を実施できた」と総括した。パリ大会組織委エスタンゲ会長も「厳しい状況下だったが最終的には大成功の大会として語り継がれて行くだろう」と述べている（9 月 8 日付朝日新聞）。パラリンピック大会も手探りだったオリンピックの運営体験を活かし円滑に進められたため、パラスポーツへの関心を深め、障がい者問題の意識向上に役立ったと思われる。パーソンズ IPC 会長が「歴史的成功」と表現したのも外交辞令だけではないであろう。

　その一方で、物事は終わり良ければ全て良しという訳ではなく、プロセスに問題があった。東京大会の準備過程でも数々の問題が発生し、折角の大会に影を落とした。特に開催に納得が行かない世論が投げかけた問題は大きく、それへの対応振りとともに反省が残る大会となった（p33. 政治側の意欲と結果にギャップを生じた領域をご参照）。

（2）国の取り組み その2—スポーツ助成策

　政治側からのスポーツ助成・強化策については、オリ・パラ双方の大会本番で開花した。スポーツ基本法制定以来国際的水準に近づきつつある日本政府のスポーツ政策の成果と言える。国際面でも、東京招致の公約として9年間ODA事業として実施してきた「スポーツ・フォー・トゥモロー」計画が、外務省によれば途上国を中心に200カ国、3000件を超える支援事業に成長し、東京大会に出場した選手も輩出した。人的海外援助の先輩国フランスも見習いたいとしているので今後も是非継続してほしい。

　ただ、どこの国でもそうだが、政府によるスポーツ助成には「トゲ」も含まれており、ともすれば政治側とスポーツとの適切な関係が崩れるので注意を要する。東京大会を運営した日本側内部の"政治主導"にもこの問題が見え隠れした。スポーツ界の古い体質に基づく不祥事が絶えないため、2019年にはスポーツ庁主導で「スポーツ団体ガバナンス・コード」が制定され監督官庁の監視が強化されたが、東京大会が近づくとまたぞろパワハラ事件等が起きている。

（3）自治体の取り組み—ホストタウン、聖火リレー

　政治側（自治体）が受け皿となったホストタウンや事前合宿は、コロナ流行のため当初受け入れ予定の規模から半減したのは残念だが、結局214自治体が受け入れ105カ国・地域の選手団7353人が参加した（9月の関係省庁連絡会議発表）。南スーダンチームを1年半合宿させた前橋市の例もある。パラ大会では71自治体が受け入れ52カ国・地域の選手団1735人が滞在した。これだけでも極めて活発な国際交流が地域住民との間で行われたことを示しており、地域の活性化、国際化、スポーツ振興等に寄与したことは間違いない。国際主義に立脚するオリンピック・ムーブメントの成功例

と言えよう。2002 年日韓共催サッカー W 杯で強豪カメルーンの合宿を受け入れ村長さんから小学生までフランス語やアフリカ問題を学び、その後も経済交流に発展している大分県中津江村が古典的事例としてよく出されるが、東京大会で結ばれた全国各地の良縁を長続きさせてほしい。

　聖火リレーもコロナ流行のためオリ・パラ大会とも方式の変更を余儀なくされたことは悔いが残るが、自治体とボランティアの協力で全国周遊を果たした。2008 年北京大会の聖火リレーはチベット問題や人権問題への抗議のために世界各地で妨害されたため、IOC は国際ルートを廃止した。それ以来ギリシャと開催国内のみで実施されているが、今回日本では政治的行為に巻き込まれることはなかった。各地のリレーの模様を毎晩 TV で見たが、老若男女がトーチを掲げそれぞれの想いを聖火に託し走る姿や、心身に障がいのある無しに関らず全員が見せたはじけるような明るい笑いは、東京大会への期待を雄弁に物語っていた。開催懐疑論が渦巻く世界とは別の世界であった。

　パリ大会ではセーヌ川下り、タヒチまでの空中リレー、文化遺産を巡るリレー等のフランスらしい独自性のあるイベントになる模様で、楽しみである。

（4）大会ボランティアの取り組み

　ボランティア自身は私人だが、政治側（組織委、自治体）の要員として、困難な環境の中で大会運営に重要は役割を演じた。コロナ感染への不安や度重なる業務変更等に翻弄され辞退者も続出した。正確な実数は未だ出ていないが、組織委、東京都等によれば、組織委の採用者（フィールド・キャストと呼ぶ競技場等での業務）はオリ・パラ合わせ延べ 7 万 6 千人となり、東京都の採用者（シティ・

キャストと呼ぶ交通案内等）は延べ1万7千人とされている。これに他の10の自治体採用者もいるので、すべて合わせると少なくとも10万人のボランティアが大会理念の一つである「おもてなし」を実践した。当然ながら諸外国の選手等から多大な称賛が寄せられ、献身的奉仕を示すアネクドートが絶えず聞かれた。よく言われる話で筆者の体験でもあるが、オリ・パラ大会の陰の主役は、アテネ大会では陽気で効率的なボランティア、北京大会では強面の軍人と警官、リオ大会では会場を盛り上げるのに秀でた観衆とされているところ、東京大会はアテネ型と言える。

　大会後に組織委がボランティア実践者に行ったアンケート調査によると、回答者約1万2千人のうち、苦労や不満もあった中で72%が一定の達成感があったとしている。彼らこそオリンピック・ムーブメント前進の土台でありかつ尖兵として貴重なレガシーであるので、彼らをムーブメントに"ピン止め"しておくことが望まれる。

（5）IOC の取り組み

　本来IOCはスポーツ側の代表だが、時には政治側で動く権力者の顔を持つ。東京大会の1年延期、マラソン等の札幌移転、プレイブックの遵守義務と制裁、無観客試合の導入等は当然日本側との協議で決まったものだが、IOCは強引な権力者とのイメージが日本国民の間で広まり、バッハ会長の一言一句や大会閉幕後の個人的"銀ブラ"にまで辛口コメントが見られた。

　IOCのことをすべて弁護する訳ではないが、バッハ会長はオリンピック改革の指針である「オリンピック・アジェンダ2020」の40カ条提案、更には最新の「アジェンダ2020＋5」の15カ条提案に基づき抜本的な改革を進めてきた。改革実現のターゲットを東京大会と定め、逆境下でも開催に漕ぎ着けるべく強いリーダーシッ

プを発揮してきたが、これが強引、強行と映ったようである。米国のテレビ会社から巨額の放映権料をもらうために酷暑の時期にオリンピックを開催し懐を肥やしているという日本のマスコミによる常套批判は、収入のほとんどが途上国等のスポーツ振興やオリンピック開催支援に還流していることも併せて報じるのがフェアであろう。

　国際スポーツ団体の役員をはじめ、日本のスポーツ界の国際的プレゼンスは中国や韓国にも劣る。IOCとの適切な関係維持と発言力の強化は今後も重要課題の一つである。

（6）ナショナリズムと"国威発揚"

　ナショナリズムは社会科学の中で解明が最も難しいテーマの一つで"摩訶不思議"な現象であると塩川伸明東大教授は言うが（「民族とネイション」岩波新書）、社会や個人に多大な影響を与える力を内包しているだけに、広義の政治力と言って良い。このようなナショナリズムはスポーツの場では選手や観客が自覚し発揮するものと国家主導で湧き起こすものとが併存している。これが合理的範囲内で発揮されるならば、大会を盛り上げ国民の一体感を醸成する効果があり、対外的には国家や民族の権威を高める。これは東京大会でも見て取れた。

　しかし、国家が国威発揚の名の下でナショナリズムを利用する場合は、メダル至上主義や国ぐるみドーピングを招き排他的国家主義や国際紛争にも結びつく。それでも中国やロシア（ROC）は国威発揚の掛け声の下、大量のメダルを獲得した。それがオリンピズムやパラリンピズムの神髄である人間の尊厳の保持や共生社会の実現につながっているのか、オリンピックが内包する基本的問題を東京大会でも見せつけられた。

　一方、国威発揚が死語となった民主主義国家では通常の外交行為として自国のイメージアップのための対外発信を行い、貿易、文化、スポーツ、観光等の分野で利益をもたらしている。この意味で東京大会が日本の国際的地位を高めた意義は大きい。

２．政治側の意欲と結果にギャップを生じた領域

　ここでは、パンデミックと「政治の季節」という特殊要因が重なったために、政治側の意図と意欲が十分に貫徹されずに終わったケースを示す。

（１）大会開催懐疑論

　政治側（大会運営者である政府、大会組織委員会および東京都等の自治体）は大会開催に注力したが、一般国民とメディアの中に開催の再延期や中止を訴える声が高まり、世論が二分されたかの様相を呈した。国民の多くは当然ながら感染症拡大の下での開催に不安を持つ一方、組織委員会内部の度重なる失態でオリンピック自体に幻滅や反感を募らせた。更に「政治の季節」の下で政権が打ち出すあらゆる施策を党派的立場から見る傾向が強まった。その根底に社会の格差や閉塞感の広がりを指摘する専門家もいる。政治側は前回の 1964 年東京大会の成功体験から国民はオリンピック好きであり政府の言うことに付いてくることを当然視していたきらいがあり、丁寧な説明が欠けていた。この結果、国民側も大会開催の目的と意義に関する議論をまともに行わず感情論が先立ち、"強行開催"という言葉が行き交った。更にマスメディアがこのような政治・社会状況を後追いし情緒的な国民感情を煽る結果となったと佐藤卓巳京大大学院教授は言う（8 月 17 日付朝日新聞）。

　懐疑論は国民の意見を分断し大会中も根強く残ったが、大会後の世論調査では一転し肯定論が 6 割近くに達した。これは世界最高

水準のスポーツの醍醐味や日本人選手の活躍のお陰だと思われるが、これと開催反対とのつじつまをどう合わせるか戸惑いが見られた新聞もあった。

パラ大会への国民の眼差しは暖かく、連日大きく報道したメディアのお陰もありパラスポーツと障がい者問題への国民の意識が飛躍的に高まったと思われる。

2024年パリ大会の支持率は東京大会閉幕時点で82%と言われ、22年春に選挙を控えるマクロン大統領の思惑もあろうが盛大な引継ぎ行事が行われた。ただ批判精神が旺盛なフランス人の国で3年後にどうなるか、既に環境保全派から反対論が出ている。パリ大会組織委員会は東京大会を反面教師として「対話促進委員会」を設置し国民とのコミュニケーションを重視する構えである。

（2）大会経費問題と再利用問題

招致時の見積もり7340億円が大会開幕時に1兆6440億円に膨らみ（このうち公費は半分超）、2022年3月目途に決算の大枠が決まる時には3兆円になるとの試算があるが、全貌は未だ見えていない。大会費用は関連部分の数値をどこまで算入するか入り組んでいて複雑だが、想定外の支出が増える一方、無観客に伴うチケット収入900億円等が無くなるため、赤字になるのは必須と見られ、都と国の公費負担も増加する。

近年欧米では、主に経費問題で一般国民の反対に会い、招致活動から途中撤退したり招致を勝ち取っても返上に追い込まれるケースが10件超も発生している。バッハ会長の出身地ミュンヘンやIOC本部近くのシオン市でも発生したのを見ると、税金の無駄遣い論が環境保全論と一緒になってオリンピック離れを推し進めていることが分かる。このため既設または仮施設を使い経費節減を旨とするコ

ンパクト・オリンピックが主流となり、東京大会運営者側もこれを大会コンセプトに据えて実現に努力してきた。しかし札幌移転等の暑さ対策や1年延長等のコロナ対策のため史上最高とも言われる開催経費になった。膨大な出費だけ見て運営者側やIOCを批判するのはやさしいが、22年の決算時には東京大会の基本目的とその成果のほか取り巻く環境も考慮した総合的評価を行い、国民に説明する必要がある。

　欧州中心に撤退・返上ドミノが続く中、パリ大会は既存施設を極力使うことを眼目として開催反対論に対応しているが、大統領選挙等の政治の季節を迎えるので行方が注目される。

　経費問題は大会後の競技施設、いわゆるハコモノの再利用問題に関連する。1998年長野冬季大会や各国の先行大会の例に鑑み、いわゆる負のレガシーになるのではないかとの懸念が既に表明されている。この問題は短期的な収支勘定で考えられがちだが、オリンピックの原点である国民のスポーツや文化の振興という公益の立場から長期的視野で対応することが求められる。マスコミに評判が悪いアテネ大会や北京大会の施設も、筆者が数年前に視察した時には主要施設は再利用で賑わっていた。

（3）「復興オリンピック」

　東京大会の主要コンセプトの一つとして政府主導で打ち出した「復興オリンピック」は、スポーツの力で東日本大震災の被災地復興を後押しし、世界に復興の姿を見てもらい支援に感謝することを目的にしている。現に人的、物的、精神的支援が行われ、聖火リレー、大会種目の野球、ソフト、サッカーの現地実施を行い、被災地からはそれなりに感謝された。しかし、もともとオリンピックと被災地復興との結びつきが抽象的で被災者側に直接訴えにくかったこと、

実績が計りにくいこと、政治の思惑と絡んでいたこと、震災 10 周年に実施された東京大会はコロナという新たな災害との戦いに忙殺されたこと等により、「復興五輪」のアピール力がかすんでしまった面がある。完全復興には遠いと言われている中で、大会のコンセプトに掲げた以上、レガシーとしてフォローすべき課題である。

（4）「文化プログラム」

　オリンピック憲章で実施が義務づけられている「文化プログラム」は、スポーツ、文化、教育の融合を目指すオリンピズムを具現するものとして競技スポーツと並び実施される。文化庁によれば、史上最良と言われた 2012 年ロンドン大会の文化プログラムに並ぶ数値目標を立て、2016 年から 4 年間にわたり 20 万件のイベント、5 万人のアーティスト、5000 万人の参加者数の大芸術祭を目指した。実際、認証された芸術文化イベントのうち目標の三分の一近くが障がい者アートも含め実施されたと言われる。ところが肝心の大会に合わせた集中実施時期にコロナ流行に遭遇したため、縮小、中止、インターネット開催等が続き、国民の間でも盛り上りを欠いた。また通常、オリンピックの開会式は自国の文化を発信する絶好の機会であるが、東京大会は学校の学園祭のようだったとの論評も見られた。筆者がロンドン大会で長い行列の末に観たいくつかの展示と公演は世界最高水準で、内外の観客にオリンピズムの重要側面を印象付けていた。東京大会はスポーツの方は何とか上手く行ったが、文化の方が主催者側の意図どおりに運ばず、不運だったとしか言いようがない。

　しかし、文化プログラムは文化レベルの向上、若い芸術家の育成、日本文化の海外発信等の重要な役割があるので、中核事業だった「日本博」を始め折角の企画を東京大会後も活かすことが望まれる。

　言うまでもなく、文化の国パリ大会では"ロンドン越え"を狙い多彩な事業が始まっている。

3．政治がスポーツに「消極的な」影響を及ぼす領域

　これは政治の論理がスポーツの論理を凌駕する結果、オリンピック・ムーブメントを阻害する領域である。

（1）大会ボイコット

　過去のオリンピックでしばしば起きたボイコットには、①開催国に抗議する開催国ボイコット（例えば1980年モスクワ大会。西側諸国が旧ソ連のアフガニスタン侵攻に抗議）　②開催国でなく第三国への抗議を表す第三国ボイコット（例えば1976年モントリオール大会。アフリカ諸国が南アのアパルトヘイト政策に抗議）　③開催国に抗議するため開会式や閉会式に政府代表を派遣しない外交的ボイコット（例えば2014年ソチ冬大会。西側諸国がロシアの同性愛者差別に抗議）がある。特に①と②は政治宣伝効果はあるがスポーツへのダメージが大きく、当然ながらIOCは最悪の行為だと反対している。東京大会はいずれの種類のボイコットも起きず正常であったが、文在寅大統領の開会式出席を巡り韓国の一部にボイコット論が見られた（結局、出席は実現しなかった）。前歴のある北朝鮮は今回何の説明もなく欠席したが、東京ボイコットには当たらない。中国は予定していた政府代表のランクを下げて開会式に出席させたが、台湾海峡問題絡みの不快感表明との解釈もある。

　一方、22年の北京冬季大会ボイコットの動きが活発化している。香港やウイグル自治区での人権問題やアグレッシブな"戦狼外交"に抗議すべく、欧米の議会や民間団体が外交的ないし全面ボイコットを主張している。習近平政権にとって北京大会は同年秋の共産党大会を控え自らの権威を示す重要な機会であり、関係者を訪日させ

コロナ対策を含む東京大会の運営を学習させ、また反ボイコットの外交工作を世界中で展開している。米中関係の推移にもよるが、北京大会は波乱含みである。

（2）国家ぐるみドーピング

ロシアは前回リオ大会に続き、その国名、国旗、国歌の下での参加が認められず、「ロシア・オリンピック委員会」（ROC）派遣チームとなった。映画007張りのドーピング隠しが発覚したにもかかわらず、是正措置を取らなかったための制裁措置である。これは冷戦時代からの悪しき伝統であるが、先般亡くなったロゲ前IOC会長はドーピングを八百長と違法賭けと並ぶ「スポーツの三悪」と規定し取り締りを強めた。それでも東京でROCは優秀な成績を収め、今後北京、パリ大会での制裁解除に向けて世界ドーピング防止機構（WADA）とロシアスポーツ大臣が協議中である。プーチン大統領の意向次第であろう。

（3）亡命事件

オリンピックに亡命事件は付き物だが、東京ではベラルーシの陸上女子選手が出場種目変更を強要され、これに抵抗した結果、最終的にはポーランドの人道ビザで同国に渡航できた。亡命事件に慣れていない日本のマスコミは大騒ぎしたが、本人はいわゆる亡命ではないと述べている。母国のルカシェンコ政権は独裁に抗議するアスリートも弾圧して国際社会の非難を浴びているので、パリ大会では一騒動が起きる予感がする。

（4）テロ、サイバー攻撃

東京大会開催の2021年は同時多発テロ事件が米国とフランスで

起きてから、それぞれ 20 周年と 6 周年に当たったが、幸い暴力的な妨害行為は発生しなかった旨警察庁が発表している。前歴のある北朝鮮の動きも見られなかった。

　サイバー攻撃は 2012 年ロンドン大会や 2018 年平昌冬季大会で実害が出た。東京ではロンドンの 2 倍以上の 4.5 億回仕掛けられたが全てブロックし大会運営に支障はなかった旨、組織委と NTT が明らかにしている。

　一方、東京大会後の国際政治は現状変更勢力と維持勢力の対立を軸に、朝鮮半島や台湾など地域的な軍拡競争も始まり、大会前より緊張が高まっている。アフガニスタンはテロの温床になる可能性が大きく世界はテロの脅威が増加すると内外の専門家は警告している。

　フランスは西洋とイスラムの"文明の対立"の最前線にあり、米軍のアフガン撤退後もアフリカ南部のサヘル地帯ゲリラの掃討作戦中である。大統領選挙の焦点の一つがイスラム過激派や移民等に対する治安対策とされており、パリ大会でも最大の課題の一つである。花のパリでは 2008 年北京大会のように軍と警察に包囲された物々しい大会になってほしくないが、そうは言っていられないのが現実であろう。

（5）大会参加拒否、対戦拒否

　敗戦国やアパルトヘイト実施国の選手を締め出した例は多いが、東京大会では起きず、逆にパラ大会への参加をあきらめたアフガニスタン選手を IPC と関係国が手を尽くして参加させたことがアスリート・ファーストの体現として評価された。

　一方 IOC は北朝鮮がオリンピック憲章上の参加義務に違反したとして資格停止処分を行ったため、同国は 22 年の北京冬季大会に

参加できない可能性が出てきた。平昌の夢よもう一度と北京での外交活動を描いていた模様の北朝鮮が今後どう出るか、暴発は避けて欲しい。平昌大会以来北朝鮮に宥和的態度が目立ったバッハ会長が今回厳しい制裁を課した背景は明らかでないが、韓国の金富謙首相は北京大会での南北接触に期待し IOC に対し寛大な措置を求める旨明らかにしている。

　イスラエル選手との対戦をイスラム教諸国の選手が拒否するいわゆるイスラエルボイコットは、これまでもよく見られた。背後に母国の政治の力が働いていると見られるが、東京大会ではアルジェリアの柔道選手が対戦を拒否し、イランの選手は試合の棄権を迫られた。

４．スポーツの「場」や「機会」が政治的に利用される領域

　テレビや SNS により世界中に伝えられるオリンピックの場は、国家や選手が政治宣伝に利用する舞台になっている。

（１）"表彰台パフォーマンス"

　東京大会では女子サッカー選手が試合開始前に片膝をつき（日本チームも同調）、米国の女子砲丸投げ選手は表彰台で両手を頭上に交差させて人種差別反対を訴えた。オリンピック憲章第 50 条はこのような行為を禁じており、バッハ会長もオリンピックを政治的プロパガンダのマーケットにするなとの固い立場をとっていた。だが、最近は選手が記者会見やデジタル手段で意見表明を行うことは差し支えないというところまで緩和されてきた。表現の自由や黒人差別撤廃運動の高まりを受けて米国等の動きが突出しているが、競技場内での政治的行為がどこまで許されるか、オリンピズムの基本を成す非政治主義原則との関係でデリケートな問題である。なお、東京大会での米国女子砲丸投げ選手に対する制裁は行われていない。

　パリ大会は国際的宣伝の効果が高いので、このようは政治的行為が増えると思われるが、野放しになると大会全体の秩序が崩れる恐れがある。

（2）看板、チラシ、ステッカー等による政治宣伝

　この種の政治行為は過去の国際大会で良く見られ、領土問題のプラカードを掲げて競技場内を走り回った韓国選手が出場停止処分を受けたこともある。東京大会でも韓国体育会が 16 世紀に日本軍を撃退した李舜臣将軍の抗日的な言葉を記載した横断幕を選手村のバルコニーで掲げたが、IOC は政治的プロパガンダに当たるとして撤去させた。また韓国側は日本の国会での野党質問を真似て選手村食堂の食材や表彰台でメダルの副賞として渡す花束（ビクトリー・ブーケ）に福島産品が含まれていると喧伝したほか、自国選手を負かした日本選手をインターネットで誹謗中傷した。韓国人女子ゴルファーのナイスショットに惜しみない拍手をする日本人ギャラリーと好対照である。これらは低レベルで無視すれば良いが拡大すると反作用を生み国民感情を互いに悪化させる。公的レベルでも韓国は大会組織委員会 HP に掲載された聖火リレー経路を示す日本地図に竹島が入っていることに抗議したが、加藤官房長官は直ちに反論した。

　"ゴールポスト移動外交"（後出しジャンケン外交）が韓国側でしばしば見られるが、相手が日本なら何をやっても構わないとの姿勢が朝野に残存しているのは残念である。隣国が経済分野のように政治、社会面でも成長することを願っている。

（3）街頭示威活動

　オリンピックの際の街頭での示威活動は人権問題や地域紛争絡みで過去の大会でしばしば起き、警官隊との衝突になるケースもあっ

た。東京では開催反対デモのほか、ミャンマーの国軍への反対デモ行進だけであった。コロナ対策による外国人の入国制限も一因であろう。

　フランス人は何かにつけて街頭行動に出るので、パリ大会では競技場外の秩序維持も課題になろう。

（4）ジェンダー平等、カミングアウト、難民選手団

　オリンピック憲章は性別、性的志向、社会的出自等による差別を禁じており、大会は女性、性的少数者、障がい者、難民等の地位向上を訴える良い機会である。

　女性選手はこれまで大会ごとに存在を高め、東京大会では男女の選手の比率がほぼ均等になり、男女混合競技も増加した結果、史上最もジェンダーバランスが取れた大会となった。IOC はこれを高く評価しているが、今後も女性の地位の更なる向上が必要とされる。

　また、東京大会は、LGBT であることを自分の意思で明らかにするいわゆる "Coming out of the closet" の選手の数が史上最多になったと言われ、その活動が注目された。

　世界の難民 8200 万人を代表するものとして、東京オリンピックでは 29 人、パラリンピックでは 6 人からなる難民選手団が前回リオ大会に続き編成された。バッハ会長のイニチアチブによるところが大きい。

　日本はジェンダーや難民問題で引き続き偏見や差別が残っているほか制度的にも遅れている。女性の地位に関する無神経な発言や行為は止まず、難民受け入れに至っては UNHCR の 2018 年統計では、ドイツ 110 万人に対し日本は 42 人（認定率 0.4％）である。各国と歴史的、地理的、文化的状況が異なるため単純比較はできないが、誤植ではないかと疑われるほど少ない日本の数値は、他の分

野で偉そうなことを言っても日本の恥と言える。「多様性と調和に基づく共生社会」の建設を標榜した東京大会が、日本の社会改革につながることを期待したい。

　パリ大会は「女性と若者の前進」という分かりやすい大会理念を掲げ、多くの先進的試みが見られるだろうから、日本へのフィードバックが期待される。

（5）オリンピック外交、貸席外交

　東京大会は内外のコロナ流行のため、外国要人の来訪者数は過去の大会と比べて格段に少なく、外交接触ではなく儀礼的色彩の強い機会となった。拉致問題を打開するための北朝鮮との接触も一部で期待されていたが、相手の大会欠席で実現しなかった。第三国間の要人の接触を支援する貸席外交も特記する例は無かった模様。

５．スポーツが政治に影響を及ぼす領域

　この領域もオリンピック・ムーブメントが前進したか後退したかにより、積極的なケースと消極的なケースに分けられる。なお、スポーツから政治への領域で起きる出来事は、政治からスポーツへの領域で起きる出来事の裏返し、または原因と結果の関係にあることが多く、事例的には重複もある。

（1）積極的なケース　その1―緊張緩和、平和構築―

　米中ピンポン外交が古典的ケースだが、サッカー、クリケット、野球等の国際大会が国民感情の好転や緊張緩和に役立ってきた。2002年日韓共催のサッカーW杯の好例が想起される。「平和の祭典」オリンピックでも古代オリンピックの故事にならい「オリンピック休戦決議」が大会ごとに国連総会で採択され、大会期間中の武力行使の停止等を呼びかけている。

　問題は、国際政治や国内対立の厳しい現実の中で、この休戦決議が功を奏した例がこれまで無いことである。オリンピック大会ごとに採択される儀式的行事となっているので、何とかこれに息を吹き込めないだろうか。東京大会たけなわ、中東、ミャンマー、アフガニスタン等での深刻化する事態を見ると無力感を禁じ得ない。オリンピックの持つ平和の理念とアピール力は尊いが幻想を抱いてはならず、そこに政治側の意思と執行力が伴わないと平和には近づけないことを肝に銘じるべきである。

　パリ大会では"政治大国"フランスがその政治力を使って大会が呼びかける平和の芽を育て、何らかの国際紛争の解決に寄与するという、スポーツと政治のコラボレーションが見られるかもしれない。

（2）積極的なケース その2─スポーツの社会貢献事業─

　一方、地道に平和に向けてスポーツの発信力を活用しているのは、IOC を中心に進められているスポーツの社会貢献事業である。人権、人種、ジェンダー、環境、気候変動、貧困等の「地球規模課題」の解決にスポーツの力で協力すべく国連等と共闘している。また世直し運動として国連が採択した SDGs やその前身の MDGs の目標ゴールの中にスポーツの役割を多く明示し、ゴール達成に貢献している。

　東京大会は「先進成熟国型オリンピック」と「SDGs オリンピック」を標榜し、大会運営とレガシー創出の指針として多数の社会改革プランを打ち出し実行してきた。一例だが、環境省主導の"都市鉱山"リサイクルプロジェクトにより、金属素材を古い TV、パソコン、携帯電話等から取り出し 5 千個の大会用メダルを作成し、また表彰台も回収したプラスチックで作ったほか、全国から集めた木材を競技場新設に一部使用し、解体後は各地に戻すことなどが実施され

た。このような持続可能性モデルを含む社会貢献事業が東京大会の意義の一つである旨をもっと発信すれば、一般国民の開催懐疑論も少しは和らいだと思う。政治側の怠慢と言われても仕方ないだろう。

（3）消極的なケース―国民感情の悪化、政治外交的摩擦―

　試合中のトラブルや勝敗が関係国の国民感情を悪化させ戦争にまで発展した事例は一昔前にあったが、現在はフーリガンに煽られるケースやヘイトスピーチ的要素も交じった大衆紙やSNSを介して関係国民の間で"炎上"するケースが見られる。東京大会は前述の韓国の例を除きこの面では平穏であった。

　スポーツの中には人間の理性を失わせる要因が存在するが、トラブルが発生する根底に政治・外交上の摩擦や紛争が存在するので、まずそこから手を付ける必要がある。日韓関係がその典型である。

まとめ

　東京大会の評価を感情論や特定の政治的立場から行わずに、一定の分析枠組みに基づき実証的に行うアプローチにより、政治とスポーツの相互作用の場を5つの領域に分け、各領域に属する多数の事例についてオリンピック・ムーブメントの進展度合いを検証した。

　「はじめに」で述べたように、大会の総合的な評価のためには、サブスタンス面での評価を主とすべきも、ロジスティクスとマネジメントの面（特に疫病対策、出入国管理、交通・輸送、競技場・選手村管理、暑さ対策）が順調であったかどうかも併せ検討する必要がある。この小論では後者の面を前者のように詳細に検証する紙数がないが、後者に携わった大会運営者側（国、組織委、東京都等の自治体）の現場の声を総合すると、自画自賛ではないが大会は大過なく日程どおり概ね円滑に実施されたとまとめることができる。

　こうして、大会の成否に関係するサブ面での重要事項を含めサブ・ロジ両面において、オリンピック・ムーブメントの推進に寄与したポジティブな事例の方が圧倒的に多い大会であったと結論付けられる。この意味で東京大会の総合的評価として及第点を与えて良いと思われる。

　今後は大会が残した正と負のレガシーに正面から向き合うことが大事である。

　第1に、日本では政治とスポーツの関係はとかく"政高スポ低"の傾向があったが、東京大会では概ね平等で建設的な協力関係が実現した。これを更に発展させるためには、オリンピズムの根幹をなす「スポーツの自治」原則に立ち、スポーツ側は自己規律、良好なガバナンス等の実現に努めるとともに、公権力側は、この原則を尊重し介入や規制を抑制するとともに、スポーツ支援策を強化すること、

　第2に、開催懐疑論を生んだ社会の諸相を振り返りつつ、大会を通じて浮き彫りにされた日本の社会やスポーツ界の課題に日本全体で取り組むこと、

　第3に、東京大会の貴重な経験を世界に発信することにより、日本自身の国際化と国際的地位の向上を進めるとともに、内外のオリンピック・ムーブメントの発展に寄与すること、特に、想定外の困難な環境の中で新たな大会像を確立した日本人の柔軟対応能力自体が今後もありうる諸困難に対応する際の良きモデルとなることを発信すること、が重要と思われる。

　以上を実行することにより東京大会の内外での評価が更に高まることは間違いない。これは 2030 年札幌冬季大会の招致の追い風にもなるだろう。

【追記】この小論は東京大会の全体像の把握が主目的であり、そのために多方面にわたり多数の論点や事例を援用した。しかしそれぞれの詳細な内容については、筆者の力が及ばずかつ紙数の関係もあり、踏み込んでいない。一方、それらはある意味で"見出し"的な役割を果たせると思うので、さらに各分野、各事項に精通した専門家や実務者の話を聞いたり著作物を読んだりすることで、真実に迫ることが可能になると思われる。

東京が残した深い傷
――ただひとつのプラス、生かすには

佐藤次郎

　東京 2020 オリンピック大会は、この時点（2021 年夏）で開くべきではなかった。再延長の道を探り、世界が落ち着きを取り戻すまでじっくりと待ったうえで、真の祝祭として開くべきだった。熱戦が繰り広げられていた会期中も、閉会式終了後も、日にちがたって数々の競技の記憶が薄れかけてからも、その思いが変わることはなかった。というのも、今回の開催が結果として、我々の愛してやまないオリンピックを深く傷つけてしまったからだ。

　2021 年 7 月 23 日、新型コロナウイルスの感染が爆発的に広がる危機的状況の中で、東京オリンピックは開かれた。世界中で 2 億 3 千万人超が感染し、死者数が 470 万を上回る（2021 年 9 月下旬時点）という、近代の人類が初めて直面するパンデミックである。そんな、かつてない危機のもとで、ひとつの街に各国から関係者だけで何万人もが集結する大イベントを開くべきか、どうか。そんなことが一般社会に受け入れられるかどうか。常識に沿って考えれば、大方の答えは「NO」だろう。すなわち、東京オリンピック開催には、その根底のところから無理があったというわけだ。当初は「あり得ない」ともいわれた史上初の開催延期がいとも簡単に決まったのが、その「無理」がどれほどのものであったのかを象徴している。

　当然のことながら、国内外からは開催を疑問視する声が相次いだ。国内で各メディアが実施した世論調査でも、再延期、あるいは中止

すべきとする反応が過半数を大きく超える状況になった。開催反対の流れが強まったのは当然といえる。開催に伴う人流が感染拡大に直結する怖れがあるからというだけではない。開催に疑問を呈する声は、世界的危機のただ中で、強引に「祝祭」を開こうとする非常識さ、無神経さに対する異議申し立てだったのである。

にもかかわらず、政府、東京都、国際オリンピック委員会（IOC）などの大会中枢は強行開催へと突き進み、その他の関係者も唯々諾々と従った。多くの国民、さらに海外からも何度となく寄せられた異議申し立てに誰も耳を貸そうとせず、当然の疑問に対して真摯に答えようともしなかった。ごく常識的に考えれば、あらゆる面に無理が重なり、山積している八方ふさがりの状況。なのに、その指摘に答えようともせず、ただただ決まった道を突っ走ろうとする姿勢はなんとも異様だったと言わねばならない。

そうした中から、開催強行の理由や、開催に賛成したり、その方向性を追認したりしていた人々の意見をすくい取ってみれば、「困難を乗り越えて世界が連帯する意義は大きい」「オリンピックは国民を勇気づけ、元気にする」「暗いトンネルの先の希望の光となる」「コロナ禍で分断された社会の絆を再生する」「これを目標としてきたアスリートのためにも開くべき」——といったところだろうか。が、これらが単なる建前、言葉だけのスローガンに過ぎないのは一目瞭然だろう。「連帯」とか「希望」とか「絆」とかいう、具体的な裏付けのない、耳ざわりのいい言葉を並べても、未曾有の地球規模の災厄のもとで、それでもなおオリンピックを開く理由の説明とはならない。そこに、コロナ禍に苦しむ多くの人をも納得させる説得力はまったくない。

また、「アスリートのため」というのも理由になっていない。オリンピック大会の主役は選手であるとはいえ、あらためて言うまで

もないことながら、オリンピックは選手だけのものでなく、スポーツファンをはじめとする数多くの人々のものでもあるからだ。

　つけ加えておけば、近年、「アスリート・ファースト」という言葉が連発されるのには違和感がある。オリンピックは競技会なのだから、選手が競技しやすい環境を整えるのは当たり前で、ことさら言い立てるまでもない。最近のそうした発言には、「選手のため」と言っておけば差し障りがないからと、いわば免罪符のような形で都合よく使っている場合が多いのではないか。そうしたことからしても、「アスリートのために開くべきだ」という論にはなんら説得力がない。

　そして、この状況で無理やり大会を開く異様さと正面から向き合うこともなく、「なぜ」の疑問に真摯に答えることもないまま、開幕直前にあわただしく「無観客開催」を決めて大会は開かれ、8 月 8 日に 17 日間の会期を終えた。メディアには「異形の五輪」「異例の大会」の総括があり、一方には、相も変らぬ「多くの感動が生まれた」の決まり文句が躍っていた。関係者はといえば「やはり、やってよかった」と自画自賛していたようだ。

　日本選手は、27 個の金をはじめとする史上最多の 58 個のメダルを獲得し、話題には事欠かなかった。いつものオリンピックほどではないにしろ、国内の盛り上がりはそれなりにあったと言えるだろう。開幕前、IOC や、運営に多大な影響力を持つ米 NBC のトップは、「大会が開催されて、日本選手が活躍すれば、国民の不満も消えるだろう」「始まれば、みんな楽しむだろう」といった趣旨の発言をして世間の反感を買っていたが、ある意味ではその通りになってしまったところもある。長年オリンピックを愛し、見つめ続けてきた者としては、なんとも虚しく、やり切れない気分を拭えな

い。たとえ大過なく終わったからといって、日本選手がメダルを取って世間が盛り上がったからといって、それは「やってよかった」「成功だった」などとは到底言えるものではなかったからだ。それどころか、「この時点で開くべきではなかった」の思いはますます募るばかりだからだ。

　なるほど、大会は懸念された大混乱に陥ることなく、17日間の競技を終えた。コロナ禍によって予選が開かれなかったり、出場できない有力選手が相次いだりもしたが、結果的には205カ国・地域と難民選手団から1万1千の選手が参加するという、これまで通りの形は整えられた。最も心配された大会関係者のコロナ感染は400人台で、これもそれほど大きな混乱にはつながらなかったと言っていいだろう。

　とはいえ、それは予想されたことだ。開催側が自ら「パラレルワールド」と語ったように、バブル方式をとって大会を一般社会から切り離してしまえば、その中で感染拡大を抑え込むのはさほど難しくはない。会期中、国内では感染拡大が一気にエスカレートしたが、それも関係者の来日や移動と直接結びつくものではなかったと思われる。開幕前、開催反対派はオリンピックが深刻な感染拡大を招くおそれを強く指摘し、対する大会側は「安心安全は確保できる」と連呼し続けたが、そもそも、感染拡大の懸念だけが大会開催の是非をめぐる問題ではなかった。もちろん、「国民の健康よりオリンピック開催を優先してはならない」との指摘が正論だったのは言うまでもないが、大会の中だけに限っていえば、無観客をはじめとする対策でそれなりの対応が可能なのは予測されていたことだろう。というわけで、予測の通りに、表面上は大きな破綻なく終わることができたのだ。

　だが、たとえ表面的には「なんとか切り抜けた」結果になったと

しても、東京オリンピックを振り返っての結論はいささかも変わるものではない。この大会をこの時点で開くべきではなかった。なぜかといえば、強引きわまりない、無理に無理を重ねた開催が、オリンピックそのものへの疑問、不信、さらには嫌悪までをも生んでしまったからだ。

　前述したように、世界を覆ったコロナ禍のもとでオリンピックという特別な祝祭を無理にも開こうという非常識は、当然のごとく強い反発を招き、それが、華やかなオリンピックの表面だけでなく、ふだんはさほど目立たない裏面や側面にまで一般の注目を集めることともなった。「なぜ、このような非常時に開こうとするのか」「そうまでして開催しようとする理由はいったい何なのか」という疑問が広がったのだ。そうなれば、必然的に世間の目が、かねて指摘されていたオリンピックの負の部分、すなわち、いわゆる商業主義、ビジネス優先主義の行き過ぎや、そのことから生まれた数々のマイナス面にも向くことになる。そこでどうなったかといえば、「オリンピックはカネで動いている」「カネまみれのイベントに過ぎない」というイメージが生まれ、世間を席巻してしまったのである。

　それは一面の真理ではある。が、それだけで決めつけられるものではないのはもちろんだ。商業主義やビジネスがオリンピックをここまで発展させてきたのは紛れもない事実だし、これだけ大きくなった祭典をビジネス抜きで維持していくのが不可能なのは目に見えている。ビジネスと、本来の理念とのバランスをいかに保つかという難題と常に向き合わねばならないのが、今日のオリンピックというものだろう。

　だが、「オリンピック＝カネ」という単純明快なイメージは、たちまち世の中に浸透した。一面の真理ではあるから、そのイメージ

はよけいに強力だった。かくして、「オリンピックはカネで動いている」「コロナ禍での強行開催も、すべてカネのため」というメッセージが世間に満ちてしまったのだ。それが、開催への反発を一気に強めたのは言うまでもない。

これは、どちらかというと、ふだんオリンピックにはさほど関心のない層に関する傾向だ。ただ、オリンピックに常日ごろから関心を持ち、そのありようをいろいろ考えている熱心な愛好家も、今回の強行開催には深く失望しているのではないか。なぜといえば、オリンピック開催を推進する政治家や自治体幹部、有力企業トップ、さらにはすべてを統括するIOCといった中枢部分に、肝心のオリンピック大会そのものを尊重し、大事にしようという思いが欠けているのが見えてしまったからである。

このような状況下で、疑問や懸念の声に向き合おうともせず、十分な論議も抜きにして、平時と同様に大会を開こうとすれば、オリンピックそのものが傷つくのは疑いない。直接の関係者が非難されるのにとどまらず、オリンピックという存在そのものに対する反発が生まれるのは避けられないからだ。そのことは、オリンピックが今後どのように存続していくのかという基本命題にもつながる。場合によっては、オリンピック大会の衰亡にもつながりかねない。にもかかわらず、開催中枢からは、オリンピックを傷つけてはならないという思いや配慮がほとんど伝わってこなかった。「自分たちが思うほど、オリンピックは大事にされていなかったのだ」と知った愛好家、ファンたちの失望はきわめて深かったに違いない。

熱心なファンのかなりの部分は「無理せず、再延期した方がいい」と考えたのではないだろうか。筆者もその一人だ。1年延期だけでは難しいとわかった時点で再延期の道を徹底的に探り、関係各方面と粘り強い交渉を行っていけば、4年延期も不可能ではなかったと

思う。強行開催でオリンピックそのものが深く傷つくのなら、たとえ4年延期で夏季大会を一回飛ばすことになろうとも、愛する祝祭を大事に守った方がいいと考えた人々は少なくなかったのではなかろうか。早い段階でコロナ禍がそう簡単にはおさまらないのを見通していれば、いかようにも対応できたのにと思わずにはいられない。近代社会が初めて経験する事態なのだから、いかなる前例や慣習も関係なく、「いまさら無理だ」とあきらめることもなく、どこまでも白紙で対応すべきだったのだ。なのに、そうした柔軟さ、困難の中でも最善の道を探ろうとする姿勢は見られなかった。それもまた、中枢にいた者たちに、世界が共有する貴重な宝としてオリンピックを大事に守ろうという思いが欠けていた証である。

　ことに、絶対的存在として君臨するIOCへの反発、失望は大きかったのではないか。ファンや開催国の国民の感情を逆なでするような発言を幹部が連発したのにはあきれるほかなかった。「アルマゲドンでもない限り、大会は開かれる」と言い放つとは、いったいどんな神経をしているのだろう。責任を回避し、自らの利益を守るのに汲々としている姿勢。IOCへの怒りが大会開催に対する反発をいっそう強めたのは疑いようがない。

　開催への反発をさらに増幅させたのが、「なぜ、いま」の問いに責任ある者たちが誰も答えようとしなかったことである。開幕間近になって、ようやくいくばくかのアクションが見られたが、いかにも遅すぎたし、説得力のある内容でもなかった。たとえ建前論であろうと、早い段階から、責任ある立場の人間が誠心誠意、国民に繰り返し語りかけていれば、事態はいささか変わっていたのではないか。だが、結局のところ、誰もその役目を果たそうとはしなかった。あれだけの疑問の声を無視するかのような姿勢をとり続ければ、反発や不信がさらに増幅するのは当たり前だろう。

　こうして、さまざまな層の数多くの人々に、オリンピックへの不信が植えつけられてしまった。「オリンピックは美しいものではない」「オリンピックは本当に必要なのだろうか」「オリンピックはなくてもいいのかもしれない」——の思いを多くの人々が抱いてしまった。強行開催が生んだ不信や反発が、果ては「オリンピックなんていらない」の嫌悪にまで発展したのである。「この時点での大会開催が、結果的にオリンピックを傷つけてしまった」というのは、まさしくそのことだ。

　近代オリンピックが始まって一世紀あまり。その時々でさまざまな課題や批判があったにしろ、オリンピック大会が基本的に歓迎され、多くの人に愛されてきたのは変わらなかったと思う。世界中から選手が集まって競い合うところから他にない感動が生まれ、また一方では参加者や観客が友情を育みつつ異文化への理解も深めていくという大会は、やはり唯一無二の存在であったからだ。ところが、ここまで述べてきたように、今回の東京大会はほとんど歓迎もされず、愛されもしなかった。それどころか、一部には「オリンピックなんていらない」という嫌悪感まで生んでしまった。さほどの混乱なく大会が終わって、そうした空気は少し和らいだようにも見えるが、社会の底流に抜きがたい不信が残ったのは間違いない。世界一オリンピックが好きと評された日本がそうなのだから、開催への疑問がメディアなどで呈された各国でも、大なり小なり、そうした流れは続いているだろう。あの唯一無二のオリンピックが、どこの地でも歓迎も愛されもしなくなるかもしれない。そのきっかけを東京がつくってしまった。これはまさに、深い傷が残ったと言うしかないではないか。

　どんな場合でも、競技そのものの魅力は変わらないという見方もあるだろう。それはその通りだと思う。今回も、異形の大会とまで

言われつつも、それぞれの競技はいつもと同じ輝きを放ち、見る者を感動させた。ただ——。世界最高峰の力と技に酔いながらも、心の底から楽しめないという思いがどこかに引っかかっていると感じた観戦者は少なくないのではないか。オリンピックを長く取材し、オリンピックならではの魅力を知り尽くした一人だと自負する筆者も、連日の TV 観戦を通して、そんな思いをどうしても拭えなかった。競技だけが素晴らしくても十分とはいえない。オリンピックは、その全体が輝いていなければ心から楽しめないのは、あの東西それぞれがボイコットした 2 大会が示している通りだ。今回の強行開催は、見る側の心にも癒えない傷を残したのである。

　前述したように、オリンピックは選手だけのものではない。もちろん、IOC やスポンサーだけのものでもない。忘れてはならないのは、世界中のオリンピックファンのものでもあるということだ。常にオリンピックを愛し、現地で、また TV で熱心に観戦してくれるファンの存在こそが、オリンピックをオリンピックたらしめている。

　オリンピックを心待ちにし、開幕すれば心から競技を楽しみ、また 4 年後をひたすら待つ。そんなファンや愛好家が世界中にいるからこそ、オリンピック大会はそこにしかない魅力を放つ。限られた愛好者しかいなければ、そうはいかない。年齢や性別や国籍に関係なく、他のどんなイベントよりも幅広い人々を惹きつけるからこその、特別な輝きなのである。だから、その幅広い支持を失えば、どんなにすごい記録が出ようと、どんなに豪華な舞台をしつらえようと、それはもはやオリンピックではない。多くの人々に歓迎されない、愛されもしない大会に成り下がってしまえば、オリンピックは消えていくしかないのだ。そう言えば、今回生まれてしまった流れがどれほど深刻なものなのか、わかってもらえるのではないか。

　ところで、「歓迎されざるオリンピック」の流れは、実のところ、いまに始まったことではない。近年の大会招致の状況が、それを否応なく見せつけている。あらためて思い起こさずにいられないのは、2022年冬季大会の開催招致だ。

　当初は冬季競技に伝統を持つ欧州のいくつもの都市が開催に意欲を見せていた。ところが、住民の強い反対などによって次々に撤退し、最後には北京とアルマトイ（カザフスタン）しか残らなかった末に、冬季競技に縁のなかった北京に決まった。あの「そして誰もいなくなった」招致劇の衝撃は、オリンピック史の転換点のひとつとして、いつまでも記憶され続けるだろう。「オリンピック離れ」がそこから目に見える形で始まったのだ。

　夏季大会招致も同様だった。2024年大会の招致でも有力都市の撤退が続き、パリとロサンゼルスしか残らなかった末の苦肉の策が、24年のパリ、28年のロスの同時決定である。IOCは「画期的」と自賛したが、実のところは、数少ない立候補都市をやりくりしたに過ぎない。開催地選定の方法を変えて、32年のブリスベン開催を早々と決めたのも、立候補都市激減を見越してのことだ。近年まで、あれほど激しい招致合戦が繰り広げられたのが一変して、いまや多くの国や都市が開催に背を向けるようになったのを見るにつけ、オリンピックに対する意識の激変を痛感せずにはいられない。

　これらの事態は、主として「カネがかかりすぎる」ことから起こっている。夏季、冬季大会ともに、開催経費が回を追うごとに膨らみ続けた結果、そんな負担は到底受け入れられないと判断した都市が相次いだのだ。経費削減が盛んに叫ばれてはいるものの、今回の東京大会の例をみてもわかるように、いったん膨らんでしまった費用を減らすのは至難の業と言わねばならない。「カネがかかりすぎる」大会に背を向ける流れに歯止めはかからないだろう。

　そして、今回はそこにまた別の「オリンピック離れ」が加わったというわけだ。開催を望む都市が出てこなければ大会は開けない。今回生まれた不信や反発によって多くの幅広い支持を失っていけば、オリンピックは衰退していかざるを得ない。いまや、オリンピックは二乗となった危機に直面している。つい最近まで、かつてない繁栄を謳歌していると見えたオリンピック大会だが、気がついてみれば、すぐそこに衰退への入り口が黒々と口を開けていたのである。

　先に触れたように、オリンピックは唯一無二の特別な存在だと思う。人類共通の財産、世界が共有する宝でもある。しかし、それはいま、多くの人々に背を向けられている。深く傷ついてもいる。そのことを直視しなければならない時が来ているのだ。

　「開かれるべきでなかった」東京大会は、それでもひとつだけ、プラスの材料を残した。多くの人々に、それもふだんはさほど関心を持っていない層にも、オリンピックのありように目を向けさせたことだ。ならば、それを生かさない手はない。ぜひとも今後へとつなげていきたい。すなわち、今回のあれこれは、多くのゆがみやひずみを抱えている現在のオリンピックをどう変えていくべきか、皆で考えるための何よりのきっかけとなるのではないか。改革への願ってもないチャンスに変えられるのではないか。そうしていけば、今回生まれたオリンピックへの不信や反発を解き、和らげていくことにもつながるに違いない。

　考え、変えていくべきことは山積している。何より先に取り組まねばならないのは、「カネのかかりすぎる」状況を少しでも改善していくことだろう。いまのままでは、一国にも相当するスーパーシティか、巨額の経費を国民の同意なしで投入できる強権国家でしかオリンピックは開けないことになる。それでは、オリンピックの理

念など生かせるはずもない。まずは、「カネがかからない」枠組み
をつくって、さまざまな地域の多くの都市が開催できるようにする
のが急務だ。そうでなければ、世界共有の宝を宝として生かすこと
はできない。

　経費節減・簡素化というと、開閉会式のありようが真っ先に頭に
浮かぶ。その経費は、全体からみればさほどの割合を占めているわ
けではないが、簡素化に取り組むなら、シンボルとしてこれ以上の
ものはない。開催国の歴史を詳細にたどり、国力や文化をこれ見よ
がしに誇示するショーばかりが延々と続くのが近年の開会式だが、
都合の悪いことにはほとんど触れない歴史紹介や、臆面もない国力
誇示を豪華絢爛の舞台で、最新鋭技術を駆使して繰り広げるのは、
オリンピックに本当にふさわしいだろうか。もし開閉会式の簡素化
が実現できれば、それは、あるべきオリンピックの姿の象徴として、
改革への何より強いメッセージとなる。

　と、こうして取り組むべき課題や目指すゴールを示すのは簡単だ
が、それを実行に移すのがどれだけ困難かは考えるまでもない。大
会の簡素化、経費の節減をどう具体化し、目に見える形にしていく
のか。たとえば、最も注目を集める開会式なら、どのような形にす
れば、多くの関係者が納得するのか。ビジネスと、本来の理念との
バランスをどうとっていくのか。目の前に立ちふさがるのは、考え
るだけで気の遠くなるような難問ばかりである。とはいえ、それを
なんとか解いていかなければ、オリンピックの将来は開けないので
はないだろうか。多くの都市や国が開催に背を向ける流れに歯止め
をかけ、多くのファンが抱いた不信や反発を解消していかなければ、
オリンピックの真の輝きは戻ってこないのではないか。いかに難し
かろうと、これらの課題には正面から向き合い、思い切って取り組
みを始めるしか道はないのだ。

　そう考えると、こうして危機の二乗に向き合っている現状は、根本的な改革への絶好のチャンスを意味しているのかもしれない。危機が深ければ、それだけ改革へのエネルギーは高まる。繁栄の中にいくつかの問題を内包しているような状態であれば、改革意欲はさほど高まらないが、危機が目に見えているのなら、そのまま現状維持に甘んじているわけにはいかないからだ。目の前に立ちふさがる超難問は、新たな形をつくるための入り口でもある。

　オリンピックはきわめて巨大で、かつ複雑な重層的構造をしている。多くのステークホルダーが存在していて、それぞれに権利を有しているのはその一側面だ。数万トン、数十万トンの巨船が素早く舵を切ることができないように、いま進んでいる方向を変えようとするのはそう簡単ではない。また一方では、オリンピックを神聖不可侵のようにとらえている向きもないではない。そうした状況から、「オリンピックを大きく変えるなど、できるわけがない」と、頭から思い込んでしまうのも無理からぬところではある。

　だが、オリンピックは神聖不可侵ではないし、オリンピック憲章が不磨の大典であるわけでもない。行き詰まったり、ゆがみが生じたりすれば、本来の理念を生かすべく、その都度よりよい形に変えていけばいいだけのことだ。コロナ禍のように、予想もしなかった事態も起きる。その前では、前例も建前も、古くからの慣習も何の意味も持たない。何より、オリンピックそのものに衰退の危機が迫っているのなら、それを避けるべく、いかようにも変えていくしかないではないか。「いま、そこにある危機」を直視し、変革への一歩を踏み出せば、おのずと道は開けていくだろう。

　さて、最後にひとつ、難しい課題が残った。オリンピックをよりよい方向へと導くための改革案を十分に検討し、実行可能な形に持っていくには、いったいどんな枠組みが必要なのだろうか。

　第一義的には、もちろんIOCがその責務を負っている。だが、改革を求めたとして、IOCがそれに応じるだろうか。たとえ応じたとしても、抜本的な改革案が出てくるだろうか。今回、垣間見えたように、彼らは自ら変革に取り組もうという積極性は持ち合わせていないように見える。思い切った改革は期待できない。

　国際競技連盟などのスポーツ団体も同じだろう。彼らも現状を維持するのに汲々としていて、画期的な改革を主導できるとは思えない。日本オリンピック委員会（JOC）とその幹部たちが、東京大会開催をめぐる一連の経緯の中で、まったく存在感を示せなかったのも、スポーツ団体にはあまり期待できないことを如実に示している。政治の世界や官僚機構にもリーダーシップは望めない。政界、官界は基本的に前例踏襲しか考えないからだ。まだしも、多額のカネを拠出している大スポンサーたちにはいささかの期待ができるかもしれない。

　では、どうすべきか。これはもう、オリンピックというものをきちんと理解し、真に愛している人たちがその役割を担うしかないだろう。心あるスポーツ人、現状追認を潔しとせず、改革の必要性をしっかり理解しているメディア関係者や識者、そしてオリンピックを草の根で支えている熱心なファンたち──。そんな人々が集まって具体的な検討を重ね、明確な形での改革を提言する枠組みができないものだろうか。

　現時点で、それがただの夢物語に過ぎないのは承知している。大組織に頼ることなく、「心ある人々を結集する」などと言っても、実現不可能な理想論をもて遊んでいるだけと受け取られるのが関の山に違いない。が、オリンピックのあり方を根本的に考え直すのが必須であるにもかかわらず、IOCをはじめとする主要な関係組織に、抜本的改革に取り組む姿勢があまり期待できない以上、他に道

はないのではないか。既得権益や保身や自分の利益にとらわれず、本来の理念のもとで客観的かつ公平にものごとを判断できる人々が、これからのオリンピックのあるべき姿を真摯に考え、改革案を明快に示すしかないのではないか。

　この夢物語がなんらかの形になっていく可能性があるのか、それとも空想の域を一歩も出られないのか、見通しはまったくつかない。だが、もし、そうした枠組みができて、そこに集まった声がひとつの力となり、いくばくかでも、あるべき改革の実現に寄与できたとすれば、それは間違いなく、新たなオリンピック・ムーブメントのスタートとなるだろう。

特別寄稿

東京 2020 大会は何を変えるのか

猪谷千春

　新型コロナウイルスのパンデミック (世界的流行) は人間社会の営みを大きく変えました。生活様式、仕事の仕方、ビジネスの方法など、あらゆるものが変わった、変わらざるを得なかったといってもいいでしょう。

　東京オリンピック・パラリンピックは「オリンピアード」といわれる 4 年のタームの 1 年目に実施するオリンピック競技大会の原則を変え、1 年延期を余儀なくされました。しかも感染拡大が収まらない状況から無観客、客席に観客のいない状況での開催となりました。この異形な大会は、オリンピックのあり方を考えさせるきっかけとなりました。

　社会の動きに遅れないよう、「オリンピックムーブメント」もまた変化していかなければなりません。国際オリンピック委員会 (IOC) は、私のような名誉委員も含めて委員それぞれに「ウイズコロナ」「ポストコロナ」におけるムーブメントのあり方について意見を求めました。1894 年に創設された IOC は時代の変化に柔軟に対応し、変化を繰り返しながら存続してきた組織です。チャールズ・ダーウィンの進化論ではありませんが、環境に適合し方向性をみつけてきた組織です。いまが変わらなければならない時であると自覚し、変革への動きを始めています。それがいつ、どのような形で現れるか、今後の分析や検討、そして実行が重要になります。

　史上初の 1 年延期が選手たちにどのように影響したのか、私自身もオリンピアンですから、選手サイドに立って考えてみました。1 年延びてトレーニングの方法がわからない、ベストコンディション

にもっていけない、選手たちがかわいそうだという意見も聞きました。確かにこの1年は選手たちにとって試練の期間でした。スポーツは常にいい状況、環境下で行われるものではありません。私のようなスキーの選手はまず自然と戦わなければなりません。雪や雨が降りしきり、風の強い日もあります。いかに与えられた環境の中でベストを尽くすかが問われます。逆に言えば、環境についていけない選手なら成功しないということです。延期になって以来、そうした思いで選手たちをみてきました。

　逆境を乗り越えてきた選手たちのなかで特に心に残っているのが、女子卓球の石川佳純選手です。彼女はコンデション調整の大変さを問われて、こう答えています。「私は1年延期になったことで、新しいことに挑戦する時間ができて良かったと思っています」

　石川選手は卓球台から離れて打ちあうスタイルでした。しかし、近年のスピード卓球ではそれが不利だと考えていました。どうしたら新しい卓球スタイルを身につけることができるか、石川さんは海外での試合や遠征などが中止になって余裕ができた時間で自分と向き合い、台につく新しいスタイルに挑戦しました。それが今年1月の日本選手権で5年ぶりのシングルス優勝に結実し、オリンピックでの活躍、メダル獲得につながっていったわけです。与えられた環境を活かしたという意味で、彼女こそほんとうのスポーツ選手だと思います。

　もうひとり名前をあげたいのが体操の内村航平選手です。東京オリンピックは鉄棒の落下という残念な結果に終わりましたが、これまでの実績は群を抜いています。

　その内村選手はコロナ禍で東京大会の「中止」「延期」を求める世論が8割を占めていた頃、こんな発言をしました。「国民のみなさんの『オリンピックができないのではないか』という思いが80％を超えているのは残念というか、しょうがないと思うけど、『で

きない』ではなく、『どうやったらできるか』を皆さんで考えて、どうにかできるように、そういう方向に変えてほしいと思います」

　会員制インターネットサイトSNS（ソーシャル・ネットワーキング・サービス）による東京大会批判が高まり、選手たちへの誹謗中傷も広がっている頃でした。何か発言すれば批判にさらされる懸念があったときでもあり、実際、内村選手の発言には心無い批判が多数ありました。しかし、彼はそうした批判を覚悟のうえで、最初から「できない」と諦めるのではなく置かれた状況の中で「何ができるか考えるべきだ」と述べたのです。あの状況下、重い発言だと受け止めました。

　ふたりは、まさに人間として生きる道を示してくれたと言ってもいいのではないでしょうか。私はふたりを心から尊敬しています。

　大会期間中、私は延べ30数か所、競技会場をみてまわりました。どの会場でも、スタッフやボランティアのみなさんが笑顔を絶やさず、競技の運営や選手たちの世話にあたっていました。ボランティアの方へのオリエンテーションが行き届いておらず、運転する車の操作に手間取ったり、会場や駐車場の入り口がわからずに右往左往したり、私もそうした事態に直面しましたが、総じて海外で行われた大会と比べて高く評価される内容でした。

　またバブル方式も、「ゼロリスク」という観点では満点とは言えないまでも、十分に効果を上げたと思います。私たちIOC関係者も毎日、ホテルでPCR検査を受けてから会場に向かうなど、検査体制は徹底していました。オリンピック由来の感染拡大につながらなかったことが証明しているでしょう。

　それぞれがそれぞれの立場でベストを尽くしたという意味では評価できる大会でした。

　競技では、東京大会で新しく採用されたスケートボードで素晴らしいシーンがありました。世界ランキング1位、日本の岡本碧優

選手が逆転を狙った最後の試技、最後の大技で転倒。しゃくり上げながらゴールしたとき、ライバルの選手たちが国を超えて駆け寄り、彼女を抱擁し肩車してその挑戦を称えました。選手どうしの交流、理解、友情、尊敬というオリンピックの価値、スポーツの本質を教えてくれました。誰が命じたのではなく、お互いがお互いを理解し尊敬しあっているから起きたハプニングです。「平和への貢献」というオリンピックムーブメントの理想の姿がそこにありました。

　そうした面も含めて、新型コロナウイルスという人類の敵がなければ、もっと高い評価が得られた大会であったと思います。

　残念だったのはメディアの報道です。ほんとうにオリンピックの仕組み、オリンピックムーブメントのあり方を理解して批判、報道していたのでしょうか。私には事実も作り事もないまぜにして中止論を煽り、面白おかしく報道していたように映りました。

　例えば新型コロナウイルスの感染拡大を抑えるのは東京2020大会の開催のためだとする報道がありました。拡大を抑えるのは国民のためです。オリンピックのためではありません。IOCは命と引き換えにオリンピックを開催するのかという極端な意見も聞かれました。そんなことはありえないことは明らかなのに、IOCが自分勝手に動いていると非難する声もありました。誤解を超えて悪意とも思える報道にはさすがに呆れました。

　バッハ会長が1泊250万円もする部屋に宿泊するなどありえません。調べればわかる話です。広島を訪問したことをノーベル平和賞欲しさの売名行為だと非難されました。広島の平和記念公園訪問は、広島市長から来てほしいと以前から要請されていたことでした。オリンピックムーブメントとは平和を希求する運動です。先々代のファン・アントニオ・サマランチ会長時代からIOCは「核の廃絶」「オリンピック停戦」を訴え、行動してきました。広島訪問、広島市と

の連帯は欠くべからざる行動でした。

　パラリンピックの開会式では、来なくともよいのにバッハ会長が再来日したと批判されました。IOC は国際パラリンピック委員会 (IPC) と共同歩調をとっています。相互の連携、連帯を深める意味でも以前から IOC 会長はパラリンピック開会式に出席してきました。なぜ、今回に限ってそうした報道がでたのでしょうか。また、オリンピックが終わった後、バッハ会長が緊急事態宣言下の銀座を散策したことをあげ、夫人同伴で「銀ブラ」を楽しんだと揶揄されました。あの日は日本橋で開かれていたオリンピック文化に関するイベントに参加、その帰途、銀座を歩いたのです。この大会ではバッハ会長をはじめとして、IOC 委員は夫人を同伴していません。来日人数を制限する方針に従い、夫人同伴という慣習は取り止めました。

　IOC はきちんとした内容での批判は真摯に受け止め、是正に努力します。しかし、今回の報道は根拠のない批判、為にする内容が多くありました。バッハ会長の発言も誤訳であったり、ある部分を切り出し都合よく編集されたものであったり、「ぼったくり男爵」という言葉に集約させていく意図があったのではないかと思えるものもありました。

　誹謗中傷は SNS で拡散されました。オリンピックへの詳しい知識がない人たちはそうした内容を信用し、さらに誤解を深めてしまいます。負のスパイラルに支配され、有識者と言われる人たちまで根拠が希薄な IOC 批判を繰り返したことは極めて遺憾でした。

　これまでなら新聞、テレビといった伝統メディアが「事実はこうだ」と報じました。しかし今回は、SNS などで醸成された空気を逆にテレビが煽りました。視聴率のためなら IOC を叩いたほうが良いとの判断があったのでしょうか。組織委員会や日本オリンピック委員会 (JOC) がきちんと説明し、反論すべきところは反論して然るべきでした。

メディアは社会的に大きな影響力を持っています。だからこそオリンピックムーブメントはメディアを頼りにし、IOCはメディアを大切にしてきました。メディアの責任はたいへん重いものだと思います。

　先にSNSの報道を批判しました。しかしSNSなどインターネットを駆使したニュース報道は、決して否定されるものではありません。いえ、SNSが普及した中で開催された東京2020大会を経て、より重要度は増しています。情報通信技術（ICT）のさらなる発展とともに、今後はオリンピックの普及、オリンピックムーブメントの推進に大きな役割を果たしてくれると確信しています。

　無観客で開催された大会はテレビが頼りでした。「中止」「延期」が叫ばれた大会でしたが、終わってみれば「開催してよかった」という声が多く聞かれたのは、テレビ放送のおかげでした。さらにオンデマンドなどネット放送のおかげでした。

　無観客で、スタジアムやアリーナ、グラウンドでの戦いを直接観戦し、感動と興奮を共有することはできなかったのですが、映像によって選手たちの躍動を感じることはできました。私は今回に限らず、どの大会でも観客席とロビーと2カ所で試合を観ることにしています。客席で臨場感を味わい、ロビーではテレビ中継を通して客席ではわからない選手個々の表情を知り、わかりやすい解説で競技を理解するためです。インターネットによる中継はさらに情報が加わります。今まで以上に競技の理解が進むことは間違いありません。

　IOCは「オリンピック・チャンネル」というインターネットテレビ局を創り、映像提供や選手、IOCなどの情報を提供しています。インターネット情報量の多さ、拡散の速さは頼もしい限りです。そこに「オリンピックとは何か」といった視点、理念や開催の意義

を伝える内容を充実させていけば、視聴者の理解がより進むことでしょう。誹謗中傷を禁止するルールづくりとともに、オリンピック理解を進めるコンテンツづくりが必要となることは言うまでもありません。

　この大会の一番の問題点は、オリンピックの意義、開催の意義がきちんと語られなかったことにあります。なぜ、新型コロナウイルスのパンデミックのなかで開催するのか、その前になぜ東京開催なのか、そうしたことがきちんと語られていたなら、人々の受け止め方は随分と変わっていたでしょう。

　オリンピック競技大会は単なる世界的な運動会ではありません。ピエール・ド・クーベルタンは1894年、若者がスポーツを通して互いの違いを理解し、世界の平和に貢献することを主旨として古代ギリシャで行われていたオリンピック競技大会を今の世に復活させました。「オリンピズム」と呼ばれるオリンピックの精神は、スポーツを通して心身の調和のとれた若者を育て、世界平和に貢献すると規定されています。言語や人種、性別と性的嗜好、宗教や政治体制などの違いで差別があってはならないと説いてもいます。

　しかし、オリンピズムなどはなかなか人口に膾炙していません。メディアで目にした記事は当初は「復興五輪」であり、コロナ禍では「中止」「開催」論、そして大会が始まると「メダル」競争でした。「復興」も「メダル」も大事な要素でしたが、オリンピックにとって最も重要な「平和への貢献」がどれほど語られたでしょう。新型コロナウイルスという人類共通の敵に、世界が手を携えて戦う「連帯の場」だと語られたでしょうか。JOCがもう少し前面に立って、オリンピック開催の意義、東京大会開催の意義を世の中に発信していくべきでした。

　改めてオリンピック・パラリンピック教育の重要性を思います。

東京 2020 大会では学校でのオリ・パラ教育に力を入れたと聞いています。一方でメディアでの発言等を見聞きするにつけ、メディアの人たちを含めた大人たちへの普及、浸透の足りなさを痛感しました。例えば、JOC と日本オリンピック・アカデミー (JOA) が協力してオリンピック・パラリンピックの理解浸透を図っていくのはどうでしょうか。東京で開催した「レガシー」とは何か、そこを考えるべきでしょう。

　東京大会は何ができて、何ができなかったのか。何を発信して、何が発信できなかったのか。開催経費はこれでいいのか、大会規模は適正なのか、開閉会式のあり方はいまのままでいいのか、環境への配慮はなされていたのだろうか……。私が持論にしています夏季大会と冬季大会の実施競技の変更も含めて、さまざまな角度から検証、総括し「東京モデル」として世界に発信、後世に伝えていかなければなりません。それこそが東京開催の「レガシー」となるはずです。

　身びいきかもしれませんが、新型コロナウイルスのパンデミック下というこれまで人類が経験したことのない環境のなかで、組織委員会はよくやられたと思います。世界各国・地域のオリンピック委員会、多くの選手たちから感謝の言葉が捧げられたのももっともな話です。「やればできる」ことを示したことは日本が誇りにしていいと思います。

　オリンピックと IOC は変革の時を迎えています。「持続可能な開発 (SDGs)」が地球全体の目標となるなか、オリンピックはどうあり、何を為すべきなのでしょうか。日本のスポーツ界も含めて、変わることを恐れてはならないと思います。

第2章

東京 2020 大会から
オリンピック・パラリンピック
のあり方を問う

もし 2020 年東京大会が中止されていたら、この大会をどのように評価できるのか
──東京都によるオリンピック教育の取り組みから考える一つの試論

和田 浩一

1.「ある大会は開催されなくてもよい」

　2020 年 3 月中旬、Covid-19 の世界的な流行により、2020 年東京大会の開催の可否や延期が議論されていた。ちょうどこの頃、近代オリンピックの創始者であるピエール・ド・クーベルタン（1863-1937 年）のオリンピズムを 30 年ほど追いかけてきた私の夢に、彼からのボイス・メッセージが届いたような気がした。

　　ただちに二つの問題が現れた。一つは次の大会のことであり、もう一つはまさに IOC の構成のことだった。一点目について、2020 年 3 月 11 日の世界保健機関による新型コロナウイルスのパンデミック宣言から 2 週間も経っていないうちに、私は「開催延期」の提案を受けることになった。……。迷う余地はなかった。ある大会は開催されなくてもよいが、オリンピアードの回数は数える。これは古代の習わしである。

　このメッセージはまったくのフィクションという訳ではなく、クーベルタン『オリンピックの回想』（1932 年）の一節を、2020 年 3 月の状況に合わせてリメイクしたものである。本来は 2 つの下線部に、「ベルギー侵攻」と「開催地変更」が入っている。
　1914 年 7 月末、第一次世界大戦の勃発により、オリンピック・ムーブメントは大きな危機にさらされることになった。2 年後の 1916 年に予定されていたオリンピック大会の開催地をベルリンから他の

都市へ変更する案が、IOC（国際オリンピック委員会）委員の間
を駆け巡ったのは、必然の結果だった。注目したいのは、クーベル
タンがここで「ある大会は開催されなくてもよいが、オリンピアー
ドの回数は数える」との原則を、《迷うことなく》示した点である。

　実はこのとき、1917 年の任期満了で IOC の会長職を退くつも
りにしていたクーベルタンは[1]、オリンピック・ムーブメントを永
続させるための土台づくりを急いでいた。言い換えれば、オリンピッ
ク・ムーブメントを揺るがす要素を未然に摘み取り、これを「持続
可能な」なものとするための基本方針を間髪入れずに示す必要に迫
られていた。しかし、より重要なのは彼の思想である。

　クーベルタンはオリンピズムという近代オリンピックの理念を創
案するにあたり、古代オリンピックを支えた 3 つの思想をモデル
にした。具体的には、1）調和的な人間の理想像を表わすカロカガ
ティアと、2）聖なる休戦を意味するエケケイリア、3）スポーツ
と芸術の結合である。2）のエケケイリアは古代オリンピックを安
全に挙行するために、その前後を含めた 1 か月半ほどの期間はポ
リス（都市国家）間の戦争を一時的に中止しようという考えにもと
づいた聖なる休戦である。この休戦の思想がオリンピズムの中核に
位置づけられたが故に、近代オリンピック大会は平和の祭典と呼ば
れている。前述の原則が《迷うことなく》示されたのは、クーベル
タンの頭の中に、絶対にぶれることのないオリンピズムの中心的な
思想があったからだった。

　「休戦」の観念、これもまたオリンピズムの一つの要素です。
この観念は「リズム」の観念と密接に結びついています。オリ
ンピック大会は、（4 年に一度という）天文学の厳密なリズム
に合わせて祝福されねばなりません。なぜなら、それは人類の

各世代がいささかも途切れることなく現れることを讃えるために 4 年ごとに開かれる、春の祭典を意味するからです。それゆえ、このリズムは厳格に守られなければなりません。現代も古代の場合と同じように、どうしても避けることのできない予期せぬ事態が生じたときは、（大会の中止により）オリンピアードが祝福されないこともあるでしょう。しかし、その順序も回数も変えるわけにはいかないのです（「近代オリンピズムの哲学的基礎」、1935 年）。

オリンピアードとは古代ギリシャで採用されていた 4 年間を意味する暦のことであり、古代オリンピックはこの暦を使って 4 年ごとに開かれていた宗教的な祭典だった。この 4 年に一度のリズムは近代オリンピックに継承され、第 1 回アテネ大会の開催年である 1896 年が、第 1 オリンピアード（1896-1899 年）の 1 年目と定義されている。IOC の公式言語による 2020 年東京大会の正式名称は « les Jeux de la XXXIIe olympiade »（フランス語）と "the Games of the XXXII Olympiad"（英語）であり、「第 32 オリンピアードの競技大会」が字義どおりの意味となる[2]。《戦争によりオリンピック大会は開催できなくなるが、オリンピアードの全期間を通して営まれる平和な社会を目指すムーブメントのリズムは決して途切れない》。クーベルタンが示した原則には、このような「平和」への強い思いが透けて見える。

「ある大会は開催されなくてもよいが、オリンピアードの回数は数える」。これは古代オリンピックのエケケイリアをルーツにもつ平和思想から生まれたオリンピズムの原則であり、予期せぬリスクによるオリンピック・ムーブメントへの被害を最小限に押さえるためにクーベルタンがとった、リスク・マネジメントの一つだった。

2. 〈新しい教育学〉の創出

　歴史に「たら」「れば」はない。しかし、オリンピック・ムーブメントの未来を前向きに議論するために、冒頭のメッセージに託されたクーベルタンの思いを汲み取り、あえて2020年東京大会が中止されたものと仮定し、この大会をどのように評価できるのかを考えてみることにしたい。評価の対象は「教育」である。

　「世界を映す鏡」とも呼ばれるように、近代オリンピックにはスポーツだけでなく、政治や経済、教育、科学技術、地方自治、安全保障、環境、歴史、哲学、組織のガバナンスなど、人間社会の実に多くの営みが複雑に入り組んでいる。2021年大会の終了直後に筆者一人の力で、しかも限られた紙面の中で、東京大会に関わる営みすべてを総括することは不可能であるし、たとえ形だけ書き切ったとしても雲をぼんやりと掴むような内容にしかならない。それよりも、日々の「教育」現場の中で自分が能動的に取り組んだ活動に焦点を当ててその意味を問う方が、何百倍もの意義がある。

　「教育」を取り上げるもう一つの理由は、十分な成果を残せなかったものの、これが、クーベルタンがオリンピック・ムーブメントの枠組みの中で推進しようとした重要な事業だったからである。彼は近代オリンピック復興40年を記念する1934年の式典で、次のように語って憚らなかった。「IOCは増える一方の技術的な役割に巻き込まれ、1897年のオリンピック・コングレスに端を発するその教育学的事業を追求することができなかった」（「オリンピズムの40年 1894-1934年」、1934年）。

　オリンピック・コングレスとは、オリンピック・ムーブメントを推進するためにクーベルタンが不定期に開いた学術的な会議である。オリンピック大会とオリンピック・コングレスは、「制度」と「思想」の面でムーブメントを支える車の両輪の関係にある。クーベル

タンは IOC 会長在任中、1897 年を皮切りに 7 回のコングレスを開催した。取り上げられたテーマは、衛生学や教育学、歴史、スポーツと体育の諸問題、芸術と文学、スポーツ心理学、オリンピック教育学である。このように、当時のスポーツの世界に収まり切らないテーマが設定されたのには理由があった。それは、スポーツを狭い枠の中に閉じ込めておくのではなく、「身体的・知的・道徳的・審美的」視点から多様な光をこれに当て、そこから〈新しい教育学〉を作り出すことが、オリンピズムにもとづくオリンピック・ムーブメントの実体とならねばならなかったからである [3]。つまり、スポーツの実践のみがオリンピズム（オリンピック）ではないことを、彼は掛け声だけではなく行動で示したのである。

　筆者は 2020 年東京大会に向けたオリンピック・ムーブメントの中で、オリンピック教育と呼ばれる「教育」活動にささやかながら携わる機会を得た [4]。オリンピック教育とは、オリンピック（パラリンピック等を含む）を教材として、国際的な視野に立ち世界平和の構築に貢献する人材を育成する教育的活動のことである [5]。IOC は現在、オリンピック教育に取り組む国際オリンピック・アカデミーや他の機関への支援を自らの使命・役割として、オリンピック憲章（第 2 条第 16 項）に書き込んでいる。つまりオリンピック教育は、オリンピック・ムーブメントの中に明確に位置づけられた一つの教育的事業なのである。

　次節では、〈新しい教育学〉の創出を模索したオリンピック教育のある一つの取り組みに注目し、これをオリンピズムの視点から評価することで、〈中止された東京大会〉のもつ意味を考えたい。なお、この試論が大会中止直後に書いた「クーベルタンへの報告書」という体裁をとることを、お許しいただきたい。

3.〈中止された東京大会〉の意味

(1) そもそもオリンピズムとは何なのか？

　ピエール・ド・クーベルタン様

　Covid-19 の世界的な感染拡大により、2020 年東京大会は中止となりました。この大会は日本にとって、4 回目のオリンピック大会になるはずでした。実はこれら 4 つの大会には共通点があります。それは、オリンピックに関する学習が学校で展開されたことです。

　1964 年大会の際には、開催都市の東京だけではなく、大阪や京都などの複数の都市が独自の副読本を作成し、学校教育の中でオリンピック学習を展開しました。副読本を利用したオリンピック学習は、1972 年の札幌冬季大会にも受け継がれました。IOC が組織的なオリンピック教育に注目し始めたのは 1988 年のことですから、これら 2 つの事例はその先駆だと見なせます。

　1998 年の長野冬季大会では、一つの学校が一つの国について学び応援するという「一校一国運動」が展開され、IOC から高い評価を得ました。IOC はその後、オリンピックへの教育的なアプローチを強めます。2000 年の文化・オリンピック教育委員会の設置、2005 年のオリンピック価値教育プログラムの開発の決定[6]、2010年以降のユース・オリンピック競技大会の開催が、その例です。

　2020 年東京大会のオリンピック教育は、以上のような日本におけるオリンピック学習／教育の経験と IOC による近年の教育的アプローチの強化という、2 つの流れに位置づいています。2020 年東京大会組織委員会や東京都教育委員会、スポーツ庁、日本オリンピック委員会、日本パラリンピック委員会、日本オリンピック・アカデミー、筑波大学オリンピック教育プラットフォーム、国際ピエール・ド・クーベルタン委員会、大会スポンサーのパナソニックなどが主体者となり、それぞれ個性的なオリンピック教育を展開してい

ます。

　この報告書で焦点を当てる東京都によるオリンピック教育は、公立の小学校から高校までの約 2,300 校に在籍する約 100 万人の児童・生徒を対象とするものです。日本の首都という政治的・行政的な意味でも、100 万人の児童・生徒という規模の面でも、その影響力は他の追随を許しません。

　しかし現場の先生たちは、大きな悩みを抱えています。「そもそもオリンピズムとは何なのか」「自分たちのオリンピック教育の実践は、オリンピズムに適ったものなのか」といった根本的な疑問が解消されぬまま、オリンピック教育を進めなければならないからです。残念ながら、日本語で読めるあなた（クーベルタン）のテキストは、1964 年東京大会の 2 年前に出版された大島謙吉訳『オリンピックの回想』（ベースボール・マガジン社）しかありません[7]。

　私は東京都の研究部会による 2018 年度のオリンピック教育の実践的研究を取り上げ、これをあなたの考えたオリンピズムから意味づけることで、先生たちの疑問に答えてみようと思います[8]。

　オリンピック教育への悩みや疑問には、一つの大きな背景があります。それは、オリンピック・ムーブメントの根幹をなすオリンピズムと日本語との間にある言語的な隔たりです。外来語であるオリンピズムは、日本語として定着していません。東京を走る電車の中で、「オリンピズムとは何か知っていますか」と日本人に尋ねてみてください。ほとんどの人は、「聞いたこともありません」と答えるでしょう。

　2020 年東京大会に向けて編まれた副読本では、オリンピック精神やオリンピックの理念といった言い換えではなく、「オリンピズム」という用語がそのまま使われました。したがって、現場の先生たちは「オリンピズム」の実体をよく理解しないまま、児童・生徒

を対象にオリンピック教育を展開しなければならないのです。これは、西欧文化圏におけるオリンピック教育と決定的に異なる点です。

アジア文化圏におけるオリンピック教育の事例を取り上げる意義は、そこにあります。「オリンピズム」という用語が定着していない文化圏は、オリンピック教育にどのような可能性を見いだせるのか。このような展望を開くことは、200 を超える国と地域が集うまでにグローバル化した 21 世紀のオリンピック・ムーブメント（オリンピック教育）に、有益な示唆を与えることになるでしょう。

(2)「豊かな国際感覚の醸成」を目指した授業の立案 [9]

東京都が設置したオリンピック教育に関する有識者会議は、2015 年に最終提言を提出しました。これにより、2016 年から 2020 年までの 5 年間、東京の全公立学校においてオリンピック教育が展開されることになり [10]、2016 年には副読本が小学 4 年生以上の全児童・生徒に配られました。ただし、2021 年からオリンピック教育はなくなります。予算はなくなるでしょうし、先生方の動機づけも低下するでしょう。このような運命にあるオリンピック教育をレガシーとして残すことを検討するために組織されたのが、本報告で対象とする東京都教育委員会が設置したオリンピック・パラリンピック教育研究部会です。

東京都教育委員会は 2010 年から、全校種（幼稚園、小学校、中学校、高校、特別支援学校）の全教科に、教育の実践的研究を行う研究部会を設けています。2018 年度は 323 名の現職の先生たちが、42 部門に分かれて研究を行いました。オリンピック・パラリンピック教育の研究部会は、小学校と中学校、高校、支援学校から集まった 13 名の先生で組織されました。体育の先生は 3 人だけで、残りは他教科を専門とする先生です。他の研究部会は校種別・教科別に

設けられているので、幼稚園を除く全校種と複数の教科の先生からなる研究部門は、オリンピック・パラリンピック教育しかありません。

　この研究部会は研究課題に、「共生社会の実現に向けた豊かな国際感覚の醸成：各教科等におけるレガシーとなる授業の工夫」を掲げました。有識者会議が示したオリンピック教育で育成すべき5つの資質（ボランティア・マインド／障害者理解／スポーツ志向／日本人としての自覚と誇り／豊かな国際感覚）のうち [11]、最後の「豊かな国際感覚」に焦点を定めたわけです。

　研究部会は事前調査として、「英語力」「コミュニケーション力」「多様性の理解」をキーワードにして、「豊かな国際感覚」に関する児童・生徒および先生への意識調査を行いました。その結果、先生に比べ、児童・生徒による「多様性の理解」の認識が顕著に低いことが判明しました。研究部会はこの結果を踏まえ、「豊かな国際感覚」とは何かを具体的に整理した後に、これを醸成する 12 年間（小・中・高）の系統的な指導計画を作成することにしました。そして作成した指導計画にもとづき、13 名の全先生がそれぞれの学校において試験的な授業を実施したのです。

　研究部会はまず「豊かな国際感覚」を構成する要素として、1）他者理解、2）世界に関する理解、3）自己理解、4）日本に関する理解、の4つを定めました。次に、これら4要素にかかわる教材を、小学校から高校までの全教科の教科書から抽出し、これらを一覧にしました。研究部会はさらに、この一覧に、小学生から中学生、高校生と段階を追って深めるべき4要素の具体的な内容を書き込みました。フランスとは異なり、日本における教科書の採択決定権は先生ではなく教育委員会にあり、その結果として、東京都のすべての児童・生徒は共通した教科書を使います。したがって、豊かな国

際感覚を醸成するという目的を達成するために教科書を用いる方法
は、合理的な選択でした。

　研究の結果、2つの結論が得られました。一つ目は、体育だけで
はなく、他の教科においてもオリンピック教育を実践できるという
ことです。二つ目は、「豊かな国際感覚」の4要素という視点から
既存の授業を意味づけることで、各教科の授業が持続可能なオリン
ピック教育となり得る可能性が見えたことです。

(3)「知の飛翔」という教育原理 12)

　ところであなたは、1896 年の第1回アテネ大会の翌日から「自
分がとった行動に知的かつ哲学的な性格を呼び戻し、IOC をただ
ちにスポーツ団体以上の席に着かせ」ようと考えました（『オリン
ピックの回想』）。そしてすぐに具体的な行動を起こします。それは
「新しいオリンピズム、すなわち身体的、知的、道徳的そして審美
的なすべての教育学を作り出す」オリンピック・コングレスを開く
ことでした（「オリンピック・コングレス」、1913 年）。注目すべ
き点は、オリンピズムが対象とするのはスポーツや体育だけではな
いことです。現在の学校教育で行われているすべての教科が、オリ
ンピズムの視野に入っているのです。あなたは IOC 会長の在任中
に『世界の分析』（1912 年）や「ヨーロッパはどこへ行く」（1923
年）を著し、知育の問題を正面から取り上げました。しかし、オリ
ンピズムの知育の要素は、オリンピック・ムーブメントの中で十分
に理解されることはありませんでした。

　IOC 会長の退任後に設立した万国教育連盟の報告書で、あなた
は「知の飛翔」という教育原理と「10 本のたいまつ」と名づけら
れた 10 の知識を具体的に示しました。先に述べたように、あなた
は 1934 年に、IOC は「その教育学的事業を追求することができ

なかった」と述べています。つまり万国教育連盟の活動は、IOC
が手をつけられなかったオリンピズムの知育の領域にかかわる事業
だったのです。

　あなたは万国教育連盟を設立するにあたり、ヨーロッパの教育学
によって細分化・専門化された断片的な知識が自分の殻に閉じこも
る人間をつくり、これが戦争の原因になっていると分析しています。
この問題意識は次のように、近代オリンピック創設直後に表明され
ていたものでした。「無知は憎しみを助長するとともに誤解を蓄積
させ、様々な出来事を苛烈な対立という残忍な方向へ陥れます」(「オ
リンピック競技大会」、1894 年)。

　すなわち、戦争につながる「無知」の解決は、オリンピズムに託
された教育学的使命だったわけです。その回答は、飛行機に乗って
上空から知識の全体像を理解することを意味する「知の飛翔」とい
う教育原理でした。人類に共通して求められる基本的な知識をその
全体を俯瞰しながら理解するという教育学が地球上に広がれば、言
い換えると、他者との交流の基盤となる人類共通の知識を地球上の
人々が共有できれば世界の平和が実現できると、あなたは考えたの
です。「復興されたオリンピック大会は 4 年ごとに、世界の若者た
ちに幸せで友愛に満ちた出会いの機会を与え、その中で無知は徐々
に消え去っていくでしょう」(「オリンピック競技大会」、1894 年)。
つまり、オリンピズムは当初から知育の要素を含みもっていたので
す。

(4)　結びにかえて —— 21 世紀型オリンピック教育の方法論的モ
デルの提示

　「オリンピズムは一つの体系ではなく、様々なアプローチによっ
て深い理解が可能となる一つの精神状態である。オリンピズムは、

これを排他的に独占しようとする一つの民族や一つの時代のものではない」（「オリンピック書簡」、1918年）。これはあなたが第一次世界大戦の終結直後に語った言葉です。

　それから100年余りたち、自国中心主義や極右ポピュリズムの台頭により、世界は米中新冷戦によって象徴される分断の時代に入り、生活の基盤となる経済の格差が国内外で広がっています。Covid-19の世界的な感染拡大後は、身体的に距離を取ること（distanciation physique）が推奨され、人間同士の日々のつながりにまでひびが入ろうとしています。2020年東京大会は分断の時代を見越してなのか、3つの基本コンセプトの一つに「多様性と調和」を掲げています。

　東京都教育委員会が2018年度に設置したオリンピック・パラリンピックの研究部会は、児童・生徒たちが将来、「多様性と調和」の精神で世界平和の構築に貢献できることを願い、「豊かな国際感覚」を醸成する指導計画を作成しました。2021年以降にレガシーとして残るオリンピック教育（＝新しい教育学）を、知育を含む教科全体と小・中・高校の12年間全体とを俯瞰しながら創り出したのです。「知の飛翔」という教育原理を用いながら、地球上の人々と交流する際の基盤となる「豊かな国際感覚」、言い換えれば、分断の時代にこそ強く求められる人類が共通して持つべき知識と態度とを育んでいく実際的な方法を検討したことは、あなたが考えたオリンピズムに適った取り組みだと言えます。

　2020年大会は中止となりました。しかし、東京都の研究部会による活動は、今日のIOCもなお十分に追求できているとは言いがたい教育的事業に取り組み、欧米以外の文化圏における21世紀型オリンピック教育の方法論的なモデルを提示できたという意味で、2020年東京大会を見据えた日本のオリンピック・ムーブメントに

及第点を与えたいと思います。

註

1）Coubertin, Pierre de. *Mémoires olympiques,*_Lausanne : Bureau International de Pédagogie Sportive, 1932, p. 147.

2）オリンピック憲章（2020 年 7 月 17 日から有効）の第 32 条第 1 項で、オリンピアード大会はオリンピアードの 1 年目に開催されると規定されている。https://stillmed.olympics.com/media/Document%20Library/OlympicOrg/General/FR-Olympic-Charter.pdf（本章で示すウェブサイトの閲覧日はすべて、2021 年 10 月 12 日である）。2020 年東京大会の 1 年延期の措置はこの規定に抵触しており、IOC による明確な説明が求められる。

3）和田浩一「近代オリンピックの創出とクーベルタンのオリンピズム」、小路田・井上・石坂編著『〈ニッポン〉のオリンピック』青弓社、2018 年、p. 48.

4）『オリンピック・パラリンピック学習読本』と「オリンピック・パラリンピック映像教材」（いずれも東京都教育庁指導部指導企画課、2016 年）の監修のほか、オリンピックやオリンピック教育に関するさまざまな講演など。

5）筑波大学オリンピック教育プラットフォーム「オリンピック教育とは」https://core.taiiku.tsukuba.ac.jp/about

6）International Olympic Committee. Olympic Values Education Programme (OVEP):Progress Report - 2005-2010, pp. 4 et 6. https://stillmed.olympic.org/media/Document%20Library/OlympicOrg/Documents/Conferences-Forums-and-Events/Conferences/IOC-World-Conference-on-Sport-Education-and-Culture/Olympic-Values-Education-Programme-OVEP-Progress-Report-2005-2010.pdf

7）本書の校正中（2021 年 12 月）に以下の翻訳書が出版された。ピエール・ド・クーベルタン、伊藤敬訳、日本オリンピック・アカデミー監修『ピエール・ド・クーベルタン オリンピック回想録』メディアパル、2021 年

8）筆者は 2019 年 2 月 1 日に開かれた東京都教育委員会主催平成 30 年度教育研究員教育課題（オリンピック・パラリンピック教育）部会研究発表会で、「クーベルタンの目に映るオリンピック・パラリンピック教育と国際感覚」という題目で講演した。本節の研究部会に関する記述は、その最終報告書にもとづいている。https://www.o.p.edu.metro.tokyo.jp/opedu/static/page/open/pdf/teaching-materials/16_report_h30.pdf

9）本項は以下の研究発表の一部にもとづいている。WADA, Koichi. « L'éducation olympique et paralympique se pratiquant à Tokyo pour les Jeux de 2020, correspond-elle à l'olympisme ? », Congrès International : L'olympisme, un miroir et un aiguillon pour des sociétés en mutations (ILEPS-Cergy, France), 17octobre 2019.

10）「東京のオリンピック・パラリンピック教育を考える有識者会議最終提言」、2015 年、pp. 10-11. https://www.o.p.edu.metro.tokyo.jp/opedu/static/page/open/images.9cc968ff9b9b8c190fea51bce1a84768/finalrecommendations.pdf

11）「有識者最終提言」、pp. 13-20.

12) 本項は以下の研究の一部にもとづいている。和田浩一「クーベルタンが考えたオリンピズム」『体育史研究』第 33 号、2016 年、pp. 33-39.

8 年間の準備期間におけるムーブメントをレガシーに

真田　久

1. 大会の印象

　東京オリンピックは 8 月 8 日に、そして東京パラリンピックは 9 月 5 日に、それぞれ終えることができた。終了後に幾つかのメディアからインタビューを受けた。その多くは、今大会の印象はどのようなものか、そして次には、学校連携観戦プログラムが極端に少なくなり、児童・生徒が大会を直接見る機会がなかったことについてどう思うか、さらには、選手と市民が交流する機会がなくなってしまったことについてどう思うか、というものが多かった。オリンピック競技大会とパラリンピック競技大会だけにしか目が向けられていないメディアの何と多いことか。

　東京 2020 大会の開催が IOC 総会で決められたのは、2013 年 9 月 6 日（日本時間では 7 日）のことである。それから 8 年経過して大会がようやく開かれた。ということは 8 年間の準備期間、すなわちムーブメントを行う期間があったということである。その間に、オリンピック・パラリンピック教育が東京都はもちろん、全国津々浦々の学校で取り組まれ、全国の自治体では、市民レベルでの交流が行われ、さらには国際協力として、スポーツの価値を多くの国の人々に発信し、また経験させてきたのである。そのことを見ずして、今大会の意義とレガシーは語れない。

　そのことを前置きした上で、私の大会の印象は次のようなものである。

　今大会は困難な期間を乗り越えてアスリートが集うので、これま

で以上に「勝つことよりも参加することに意義がある」大会になると予想したが、そのようになったのではないだろうか。東京に至るまでの様々な困難なプロセスを踏まえた上で参加したからである。そのためか、アスリートたちがライバルであるお互いを称え合う姿が印象に残った。柔道のような伝統的に日本が強い競技においても、スケートボードのような若い世代のスポーツにおいても、勝者と敗者が称え合う姿が印象的であった。パラリンピックにおいても、同様であった。辛い一年を乗り越えて東京に集えたことへの感謝と、参加に至るまでの苦闘の過程を共に祝福したのだろう。試合後の彼らの言葉には、大会が開催されたことへの心からの感謝の思いが込められていた。勝っても負けても、彼らの流した涙は、高みを目指して真剣に挑戦する人間の美しさを表していた。

　性的マイノリティ（LGBTQ）であることを公表したオリンピアンがリオ大会の3倍に当たる180人を超えた。特にトーマス・デーリー選手（英国）は、男子10mシンクロ高飛び込みで優勝し、LGBTQの若い人に対して、「一人ではないし、どんなことでも成し遂げることができると知ってほしい[1]」とエールを贈った。「多様性と調和」という大会ビジョンを、わかりやすく伝えてくれたのだ。パラリンピックにおいても、さまざまな傷害、病気や事故を乗り越えての参加は、個々人の可能性を最大限に引き出した姿そのものであった。初日の競泳50m背泳ぎで最年少のメダルを獲得した山田美幸選手の泳ぎは、「失われたものを数えるな。残されたものを最大限に生かせ。」というパラリンピックの創始者ルードウィッヒ・グットマン博士の言葉を、そのまま示していた。以上のようなアスリートの活躍は、困難に負けない人間のレジリエンス（回復力）の尊さを示してくれたのではないだろうか。彼らとて、大会の開催に対してはさまざまな思いが交錯していた。しかしながら、大会が

行われる可能性がある以上、それを目指して、最大限の努力を続けてきたのである。目標地点が明らかではない中で、不断の努力を続けてきたそのこと自体、賞賛されてしかるべきことである。コロナ禍にあっても、前向きに進んでいくことの大切さを示してくれたのではないかと思う。

2. 国際協力：スポーツ・フォー・トゥモロー

　日本では、東京大会の開催が決まった翌年の 2014 年度から、「スポーツ・フォー・トゥモロー」という官民あげての国際貢献・協力プログラムが始められた。外務省とスポーツ庁、JOC や JPC、それに大学や NGO、競技団体や民間の企業などが協力して、100 カ国 1000 万人以上の人々にスポーツの価値とオリパラ・ムーブメントを広げることを目的とした国際貢献、国際協力事業である。これらの活動は 2020 年 9 月の時点で、445 団体による 7015 件の活動、裨益者が 204 カ国・地域 1216 万人に達し、6 年半で目標が達成されている[2]。

　活動例としては、外国のアスリートやコーチ、審判などを日本のハイ・パフォーマンス・スポーツセンターに招聘して、日本人コーチによる技術指導や日本人アスリートとの合同練習などが行われたことが、まずあげられる。各国の競技力の向上に貢献するプログラムである。

　アジア諸国との連携を促進するプログラムも行われた。情報共有・連携プラットフォームを設立し、毎年コングレスを開き、総合競技会での拠点整備やアスリートの合同合宿などを行いながら、日本のトレーニング科学の知見を発信して共有してきた。政府機関を含め、13 カ国 16 団体が加盟している。

　パラリンピック関連では、カザフスタンの要請に応えて、パラリ

ンピック委員会の組織運営について5日間のワークショップを行い、円滑な運営に向けての支援を行なった。日本のナショナルトレーニングセンターも見学して感銘し、その後カザフスタンに、トレーニングセンターを設立している。

ジンバブエでは、国内大会の直前に指導者を派遣し、車いすバスケットボールや車いすテニスの実技講習と機器の修理の方法などの講習を行い、障がい者スポーツの普及に協力した。

ある民間企業は、ラグビー、サッカー、ハンドボール、柔道などのユースを対象とした国際大会を定期的に開催するとともに、国際交流の場として、グローバルな視点を持つ青少年の育成に関わってきた。

競技力向上以外にも、身体活動やスポーツの普及のための協力事業も展開された。日本スポーツ協会は、タイにおける子どもたちの発達段階に応じた運動プログラムを通して、身体活動の活発化に取り組んできた。タイ語の教材も開発し、更なる普及とアセアン諸国への展開も視野に入れている。

平和構築の活動として、アフリカの南スーダンで、JICAの協力のもと、2016年より毎年、「国民結束の日」という競技会を開催し、民族融和の促進に取り組んできた。この競技会では、全国から集まった異なる民族の若者に、スポーツを通じた交流の機会を提供するとともに、地元に戻った後に「平和大使」として活躍できるように、平和構築やジェンダー平等、保健啓発のワークショップが実施された。参加者は、スポーツを介して民族の違いを忘れることができ、平和と結束のために共に学ことができたので、南スーダンの平和につなげたい、と語っている。そのほか、カンボジアでは学校での体育教育の指導書を作成したり、各国で日本の運動会を地域に合う形で開催するなど、スポーツの教育的展開も図られてきたのである[3]。

3. スポーツ国際人材の育成

　人材育成の面では、筑波大学において、2015 年度に大学院プログラム「つくば国際スポーツアカデミー（TIAS)」が設立された。オリパラ教育やスポーツマネジメントについて学ぶ若者を世界から募集し、日本文化や嘉納治五郎の精神などと合わせて学んで、修士号の学位（スポーツ・オリンピック学）を取得し、世界のスポーツ界に貢献する人材を育成するプログラムである。5 年間で 100 名弱の修了生が輩出され、彼らは、国際競技連盟、国際パラリンピック委員会、自国のスポーツ省などの政府機関、あるいは各国オリンピックやパラリンピック委員会、さらにスポーツ関連のグローバル企業などに就職している。東京 2020 大会組織委員会にも十数人が就職し、競技部門をはじめ、さまざまな立場で大会の運営に当たった [4]。7 月初め、カメルーン選手団の代表 [5] はこのプログラムの修了生で、事前キャンプ地の大分県日田市に到着した晩、「日本に戻ってきました。これからオリンピックでがんばります」というメールを筆者に送ってくれた。このように、大会を内外から支える人材が育っているのである。このようなスポーツの国際貢献事業は、日本で初めての取り組みであり、今後も継続することで、さまざまな国との連携と世界への貢献、さらには国際スポーツ界における日本のプレゼンスの向上という東京大会のレガシーになっていくことだろう。筑波大学で取り組まれた国際スポーツアカデミーは、スポーツ庁の委託事業終了後も、大学独自で継続していくことが決定され、大学院プログラムとしてすでにスタートしている。

4. 国際交流プログラム―ホストタウン

　自治体レベルでの国際交流の取り組みも実施された。それが「ホストタウン」である。日本の自治体と東京大会に参加する国・地域

と住民レベルで、スポーツや文化など多様な分野で交流することで、地域の活性化にも活かしていこうというもので、2015 年度から内閣官房の主導で始まった。2021 年 8 月 10 日までで全国の自治体の 3 分の 1 に当たる 533 の自治体が 185 カ国・地域のホストタウンとして、交流活動が行われた [6]。交流内容は、アスリートの事前キャンプ地の提供や、自治体のイベントや祭に招待する、小中学校の児童・生徒と一緒にスポーツ活動を行う、などさまざまだが、子どもたちから高齢者まで幅広い層の市民たちが交流に参加しているのが特徴だ。2020 年度よりはコロナ禍の中で、対面での交流は難しくなったが、オンラインを通じて、交流相手国の国歌を学んで合唱したり、応援エールを交換し合ったりする活動が行われた。

　愛知県豊橋市では、テコンドーのオンラインキャンプを実施し、子どもたちがドイツの代表ヘッドコーチから指導を受けた。山形県鶴岡市では、モルドバとのアーチェリー親善大会をオンラインで実施し、国際試合の雰囲気で中高生と社会人が楽しんだ。またオランダのホストタウンになっている自治体がオランダ含めてオンラインで e スポーツ交流が行われるなど、工夫された取り組みも多い。

　茨城県笠間市は、エチオピア、タイ、アメリカ、フランスなどのホストタウンになっていて、聖火リレーのスタートとなる公園で、交流相手国の料理を市民に味わってもらおうと提供した。3 年前にはエチオピアの陸上競技の選手と中学生が町内の中学校を訪問し、英語の授業や駅伝大会に参加して交流を深めた。市の担当者に伺うと、コロナ禍においては、オンラインでの交流も行われたが、大会後には、年末に行われる市のハーフマラソン大会に招待し、交流を続けていくとのことであった。笠間市はスケートパークを 2021 年初めに建設したことで、アメリカやフランスとの交流が進むなど、地域の活性化に一役買っている。

　鹿児島県三島村は人口わずか 400 人余りの離島の村だが、ギニアのホストタウンになった。1994 年にギニアの伝統的な打楽器、ジャンベの奏者を島に招いて演奏したことがきっかけで、それ以降、ジャンベが村に根付き、村や学校の行事では必ずジャンベが演奏され、フェリーが島に着くときにも住民が歓迎の意を込めて演奏している。東京大会後にも、ギニアの人たちを村に招待しようと計画されている[7]。東京大会は東京中心に行われるが、ムーブメントとしての市民の交流は、全国津々浦々で展開されている。鹿児島県の離島においても、オリンピックやパラリンピックのムーブメントに関わっているのである。

　ホストタウンは、大会後も継続することが推奨されていて、コロナ禍を経験したからこそ、絆が深まった自治体も多い。そしてこのホストタウンはパリ 2024 大会でも、フランスで行われることが検討されている。継承されれば、東京 2020 大会の世界へのレガシーになるだろう。

5. オリンピック・パラリンピック教育

　オリンピックやパラリンピックの理念を学びながら、グローバルな視点を身につけようとする教育プログラムについても、東京大会の開催決定とともに、取り組まれてきた。東京都では、オリンピック・パラリンピック教育推進校を 2014 年度に 300 校、2015 年度には 600 校を認証し、さらに 2016 年度からは、全ての公立学校（幼・小・中・高校・特別支援学校）2300 校において、年間 35 時間のオリパラ教育が実施されてきた。毎年 100 万人の生徒が、オリンピック・パラリンピックについて学んでいるのである。身につけようとする資質は「ボランティアマインド」「障害者理解」「スポーツ志向」「日本人としての自覚と誇り」「豊かな国際感覚」であり、各校がそれ

ぞれの学習環境や学校の基本方針に合わせて展開されている[8]。また、東京都では、「世界友だちプロジェクト」として、一つの学校が5カ国の文化や習慣を学んでいる。これは長野冬季大会で行われた「一校一国運動」の東京版というものである。世界に目を向けた子どもたちが育っていくことだろう。

さらに2022年度からは、各校が最低一つのレガシーを決めて、「学校2020レガシー」として継続することが決められている。

大会期間中の取り組みである学校連携観戦プログラムは一部のみの実施になったが、直接観戦ができなかった学校でも、子どもたちがアスリートを応援するメッセージ動画を作成して、アスリートらと間接的に交流したり、他校とオンラインでつながりながら、テレビで競技観戦を楽しんだりする試みが行われた。特別支援学校では、仮想現実（VR）を活用して臨場感を味わいながらの観戦も行われた。

一方、スポーツ庁では、東京都以外の道府県において、オリパラ教育を毎年1000校余りの学校で展開してきた。生徒はオリパラの価値、日本文化や異文化理解、おもてなしを備えたボランティア精神、障害者スポーツの理解、それにスポーツの意義や楽しさについて学んだ[9]。

千葉県の特別支援学校では、子どもたちの有志による「オリ・パラ推進隊」を結成し、さまざまなオリパラ教育の活動を展開した。例えば、近隣の小中学校に出かけてボッチャの講師役として、一緒にプレーを楽しむ「オリパラ・キャラバン」や、夏休みに地元企業や高校生、県庁職員らが参加して行われたボッチャ大会の司会進行などの運営に携わってきた[10]。このような取り組みが評価され、IPCが設立した、共生社会の実現につながるパラリンピック教育を実践した学校や、パラリンピアンを称える「I'm Possible アワー

ド」の開催国特別賞に選ばれ、パラリンピック閉会式において表彰された。

　東京オリンピックの開催が決まったのは 2013 年 9 月、そこから既に 8 年が過ぎた。この 8 年間は大会の開催準備に追われていただけではなく、上記のような、オリパラ・ムーブメントの活動が展開されてきたのである。その内容は、世界への貢献と市民レベルでの交流、そして子どもたちの学習である。どうしても東京 2020 大会の試合のみに目を奪われてしまいがちだが、準備期間も含めて、大会までにどのようなムーブメントが行われたのか、ということこそ重要である。東京 2020 大会と共に行われたムーブメントは、これまでの大会に比べて長い期間かけられ、市民や生徒の心の中に、大きな思い出を築き、今後にも継承されていくと期待される。IOC や IPC が再三、これほど力を入れて準備された大会はない、と評価していた所以である。

6. 新たな価値

　7 月 23 日のオリンピック開会式において、オリンピックのモットーである「より速く（Faster）、より高く（Higher）、より強く（Stronger）」に、「ともに（Together）」が加えられた。コロナ禍の中で、アスリートや大会関係者、そして医療従事者たちが懸命に戦い抜いたからこそ、開催できたのであり、世界の人々の国境を越えた連帯を示せたのである。「より速く、より高く、より強く」は、他者に対してまたは過去の自分に対する個人の戦いである。その一方、「共に」は「他者と共に」という意味が含まれている。

　選手村と大会会場を結ぶバブル方式の感染対策により、アスリートの感染は最小限に抑えられ、感染拡大は起こらなかった。皆が連帯することで、人々の素晴らしいパフォーマンス、それを称え合う

姿、つまりコロナ禍で忘れ去られていた人間としての素直な感情を共有することができた。共に開催を目指して戦い、共にコロナ禍を乗り越えようとする意志がそこに感じられる。世界はコロナの拡大とともに、ミャンマーやアフガニスタンの状況、またSNSによる心ない個人への批判に見られるように、分断が進んでいる。コロナの猛威のなすがままに、分断を進めてしまうのか、それとも自分たちと他者が共に人間のレジリエンスを信じて連帯し、危機からの回復を目指していけるのか、重要な時期にいる。スポーツ・フォー・トゥモローやホストタウンの事業は、「共に」を目指した活動として、コロナ禍において大切な方向を示している。

　また、パラリンピックでは「We The 15」というムーブメントを表明した。私たちの15%の人々は何らかの障害を抱えていて、そうした人々の人権を保障していくことが重要で、そのことにパラリンピックは貢献していくというものである。開会式と閉会式でこの動画が流され、そのための方策の一つとして、パラリンピック教育プログラム「I'm possible」の継続が訴えられた。共生社会目指してのムーブメントが明瞭に示されたように思う。

　パラリンピック・ムーブメントのインパクトは、オリンピックに比べてより大きかった。社会の接点というムーブメントとしては、共生社会の建設を目指したパラリンピックの方が、より理解されやすいと思われる。その意味でも、IOCやJOCは、オリンピック・ムーブメントとして何をどうしていくべきなのか、指標を明確に示していく必要がある。

　個人的にはそれはスポーツ・フォー・オールの実現ではないかと思う。自分の国だけではなく、世界の隅々までそれを浸透させることではないだろうか。

　大会の開催とともに、人々の関心はどうしても、自国選手のメダ

ルの数に目が行きがちである。各国のスポーツ政策の評価基準の一つとして、存在することはやむを得ないが、それだけではなく、メダルを獲得した国・地域の数が、どれだけ拡大させられたか、という点を評価基準にしたらどうだろうか。東京 2020 大会では、オリンピック、パラリンピックともに、メダル獲得国・地域数はこれまでで最多になった。コロナ禍にあっては、練習環境の整った先進国にメダルが偏るのでは、という懸念があったが、東京オリンピックではリオ大会に比べてメダル獲得国・地域が 4 カ国増えて 86 カ国になり、参加国・地域の 45% がメダルを獲得したことになる。パラリンピックでは 3 カ国増えて 93 カ国・地域に広がり、57% の国・地域がメダルを獲得した。前大会以上の拡大は、スポーツの普及という視点から喜ばしいことである。「Together」という新たに加えられたオリンピック・モットーにも通じる。また、日本のオリンピック・ムーブメントの嚆矢に関わった嘉納治五郎の「精力善用・自他共栄」の考えにも通じるものであろう。

7. 今後の課題

　オリンピックやパラリンピックのあり方を見つめ、今後のムーブメントに生かすことも重要である。大会の肥大化や商業主義についての課題があげられる。

　東京オリンピックでの 33 競技 339 種目は規模があまりにも多すぎた感がある。若者のスポーツへの関心を高めるために新競技を入れたことは成功したが、施設確保や運営、財政面での負担はそれだけ大きくなった。まして、感染症対策という視点からも、規模は抑えた方が良い。せめて種目数はオリンピック・アジェンダ 2020 の提言 10 で示された 310 を超えないようにする[11] など、既存の競技団体の協力のもと肥大化させない努力が必要である。

　競技施設も肥大化させない工夫が必要である。観客席を大きくすることは、その後の維持費にも大きく影響する。今大会では映像テクノロジーの発達で、テレビ観戦での競技のわかりやすさに格段の進歩が見られた。そうなると、観客席はそれほど大きく設計する必要はなくなるのではないか。観客席はより少なくし、競技場には子ども達を最優先し、残りを大人たちが抽選で見る、というぐらいにしたらどうであろうか。

　商業主義の問題については、テレビ放送権やスポンサー企業のIOCへの収入が多くを占めるため、彼らの意向に沿う形で大会運営が曲げられているのでは、という懸念が根強い。しかしIOCの収入の90％は各国のオリンピック委員会や途上国のスポーツ支援、世界アンチドーピング機構（WADA）の活動に分配され、オリンピック競技大会の運営にも当てられている[12]。最貧国でも大会に参加できるのは、このような仕組みがあるからで、世界のスポーツの普及に役立てられている。その上で、何が問題なのか、具体的に提示して議論する必要があるが、その一つは、開催時期の問題だ。米国の放送業界の影響で、７月から８月の開催に決められているという見方があるが、今大会の熱中症の問題などをもとにして、時期に融通を持たせるように、早い時期から交渉すれば良い。そのような改善を、日本側からIOCや国際競技連盟に提言するべきである。困難な中の大会をやり切った人々の声に耳を傾けないはずがない。改善を図る格好のチャンスでもあろう。

　またこれまでに行われてきたオリンピック・パラリンピック教育をはじめ、ホストタウンに見られる市民レベルでの交流や世界への貢献事業も、継続してこそ効果が現れる。大会が終了するとこのようなムーブメントは行われなくなってしまうことが多いが、ここで自治体や関係者が知恵を出し合い、縮小してでも継続を図ることが

重要である。ホストタウンは長野冬季大会の「一校一国運動」を範にしたものであり、今日まで参加校数が減っても続いてきたからホストタウンへと発展したのである。(「一校一国運動」は東京都の教育プログラムとしての「世界友だちプロジェクト」と自治体のホストタウンの双方に影響を及ぼしたといえる) 大会終了後からが正念場であるといえよう。

むすびに

　東京 2020 大会から約 100 年前、アントワープ 1920 大会が開催されたが、この大会は第一次世界大戦とスペインインフルエンザの直後の大会であった。戦争とインフルエンザにより世界が分断されていたが、アントワープ大会で、オリンピックシンボル (五輪旗) が初めて開会式で掲揚され、選手宣誓が行われ、鳩が放たれたのであった。団結、フェアプレイ、そして平和が式典の中に位置づけられ、今日の開会式にそのまま受け継がれ、レガシーになっている。大変な状況の大会であったからこそ、このような知恵が編み出されたといえる。また、アントワープ大会に出場した日本選手団の主将、野口源三郎はこうしたスポーツ精神を学び、帰国後の学校教育に導入し、今日の学校体育に受け継がれている。当時の日本選手団団長の嘉納治五郎は、ストックホルム大会後、欧米を回って第一次世界大戦後の分断と協同が行き交う状況を具に観察し、「精力善用・自他共栄」の考えを完成させ、帰国後に発表した [13]。東京 2020 大会に参加した国・地域そして難民選手団の中には、コロナ禍の中で開催された東京 2020 大会を通して、協力・協働することの大切さや、アスリートたちのフェアプレーの振舞い、またボランティアの人々の規律下で示した精一杯のおもてなしなどから、学んだ人も多くいたに違いない。彼らが、今後の各国のスポーツ界に影響を及ぼして

いくことになるだろう。

　グローバルなレベルで困難な時に行われた東京 2020 大会は、人間のレジリエンスと助け合うことの大切さ、そして誰もが社会の中で生き生きとスポーツを行いながら共生社会を目指すという方向を見せてくれた。今後はそれを社会にどのように広げ、定着させ、レガシーになっていくことを示していくことが、ホスト国として重要なことではないだろうか。

註

1)　https://sports.nhk.or.jp/olympic/highlights/content/fd718e6c-8ea5-4507-9bab-8600429d0a63/
2)　スポーツ・フォー・トゥモロー・コンソーシアム事務局（2021）SFT REPORT 2020. 独立行政法人日本スポーツ振興センター , p.7
3)　同上書 ,pp.14-20
4)　事業総括報告書編集委員会（2021）スポーツ・アカデミー形成支援事業総括報告書 . 筑波大学つくば国際スポーツアカデミー（TIAS）, pp.22-23
5)　https://www.oita-press.co.jp/1010000000/2021/07/16/JD0060429688
6)　https://www.kantei.go.jp/jp/singi/tokyo2020_suishin_honbu/hosttown_suisin/pdf/dai32_gaiyou_tuika.pdf
7)　https://host-town.jp/hosttowns/view/43
8)　https://www.o.p.edu.metro.tokyo.jp/about-education
9)　https://core.taiiku.tsukuba.ac.jp/business-2
10)　教育新聞 , 教育新聞社 , 2021.9.16
11)　https://www.joc.or.jp/olympism/agenda2020/pdf/agenda2020_j.pdf
12)　https://olympics.com/ioc/funding
13)　真田久（2021）オリンピックと疫病、そして嘉納治五郎 . 筑波大学体育系紀要 43 巻 , pp.8-

東京 2020 大会は社会のジェンダー平等の達成に貢献したか

來田享子

はじめに

　本稿では、ジェンダー平等の観点から東京 2020 大会を振り返る。このテーマから東京 2020 大会を評価するにあたっては、オリンピック・ムーブメントにおける女性の人権の拡大、ジェンダーにもとづく差別や不平等の解消について、その歴史を振り返る必要がある。ここでは紙幅の関係から、オリンピック憲章の変化と 1990 年代以降の IOC におけるジェンダー平等政策に着目する。その上で、東京 2020 大会組織委員会（以下、組織委）はどのようにジェンダー平等に取り組んだのか、大会にはどのような成果がみられ、どのような課題が残されたのかを振り返ってみたい。

1. オリンピック憲章の変化とジェンダー平等

　IOC における人権保障に関する理念のうち、オリンピズムの根本原則（以下、根本原則）上に「差別を容認しない」ことが謳われたのは、1949 年であった。戦後、世界人権宣言が第 3 回国連総会で採択されるなど、人権の保障と拡大をめざす動きが広がった。オリンピック憲章の変化は、こうした世界の動向がスポーツ界にも影響を与えたことの一端を示している。

　しかし、憲章上、オリンピック・ムーブメントが男女両性の平等やジェンダー平等に留意していること示す表現が明示されるまでには、長い時間が必要であった。1991 年の憲章では、「両性を対等に扱い、ジェンダーに配慮した記述」を憲章上で用いるとの注が添

えられた。根本原則において「容認することができない差別」の
カテゴリーに"gender（ジェンダー）"の文字が加わったのは、そ
れからさらに 20 年が経過した 2011 年であった。2014 年以降は、
根本原則には"sex（性別）"と"sexual orientation（性的指向）"
にもとづく差別を容認しないことが明示された。その一方で、この
2 つの語からは"gender identity（性自認）"に対する差別が抜け
落ちるとして、2014 年の憲章改正時から「性自認」を加えるよう
提案する動きもある[1]。

　なお、IOC が根本原則上の語を"gender"から"sex"に変更
した際には深い思慮がなされなかった可能性も否定できない。とい
うのは、その後の IOC におけるジェンダー平等に向けた活動を公
表するサイトでは、gender が用いられているためである[2]。

2．1990 年代からの IOC のジェンダー平等政策

　オリンピック憲章の変化に示されるとおり、IOC におけるジェ
ンダー平等政策は、国際社会を牽引してきたとは言い難い状況に
あった。それでも IOC が重い腰をあげることになった背景には、
世界の女性スポーツ運動の影響があった。1990 年代に起きた最初
の大きなインパクトは、1994 年世界女性スポーツ会議におけるブ
ライトン宣言[3] の採択であった。IOC もまた、1996 年に第 1 回
IOC 世界女性スポーツ会議を開催し、女性に対する差別の撤廃をオ
リンピック・ムーブメントの重要テーマに位置づける動きをスター
トさせた。たとえば 2000 年 3 月に開催された第 2 回会議では、あ
らゆるスポーツ組織における意思決定機関の女性割合の目標数値[4]
が示されるなど、意義ある提案がなされている。

　IOC のジェンダー平等政策は、上述の IOC 世界女性スポーツ会
議を開催した 1996 年から 2012 年までの期間（第 I 期）とそれ以

降（第Ⅱ期）の２つの期に区別して考えることができる。

　第Ⅰ期を特徴づけるのは、スポーツにおける女性の地位向上とリーダーシップの発揮が中心的なテーマとされていたことである。この期間に開催された IOC 世界女性スポーツ会議の記録からは、主として①大会参加者数／競技種目数における両性の平等、②意思決定機関における女性役員割合の具体的数値目標の提示、③女性のリーダーシップ育成支援活動の実施、④ロールモデルの提示と表彰制度の確立、⑤好事例の共有、を具体策としてジェンダー平等の達成がめざされたことわかる。

　これらの方策において積極的に評価することができるのは、次の２点である。第一は、スポーツ組織の中でも影響力があるとされるIOC が、自らジェンダー平等における主導的役割を担うことを認識した点である。第二は、「身体的に女性である」と承認された人々の参加・参画割合を増やす組織的取り組みは、オリンピック大会という社会事象に限定されるとはいえ、一定の成果をもたらした点である。この成果は、前項でみたとおり、大会における参加者割合と参加競技数が次第に同数に近づいている状況からもうかがえる。その一方で、第Ⅰ期の政策には限界があることも指摘されてきた[5]。実際、多くの IF、NF、NOC は、IOC が提示した意思決定機関における女性割合の目標数値を達成することができていない。

　また、スポーツ・メディアにおける表象の実態からも、スポーツが率先して社会のジェンダー平等の達成に貢献する状況には至っていないことが指摘されてきた[6]。さらに、性別を変更したトランスジェンダー選手の参加は承認されているものの、スポーツであるが故に、性別という境界そのものは堅持されたままジェンダー平等政策が進められていることにも注意を払う必要がある。そのために、トランスジェンダー選手や DSDs[7] 選手が差別や排除を受けるとい

う課題が発生している。

　2012 年を第 I 期の最終年と位置づけた理由は、この年、最後の IOC 世界女性スポーツ会議が開催され、「ロサンゼルス宣言」が出されたことにある。この宣言では、以下の 7 点が重要な項目としてあげられている。

①女性のリーダーシップスキル向上のための資源の投資

②関連スポーツ組織における両性の平等の実現

③他組織・機関との連携強化

④スポーツ活動と組織運営への女性の参加促進

⑤ MDGs への貢献、特に UN Women との連携強化

⑥政府関係組織等への働きかけの促進

⑦好事例等情報共有のためのネットワーク・プラットフォームとしての IOC の役割強化

　2 年後の 2014 年、IOC 総会では「オリンピック・アジェンダ 2020（以下、アジェンダ 2020）」が採択された。40 項目の中長期戦略を IOC に提言したこの文書には、ジェンダー平等に関する内容が含まれている。その主な内容は、①性的指向にもとづく差別の禁止、②ジェンダー不平等の遅々とした解消に対し、より迅速かつ効果的な方策を見出すこと、③持続可能性に関するモニタリング項目にジェンダー平等／多様性の承認を含めること、である。

　これを受け、「IOC ジェンダー平等再検討プロジェクト（IOC Gender Equality Review Project）」が 2017 年に設置された。プロジェクトは、IOC 女性スポーツ委員会およびアスリート委員会が担当し、アスリート、NOC、IF、メディア関係者、研究者、民間企業人で構成された 11 名のメンバーが推進した。プロジェクトは、1 年という短期間で 40 名への聞き取り調査を実施し、多数の文献にあたった結果として、5 つの主要領域を定め、それに対す

る25の提言[8]を作成した（表1）。

　この報告書には注目すべき点が3つある。第一は、組織の多様化を促進するために、スポーツ組織に対し、役員選出プロセスを見直すよう提言したことである。IOCはオリンピック大会組織委員会に対しても、組織の多様性の確保とジェンダー平等への対応を強化するよう求めている。

　第二は、従来のスポーツとジェンダー研究が課題を指摘した領域にも着目していることである。メディア（メディアによる表象を含む）、スポンサー、財源と資金配分にジェンダー不平等がある場合は、これまでにも多くの研究が根拠を示し、改善すべきであることを指摘してきた。

　第三は、近代スポーツの制度そのものの見直しにも結びつく可能性がある内容が含まれていることである。具体的には、提言2、4、7、9において、ルール・競技環境・用具等に関するジェンダー不平等を可能な限り解消することを求めている。提言の活かし方によっては、ジェンダー平等の達成や多様性の確保に向け、スポーツがオルタナティブな文化へと価値を転換させる可能性が生まれると考えられる。

　周知のとおり、IOCは、世界のトップレベルのパフォーマンスを競う大会をムーブメントの中核に置くと同時に、オリンピズムという教育的理念を保持してきた。また、1993年の国連総会を転換点として、国連との連携を強め、人権や平和を促進するという共通の価値において国際社会におけるスポーツを通じた役割を果たそうとしてきた[9]。

　オリンピズムの観点では、大会では多様性が称揚されてはいるが、現実には、勝利至上主義や経済的利益の誘導という観点での価値の一元化をもたらし、格差を拡大するという矛盾が生じている。その

表1　IOC　ジェンダー平等再検討プロジェクトによる 25 の提言（概要）

1	スポーツ	大会参加	2024年夏季大会および2026年冬季大会以降の両性の参加者数および正式種目の平等
2		競技構成と技術規則	競技における距離、競技カテゴリー、ラウンド数等の可能な限りの平等化
3		ユニフォーム	技術的な必要性以外にユニフォームに違いを設けない
4		用具・器具	可能な限り用具および器具を両性で同一にする
5		技術役員	技術役員のジェンダーバランスの確保
6		コーチ	大会派遣コーチのジェンダーバランスの確保
7		競技場・施設	可能な限り両性が同じ競技場・競技施設を使用する
8		競技スケジュール	大会における両性の試合スケジュールを平等に存在させる
9		メディカル	両性の平等な扱いに関し用具や器具の変更にあたっては、健康と安全面から両性に対して医学的検討を行う
10		ハラスメント・虐待からの安全防護	IOCのガバナンス原則にジェンダー差別を含むハラスメントや虐待の予防を含める
11		引退後の転職	競技引退後の女性オリンピアンの転職に関し、既存のプログラムを最大限利用しながら戦略的計画を策定する
12	表象	両性の均等なメディア表象	IOCはあらゆる形態のコミュニケーション活動において、公正かつバランスのとれた描写を行うための原則とガイドラインを策定
13		OCOGによる両性の平等な表象	両性の公平かつ平等な描写について、オリンピック憲章の尊重およびオリンピックブランドの保護の観点からOCOGの公約を求める
14		オリンピック関係者・パートナーとの連携	すべてのメディアが公平で平等なスポーツウーマンの描写が提供されるために、関係者およびパートナー企業等と共に取り組み、モニタリングするための組織的対応をとる
15	財源	財源要求	競技環境、ガバナンス、運営におけるジェンダー平等達成のための適切な資源の確保
16		NOCおよびIFの主導	いくつかのNOC、IFがすでに女性プログラムへの財源投資を行っていることから他の関連組織にも同様の実践を求める
17		両性における平等な賞金・報酬	NOCおよびIFは賞金や報酬に関するジェンダー不平等を解消する仕組みを確立する

18	ガバナンス	ガバナンスにおけるリーダーシップの促進	IOCにおける組織者および役員としての女性候補者を増やすための仕組み作り
19		IOC委員選出プロセス	多様性および均衡を担保するための選出プロセスの見直し
20		NOCおよびIFの役員選出プロセス	NOCおよびIFの意思決定機関におけるジェンダー均衡を促進する戦略としての役員選出プロセスの見直し
21		役割と責任	IOCと関係組織・関係者は、ジェンダー平等の達成や持続可能性のためには、周縁化に対する責任は両性が共に負うべきことを呼びかけ、組織の運営と意思決定に女性が影響を与える役割や意思決定の責任を担えるようにする
22		文化および多様性を包摂する組織としての意思決定機関	2017-2020オリンピアードのために持続可能行動計画および2020人的資源開発戦略計画と適合するようIOC人事委員会と連携
24		ジェンダー平等に向けたリーダーシップ	IOCおよび関係組織の運営に影響を与えるすべてのジェンダー平等活動に関しIOC上層部の役員が調整していくことを確約する
23	人事/監視/対話	監視追跡の仕組み	ジェンダー平等推進活動とその成果を継続的に監視・測定・評価するための具体的報告システムの導入
25		意思疎通のための計画	本WGの成果を継続的に広く普及し、組織者、アスリート、大会関係者、役員の意識の啓発とエンパワーのための包括的な意思疎通計画の必要性

矛盾の中で、ジェンダー平等をはじめとする人権問題への積極的な貢献は、オリンピック・ムーブメントの生き残りをかけた戦略であるともいえる。さらに、近年のジェンダー研究の発展を踏まえれば、IOCは、スポーツにおける性の二項対立図式を転換させることや、スポーツの機会および個人の尊厳が侵害される事例とも向き合わなければならない状況にある。

　ここまで見てきたとおり、IOCのジェンダー平等政策においては、単に大会参加者数や種目数が平等になるだけでは不十分だという考え方が定着しつつある。スポーツ界での対応の遅れが目立ったジェンダー平等という課題に対し、IOCが政策の見直しを行った直後の大会が東京2020大会である。その意味で、東京2020大会

は極めて重要な試金石であったといえる。加えて、日本は先進国の中でもとりわけジェンダー平等の達成が遅れているという現実がある[10]。そのような国での大会の開催が開催地にいかなるインパクトを与えるのか、レガシーを残せるのかについては、国際的にも注目されるところであったといえる。

3.　数字でみる東京 2020 大会とジェンダー平等

　IOC や東京 2020 大会組織委員会（以下、組織委）のホームページでは、この大会のジェンダー平等の達成度合いを測る数値として、主に以下があげられている。

①オリンピック大会参加選手の 49％が女性であったこと
②パラリンピック大会参加選手の女性割合が前大会の 38.6％から
　40.5％に増加したこと
③男女のオリンピック種目数が同じになったこと
④男女混合種目が前大会の 9 種目から 18 種目に増加したこと
⑤ 206 の NOC と難民選手団のすべてが少なくとも男女各 1 名の
　選手を派遣したこと
⑥入場行進の際に、男女 1 名ずつのアスリートが旗手を務めたこと

　これらによって、多様な人々が世界に生きていることを示す「地球村」のモデルとして、大会が人々の目に映り、一定の役割を果たしたことが期待できる。とはいえ、大会で示された風景が各国・地域の社会にすぐさま影響を与えるとは、考えにくい。
　格好の事例が日本である。2004 年から 2021 年までの直近の 5 大会において、日本代表選手団の男女別割合はほぼ半数ずつであり、大会によっては女性選手数が若干上回る時もあった。また金メダル

の獲得数でみても、これら5大会ではいずれも、女性選手が獲得した金メダル数のほうが多い[11]。

　それにも関わらず、たとえば 2020 年世界経済フォーラムによるジェンダー平等指数のランキングは、156 カ国中 120 位である。日本で比較的ジェンダー平等が達成されているのは、教育、健康といった分野だとされるが、政治、経済の分野をあわせると、先進国の中でも極めて達成度が低い。性にもとづく偏見や差別、排除が根強く残り、この問題に対する法律や制度、政策が十分に機能していないといえる。その状況が露呈した出来事のひとつが森喜朗前組織委会長による発言であった。

4．ジェンダー平等の重要性を再認識させた組織委前会長の発言

　2021 年 2 月初旬、組織委の森喜朗会長（当時）が行った女性を蔑視する発言に批判が集まり、辞任する事態が起きた。日本オリンピック委員会の評議員会での出来事であった。この時期は、コロナ禍での大会開催の可否や是非が問われるようになっていた。そのような情勢と開会式をおよそ半年後に控えた時期であったことを考えれば、この時点で組織委会長が辞任するのは、異例のことであったといえる。

　それまで、国内のスポーツ界でジェンダー平等が十分に達成されていないことについて批判的な見解は示されてきた。しかし、この出来事ほど社会全体が関心を持ち、組織委会長の辞任へと発展するような大きな影響が生じたことはなかったのではないか。
「女性がたくさん入っている理事会の会議は時間がかかる」
「数を増やす場合は、時間も規制しないとなかなか終わらないと困る」
　発言後に開かれた謝罪会見では、この発言が知人の伝聞を紹介したものであるとされた。だが、そうであったとしても、2019 年に

スポーツ庁が公表したガバナンスコードで女性役員の割合を増やすことが求められ、なぜそのような要請がなされているのかを説明し、組織の多様性を高めることの重要性を知人に伝えるべきであっただろう。森氏が一国の首相を務め、長くスポーツ界をリードしてきた立場にあったことを考えれば、それは他の誰よりも期待される役割であった。IOC との交渉や大会への政治的・経済的支援を得る活動において、森前組織委会長の役割が大きかったとの指摘は、現在でも聞かれる。しかし、多様な人々を尊重しないリーダーの姿は、オリンピック・ムーブメントにおいては許容され難く、大会の経済的利益以上に人権が優先することが明示された出来事となった。

　当時、筆者自身がこの出来事に関するインタビューを受けた経験から、社会全体に大きな反応が広がった要因は、2 つあったと考えている。第一は、当初、この問題を組織委会長の「辞任劇」として取り扱おうとするメディア側の意図がうかがえたことである。SNS 等での一般市民による批判が大きかったことを背景に、辞任すべきか否か、二者択一的な回答を求める質問に何度も出会った。だが「辞任劇」への興味本位の報道から広がった反応は、第二の要因によって、より本質的な関心へと変化していった。それは、社会のジェンダー不平等の解消が重要な課題だと感じて記事や番組を作成してきた記者が、この出来事に強い関心を持って取材活動にあたったことである。これらの記者の何人かは、これまでほとんどスポーツを扱ってこなかったとのことであった。裏を返せば、スポーツ分野の報道がジェンダー平等の課題には大きな関心を払ってこなかったということである。

　報道では、明確に女性を差別した発言のみが強調される傾向があった。しかし、発言の全体像には、力のある人に異を唱えたり、自分の考えを自分の言葉で語る存在を嫌う考え方が透けていた。す

なわち、女性差別的な発言の根底には、強力なリーダーの下での同質集団が、自分たちとは異質な存在を恐れ、排除する差別の構造、人間の多様性を尊重しない価値観が存在したことが読み取れた。そのような価値観に対して投げかけられた疑問が社会全体で共有されたことは、取材を受けて掲載された記事への読者の感想からもうかがえた。大会ビジョンが「多様性と調和」であり、そのビジョンにとってジェンダー平等の達成は不可避であることを内外に認識させたのは、皮肉にも森前組織委会長の発言をめぐる出来事だった。

5.「女性理事 40％以上」は何を基準にしているか

　森前組織委会長が辞任した後、橋本聖子氏が会長を引き継いだ。これにより、政府の五輪担当大臣、開催都市の都知事、組織委会長の三者がすべて女性という構成になった。国際社会に可視化される日本のリーダーが比較的年齢の高い男性である場合が圧倒的に多い日本としては、異例の構成であった。閉会式での 2024 年パリ大会へのハンドオーバーでは、女性の組織委会長が見守る中、五輪旗は東京都の女性都知事からパリの女性市長に手渡された。大会史上初の風景が世界に映像として流れた瞬間だったのではないだろうか。

　2020 大会の組織委理事会は、森前組織委会長が辞任するまでの間、IOC が掲げる目標 30％を満たしていない状況が続いていた。会長交代と同時に、理事会には新たに女性理事 12 名が追加された。これにより、女性理事の割合はスポーツ庁ガバナンスコードの目標を超える 42％となった。

　この変化に対し「数合わせ」だとする批判的な記事もみられた。そうした論調の裏側に、加わった 12 名を女性というカテゴリーで括り、「数」としてしかみない風潮がなかったか。これについては検討の余地はあるだろう。仮にそのような風潮があったとすれば、

そこにも一人一人を個として捉え、それぞれの専門性を尊重する視点が欠けていたと考えられる。

　ところで、意思決定機関における女性割合の目標数値は、何を根拠に定められているのだろうか。IOC の場合、2016 年 11 月に 30％という数値目標が承認されている。一方、2014 年に開催された第 6 回世界女性スポーツ会議で採択された「ブライトンプラスヘルシンキ宣言 2014」では、40％という数値目標が提示されている。スポーツ庁の目標はこちらに沿ったものである。その背景には、2017 年にスポーツ庁がこの宣言に署名したことがある。

　ジェンダーに関わる政治学や社会心理学などの分野では、「クリティカル・マス」という理論[12] が用いられている。この理論は、ある集団が全体の中で、形だけでなく実質的な影響力をもつのは構成員の 30％を上回ったときである、とするものである。

　一方、ブライトンプラスヘルシンキ宣言 2014 が目標を 40％とした背景には、当時、WHO が身体活動を実施することができている女性の割合を約 40％と見積もっていたことや、オリンピック大会の参加選手における女性の割合が 40％をやや上回った時期にあたっていたことがあったのではないか。つまり、日常的に身体活動やスポーツに関わる人々の割合を反映する数値として 40％という目標が立てられた、という見方である。

　ただし、このクリティカル・マス理論には、課題があるとされている。ただ人数を増やし 30％を満たしたからといって、集団全体に実質的な影響がみられるわけではない、とする調査結果が示されているためである[13]。こうした研究では、逆に割合が少なくても、ジェンダー平等に貢献する人物が存在し、それを受け止める集団であれば、割合から期待される以上の効果がみられる場合があることを明らかにしている。

　研究成果を根拠にすれば、役員における女性割合が少なくとも30％を超える目標数値をクリアすることは、解決策の第一歩としては重要である。加えて、集団全体がジェンダー平等の達成を共通目標として捉えなければ、十分な変化は起きない可能性がある。

6. 理事会に変化は生じたか

　では理事会には、どのような変化が生じただろうか。理事が追加された後、これまでに計5回の理事会と1回の懇談会が開催された。これらの会議では、追加された12名の女性理事の多くは、組織委職員が示す報告に対し、各自の立場からの視点や経験を踏まえた意見を提示していた。

　予定された会議時間を過ぎることは多かった。多くの人が経験するとおり、会議が予定時間を超えるには、理由がある。最もわかりやすいのは、事前の資料準備が不足している場合や組織横断的な調整が完了していない場合だ。だが、そうした場合だけでなく、議論のテーマに対し、より多様な視点からの検討を加える余地があり、それに対して会議の構成員が積極的に向き合おうとすれば、多くの意見が出されて、会議は長引くことになる。組織委理事会は、理事と各部署との事前の擦り合わせを行う機会が設定されていない会議であった。したがって、理事会の時間が予定時間を過ぎたのは、オープンに意見交換がなされた結果であったともいえる。

　それらの意見がどの程度反映されたかについては、組織のガバナンスや機動力、対応すべき事柄の性格によっても変化した。提示された意見によって、進め方が幾分変化したり、計画に追加された活動もあった。それらは主として、新型コロナウィルス感染症への対策や市民への説明に関する活動であった。理事会で提案された時点では、微調整しか望めない内容もあった。外部の組織や企業、発注

先と連携して進める事業や活動の多くは、これに該当した。コロナ禍でなければ、計画の変更に人員や財源を投じることができた内容もあったと考えられる。

　非公式なレベルで自発的に生じた変化もあった。それは、後から加わった女性理事たちとアスリート出身の理事やアドバイザーが自主的にグループを作り、SNS での意見交換やオンライン会議を開催したことである。このグループは、組織委が「多様性と調和」のビジョンのために計画したムーブメント活動「東京Ｄ＆Ｉアクション（以下、東京アクション）」をより良いものにしようとした。東京アクションは、多様な人々が自分らしく生きる社会をめざすために、自分にできる行動を言葉にして紙に書き、その画像を SNS にアップして共有することを呼びかけるムーブメントである。

　非公式グループから出された意見は、組織委職員が計画に反映させ、そのフィードバックを得て、次のステップが検討された。大会ＨＰに掲載された東京アクションの説明用資料は、この手順を経て公表されたものである。

　東京アクションは、当初、オリンピック大会開会式にあわせて活動を開始し、国内の主要スポーツ団体やオリンピアン、パラリンピアン、パートナー企業がモデル的なアクション公表を行うべく準備されていた。ところが開会式直前のタイミングで、演出スタッフによる過去の人権侵害が発覚し、大きな問題となった。この出来事に対する検証や反省、活動の見直しを行わずしてスタートすることはあり得なかった。

　見直しの過程では、非公式なグループの集まりであったにも関わらず、事務総長や職員による詳細な説明の機会が設けられたり、組織としてなすべき対応についてグループから出された意見を反映する努力がなされた。ある理事が「命に向き合う現場では、通常は救

えない命を救うために、常識では考えられない選択をすることもある」と発言した。この発言は、人権を侵害された人々の立場にたち、開会式を主要なセレモニーのみに留める簡素化や中止という選択肢も除外せず、多角的に検討することを可能にしてくれた。

　最終的には、すべての器材も運び込まれ、全人員が配置された開会式前日の状況下では、大きな変更はかえって混乱を引き起こすとの見解で一致した。「多様性と調和」を掲げる大会の理念に沿った役割を果たそうと考えていた関係者にとっては、心の痛む、やりきれない出来事であった。

　東京 D&I アクションの説明用資料やムーブメントの進め方には、この自主グループの意見が反映されている。意見交換の場は、まったく異なる背景を持つメンバーが、労を惜しまず、時間をかけて、率直に自分の言葉で語り合うものであり、その先には、共通の目標が存在した。それは、意見の食い違いがあっても、様々な立場の視点からより良い方向に物事を進めるという目標であった。後にこの意見交換を振り返ったメンバーの何名かは、この機会こそが「多様性と調和」のモデル的な場であったとの感想を述べていた。

　SNS 上では、理事には高額の謝金が出るなどという、不確かな情報が流され、それを真に受けたメディアが批判材料として取り上げるケースも少なくなかったが、謝金も日当もなく、交通費すら出されないのが定款上の定めであった。生活の糧を得るための仕事を持たない人が理事を務めることは、事実上、困難であった。そのような理事を中心とする集合体であったグループのメンバーにとって、自主グループでの活動は、謝金や日当には代えがたい経験であった。とはいえ、非公式かつ少人数の意見交換の成果や経験を組織委全体に反映させ、浸透させるには、力も時間も不十分といわざるを得なかった。

7.「ジェンダー平等チーム」の設置

　着任後の橋本会長は組織委内に「ジェンダー平等チーム」を設置した。このチームのリーダーは、スポーツ・ディレクターを担当していた小谷実可子理事が兼務した。チームのアドバイザーは、井本直子氏と組織委アスリート委員を務めていた田口亜紀氏であった。この 3 名に組織のダイバーシティに関係する既存の委員会が協力する体制がとられた。とはいえ、開会式まで残された期間が半年を切った中での未成熟な体制、さらには新型コロナウィルス感染症への対策のために新たな予算をつけることができない中では、活動には限界があった。

　東京 2020 大会におけるジェンダー平等に関わる成果は、IOCがジェンダー平等政策に則り計画的に進めたものと、組織委による独自のものを区別して考える必要がある。組織委独自の活動としては、①パートナー企業の先進的な取り組みを共有する意見交換会の開催、② UN Women が開催した国際会議 "Generation Equity Forum" における橋本会長による東京 2020 組織委コミットメントの公表、③ IOC ジェンダー平等のためのメディア向け表象ガイドラインの和訳と日本メディアへの情報展開、④東京 D ＆ I アクションの企画と呼びかけへの参画、などをあげることができる。

　ジェンダー平等チームの設置以前から、障がいのある人々との共生をめざした大会運営や組織委構成員の多様性の確保（人種、国籍、性別、年齢等）については、取り組みがみられた。スポーツにおけるジェンダー課題に関心を持って研究を進めてきた視点から言えば、この問題に特化した組織委独自の取り組みは、社会にはまったく発信されていなかった。実際、この観点での活動は具体化されておらず、特段の財源も充てられていなかったのではないかと考えられる。ジェンダー平等という課題は「多様性」というキーワード

の中に埋もれてしまっていた。

　この状況は、東京都や組織委が推進したオリンピック・パラリンピック教育にも反映され、ジェンダー平等の観点からの教育実践がほとんどみられないことが指摘されている [14]。

8. 性の多様性が表現された東京 2020 大会

　LGBTQ アスリートの Web 専門誌「アウトスポーツ(Outsports)」によれば、東京 2020 大会では少なくとも 186 名のオリンピアン、36 名のパラリンピアンが LGBTQ アスリートであることをカミングアウトしたとされている。この人数はいずれも大会史上最多であり、オリンピアンでは、2012 年ロンドン大会の23 名、2016 年リオデジャネイロ大会の 56 名から飛躍的に増加した。パラリンピアンでは、2016 年リオデジャネイロ大会で 12 名であったことから、3 倍に増加したことがわかる。

　オリンピアンの出身国別にみると、アメリカが 36 名、次いでブラジル、カナダの 18 名、オランダ 17 名、イギリス 16 名、オーストラリア 14 名、ニュージーランド 10 名となっている。いずれも、同性婚が法律で認められるなど、性自認や性的指向にもとづく差別の解消に積極的な国々である。大会後のインタビュー報道からは、そのような先進的な社会に生きるアスリートたちが積極的にロールモデルになろうとしたり、出場を機に自分らしくスポーツをする自由をめざしてカミングアウトしたことがうかがえる。トランスジェンダーを公表したカナダ女子サッカー代表のレベッカ・クイン選手や同性愛者であることを公表した高飛び込みイギリス男子代表のトーマス・デーリー選手など、メダリストも誕生した。

　オリンピック史上初の公言された事例となったトランス女性アスリートの出場にも注目が集まった。男性から女性に性別を変更した

ウェイトリフティングのニュージーランド代表選手ローレル・ハバード選手である。競技の性格上、有利になるのではないかとの意見もあり、大会時点での IOC による参加基準に対する賛否が論じられる場となった[15]。東京 2020 大会のトランス女性アスリートの参加基準は、血中のテストステロン値が 10nmol/ℓ 以下であることと設定されていた。この基準は、第二次性徴期前の男性の血中テストステロンの上限値とされている。筋量に影響を与えるとされる血中テストステロン値の基準の妥当性、骨格や怪我の発生等に関し、どの種目でどのような影響があるかはスポーツ科学的にもデータが蓄積されていない。身体の性別と性自認をめぐり、社会の一部としてのスポーツが公平と平等について問いかけられる場となったことは、スポーツを人権のひとつに位置づけ、差別を容認しないことをうたうオリンピックが「オリンピックらしさ」を発揮した姿だった。とりわけ日本国内では LGBTQ 選手に対する知識や理解が十分ではなく、議論すら行われない状態が続いてきた。大会を機に「プライドハウス東京レガシー」が設置され、組織委との連携も図られた。その点では、東京 2020 大会には大きな意義があったといえる。

　また、東京 2020 大会では、血中のテストステロン値が生まれつき高いために、特定の女子種目に出場できない女性選手が存在した。女性であるにも関わらず、ありのままの自分では競技に参加することができず、参加するためには身体への医療的介入が必要とされる事例である。特定の身体状況にある女性を排除する基準の設定は、逆の作用をもたらす医療的介入であるとはいえ、ドーピングを強制するようなものであるとの批判もある。

9. 選手のメディア表象をめぐる課題
　先述のとおり、組織委内に設置されたジェンダー平等チーム

は、IOC が 2021 年 6 月に公表した「スポーツにおけるジェンダー平等、公平でインクルーシブな描写のための表象ガイドライン（PORTRAYAL GUIDELINES - GENDER-EQUAL, FAIR AND INCLUSIVE REPRESENTATION IN SPORT、以下、表象ガイドライン）」を和訳し、国内外のメディア各社に配付した。表象ガイドラインの和訳は、ジェンダー平等チームの井本直子氏と筆者が担当した。ネットメディアを中心に表象ガイドラインの存在が報じられ[16]、スポーツだけでなく、社会一般、教育の分野でも参考にすることができると評価された。和訳が配付されたことにより「美しすぎるアスリート」「イケメン選手」など、選手の容姿や私生活を話題にし、スポーツそのものや選手としての実像に迫らない記事の存在を自ら検証するメディアも出てきている（朝日新聞 2021 年 8 月 6 日付など）。実際の効果については、このようなメディアによる自己評価や学術的な検証が必要である。

　和訳が発表された時期には、ドイツの女子体操チームがアスリートを性的な視線で捉えることに対抗し、足首まで覆う「ユニタード」を着用したことが報じられた。また、ノルウェー女子ビーチハンドボール選手たちがビキニではなく短パンを履いて競技に出場したことにより罰金を科せられたことに対しては、海外著名人をはじめ、SNS での多くの異議申し立てがあった。ヨーロッパハンドボール連盟は、会長が女子のユニフォームの側面の幅を 4 インチ（約 10 センチ）までとするルールの改正に全力を尽くすとの声明を発表する事態に追い込まれ、実際、ルールは 2021 年 10 月 3 日に改正されることとなった。

　日本国内でもオリンピック大会前から選手の描写を性的視線で捉えることが問題になりはじめていた。たとえば日本オリンピック委員会（JOC）などの 7 団体が「盗撮、写真・動画の悪用や悪質の

SNS 投稿は卑劣な行為である」とする声明を出し、JOC は公式ホームページ上に通報窓口を設定した。組織委もまた、橋本会長体制になった後にこの問題をとりあげ、オリンピック大会において性的ハラスメントを目的とする撮影を禁止するとした。一方で、この問題は 10 年以上前から女性選手を悩ませてきた。競技によっては、競技会場での撮影そのものを承認されたプレス関係者に限定するなどの対策をとってきた。しかし、あらゆる撮影を禁じたり、雑誌に掲載された画像を二次使用したり、SNS での投稿を取り締まることは難しく、対策が困難だとされてきた。

　東京 2020 大会は、女性選手自身がユニフォームという、誰の目にもつく形でこの問題に対する発信が行われた場となった。

おわりに

　東京 2020 大会が開催された 2021 年は、国際女子スポーツ連盟（Fédération Sportive Féminine Internationale、以下 FSFI）が設立されてから 100 年目にあたる。FSFI は、世界で初めて設立された、女性スポーツ組織であった。この組織は、IOC と国際陸上競技連盟（現在のワールド・アスレチックス）に対し、オリンピック大会への女子陸上競技の導入によって女性の参加を拡大させることを要請するとともに、意思決定機関への女性の参画を求めた。以来、女性の参加は拡大したが、FSFI がめざしたオリンピックには、未だ到達していない。

　本稿では、東京 2020 大会におけるジェンダー平等に向けた活動を概観した。この観点での大会の最大の意義は、組織のトップの失敗によって、日本がジェンダー平等においては非常に遅れた国であり、その解決は社会の喫緊の課題であるとの認識が高まったことである。森前組織委会長の発言をめぐる出来事がなければ、「多様性

と調和」という大会ビジョンにおける「多様性」から、ジェンダー平等の視点は抜け落ちたままであった可能性が高い。東京 2020 大会を契機に、オリンピック・ムーブメントにおけるジェンダー平等への取り組みを組織委や JOC が発信する期間は 7 年半もあった。だがこの間に社会に発信がなされ、成果が得られた痕跡は、残念ながら、ほとんど見出すことができない。

　そうであるからこそ、大会の成果と反省点をまとめ、JOC をはじめとする国内スポーツ組織に引継ぐことによって、大会を機に高まった認識が活かせるかどうかが問われるであろう。とりわけ期待されるのは、JOC がジェンダー平等に対し、国内スポーツ組織と社会に対し、リーダーシップを発揮することである。それこそが、ジェンダー平等に関する東京 2020 大会のレガシーとなるのであり、後世におけるこの大会の評価となっていくであろう。

註

1) Human rights first, December 08, 2014, https://www.humanrightsfirst.org/press-release/ioc-adopts-proposal-include-sexual-orientation-olympic-charter-s-non-discrimination.
2) たとえば、IOC が 6 月 26 日に公開した記事には、以下のように表現されている。"Two weeks of Olympic coverage are a unique opportunity to generate new strong, positive and diverse role models, and to promote balanced coverage and fair portrayal of sportspeople in all their diversity – irrespective of gender, race, religion, sexual orientation or socio-economic status.（2 週間にわたるオリンピック報道は、強く、前向きで、多様なロールモデルを新たに生み出し、バランスのとれた報道と、性別（gender）、人種、宗教、性的指向、社会経済的地位に関係なく、あらゆる多様性を持つスポーツ選手の公正な描写を促進するための、またとない機会となります。）(IOC, 26 Jul 2021, New IOC guidelines to ensure gender-equal, fair and inclusive representation in sport in Tokyo, https://olympics.com/ioc/news/new-ioc-guidelines-to-ensure-gender-equal-fair-and-inclusive-representation-in-sport-in-tokyo)
3) ブライトン宣言は、1994 年 5 月 5 − 8 日にイギリス・ブライトンで開催された世界女性スポーツ会議で採択された。会議には 82 カ国から約 280 名が参加した。同宣言では、スポーツに関わるすべての人々や組織に対し、スポーツのあらゆる分野

で女性が参加することの価値を認め、そのためのスポーツ文化の変革、発展を促すことが要請されている。

4) この会議の決議文では、意思決定機関の女性割合を 2000 年 12 月 31 日には少なくとも 10%、2005 年には 20%とする目標が掲げられた。

5) Laura F. Chase, A Policy Analysis of Gender Inequality within the Olympic Movement'. In Proceedings: First International Symposium for Olympic Research, edited by Robert K. Barney and Klaus V. Meier, 28-39. London, ON: International Centre for Olympic Studies, 1992.

6) Toni Bruce, Sportswomen in the Media: An Analysis of International Trend in Olympic and Everyday Coverage., スポーツとジェンダー研究 15：24-39, 2017.

7) DSDs は、Differences of Sex Development の略称。医学的には Disorders of Sex Development（性分化疾患）を使用する場合があるが、当事者や支援団体では、前者を用いている。日本スポーツ協会が発行している「体育・スポーツにおける多様な性のあり方ガイドライン―性的指向・性自認（SOGI）に関する理解を深めるために」では、以下のように説明されている。体の性の様々な発達。「これが女性の身体の構造・これが男性の身体の構造 とされている固定観念とは、生まれつき一部異なる体の状態の女性・男性」のこと。医学的には「性分化疾患」、一部の欧米の政治運動では「インターセックス」とも呼ばれているが、現実の当事者の人々はそのような包括用語をアイデンティティのようにされることを拒否しており、「アンドロゲン不応症」や「ターナー症候群」など身体状態を「持っている」と認識している。「両性具有：男でも女でもない性」「男女区別がつかない人」「男女両方の特徴」という誤解・偏見があるが、そのような表現は現在では侮蔑的表現とされている。

8) IOC, Gender Equality Report, 2018. https://stillmed.olympic.org/media/Document%20Library/OlympicOrg/News/2018/03/IOC-Gender-Equality-Report-March-2018.pdf. 提言の和訳は、新井喜代加・石原康平・大勝志津穂・來田享子「海外文献紹介　IOC ジェンダー平等再検討プロジェクト（2018）IOC ジェンダー平等報告書」（スポーツとジェンダー研究 18：97-114）として公開されている。(https://www.jstage.jst.go.jp/article/sptgender/18/0/18_97/_pdf/-char/ja)

9) 建石真公子、「人権とオリンピック・パラリンピック」―イギリス、ロシア、ブラジル、韓国共同声明―＜解説＞、スポーツとジェンダー研究 12：pp.148-150、2014.

10) 世界経済フォーラムが毎年発表しているジェンダーギャップ指数 2021 では、日本は 156 カ国中 120 位、前年は 153 カ国中 121 位であり、先進国の中では最低レベル、アジア諸国の中でも中国、韓国、ASEAN 諸国より低い。

11) 2004 年アテネ大会では 9 個に対し 7 個、2008 年北京大会では 5 個に対し 4 個、2012 年ロンドン大会では 4 個に対し 3 個、2016 年リオデジャネイロ大会では 7 個に対し 5 個、2021 年東京大会では 14 個に対し 12 個と、いずれも女性選手による金メダル獲得数が上回っている。

12) Rosabeth Moss Kanter, Some Effects of Proportions on Group Life: Skewed Sex Ratios and Responses to Token Women, The American Journal of Sociology, Vol. 82, No. 5., Mar., 1977: 965-990., Drude Dahlerup（2006）The Story of the Theory of Critical Mass, Politics & Gender, 2(4):511-. など

13) Childs, Sarah and Krook, Mona Lena (2006) "Should feminists give up on critical mass? A contingent yes". Politics & Gender 2 (4): 522–530. など

14) 來田享子、「オリパラ教育」を考える－ジェンダーと SOGI の観点から－、季刊セクシュアリティ 97：28-37、2020．井谷惠子、学校体育とオリパラ教育のレトリック－ジェンダー視点から身体文化を考える－、季刊セクシュアリティ 97：38-47

15) IOC は 2021 年 11 月 6 日にトランスジェンダー選手の参加に関する新たなガイドラインを公表した。このガイドラインでは、排除や差別は認められず、また公平であることを強調すると共に、IF が基準を決定することなどが要請されており、2024 年パリ大会から適用される。

16) たとえば「IOC が世界のメディアに求めた『男女平等』とは」（alterna, 2021 年 7 月 27 日付、https://www.alterna.co.jp/39567/）。訳を担当した井本氏自身の記事もある「東京五輪 17 日間の光と影　罪なきアスリートに及ぶ人権侵害、照らされた世界の現実」（THE ANSWER, 2021 年 8 月 8 日付、https://the-ans.jp/column/181980/3/）。

10年後のパラスポーツに対する展望
——2020年東京オリンピック・パラリンピック競技大会開催を契機に考える

日比野暢子

1．はじめに

　東京は、世界で初めてパラリンピックを2度開催した都市となった。1度目は、1964年、そして2度目は2021年である。1964年当時は、国際ストークマンデビル大会（International Stoke Mandeville Games）、日本語では国際身体障害者スポーツ競技大会が正式な名称であり、パラリンピックはあくまでも愛称でしかなかった。

　2020年東京オリンピック・パラリンピック競技大会の開催が決定した2013年以降、障害者のスポーツを取り巻く政策は大きく変わった。SDGs、多様性、共生社会が強調される社会背景とともに、2020年東京オリンピック・パラリンピック競技大会は、パラリンピックムーブメントを後押しした。そして2012年に開催されたロンドンパラリンピック競技大会に対する世界からの高評価により、2020年東京オリンピック・パラリンピック競技大会を開催しようとする多くの人々からパラリンピックの開催は好意的に受け止められた。一方で、パラリンピックバブルといった言葉が登場し、ある種の美談としてパラリンピックが受け止められているとの批判的な見方もあった。

　とはいえ、パラリンピック研究者がそもそも世界的に少なく、パラリンピックのレガシー研究は世界的にも未熟である[1]。日本オリンピック・アカデミーにおいても、パラリンピック関係者は少数派である。さらに、2020年東京パラリンピック競技大会のレガシーを問うのには、大会を終えて数カ月の段階では時期尚早であり、こ

れからの作業といえよう。

　こうした状況を踏まえ、2020 年東京オリンピック・パラリンピック競技大会をパラリンピックの視点から批判的に検討することは、今後のパラリンピック研究につながるとの期待もある。そこで本稿は、2020 年東京オリンピック・パラリンピック競技大会の特にパラリンピック競技大会に着目して議論し、未来のレガシー研究の礎となる期待を込め、いくつかのポイントを示しておきたい。

　なお、本稿では、正式な名称を除いて、「障害」を用いることとする。これは、国の政策において「害」が用いられていること、また障害者がスポーツ活動に参加することが難しいのは、障害によるものではなく、社会が障害をつくることに起因するものという社会モデルの視点 [2] に依拠したことによる。

2. 1964 年大会の振り返り

2.1. 1964 年大会の始まり

　東京で 1964 年にオリンピックが開催されることを知ったグットマン卿 [3] が、1960 年に共同通信社ローマ総局長夫人の渡辺華子に、国際ストークマンデビル大会を開催するよう日本の関係者に打診して欲しいと依頼した。当時の日本は、「障害者は保護されるべきもの」[4] であり、障害者がスポーツなどの社会活動に参加できるような社会ではなかったことから、グットマン卿に大会開催は難しいと回答したという [5]。最終的には経済的な不安要素は大きかったものの、日本は国際ストークマンデビル大会を日本で開催することに同意した。この大会の開催が実現するまでには、1961 年にグットマン卿が勤務するストークマンデビル病院に 3 か月の留学をした中村裕 [6] の功績は大きかった。

　1964 年に開催された国際ストークマンデビル大会は、我が国で

は国際身体障害者スポーツ競技大会と表記され、そしてこの大会は
「パラリンピック」という愛称で呼ばれた。パラリンピックの歴史上、
初めてパラリンピックが用いられた大会でもあった。

2.2. 1964 年大会のレガシーとされるもの

2.2.1. 社会福祉からの観点

　1964 年東京パラリンピック大会の開催は、我が国の障害者福祉
政策の推進、そして障害者スポーツの発展に貢献した。障害者福祉
政策の観点からいえば、職業リハビリテーションは障害者のスポー
ツを推進する良きツールと認識され、具体的には大会に参加した
日本選手は 53 人いたが、実際に仕事を持っていたのは 5 人であっ
た。これに対し、パラリンピック発祥の地とされるイギリスにある
ストークマンデビル病院では、治療にスポーツを取り入れたことで、
入院患者の 85％が社会復帰していた[7]。海外の選手が一人で出歩
き就職していることが、当時の日本では驚きとして受け止められた。
こうした国際動向を日本の関係者が実際に目にしたことで、社会の
周辺に追いやられていた障害者に対してもスポーツを推進すること
を後押ししたのである。さらに大会翌年の 1965 年に、同じく東京
で汎太平洋リハビリテーション会議が開催された。医師の大野智也
は著書『障害者は、いま』（岩波新書）の中で、1964 年と 1965 年
の 2 つの行事が日本のリハビリテーションの専門家、家族や障害
当事者に大きな衝撃を与え、障害者は施設にいるものという常識を
崩し、地域社会の充実が叫ばれるようになったと指摘する[8]。たと
えば 1965 年に理学療法士および作業療法士法が施行され、1966
年には日本初の理学療法士が誕生している。理学療法士や作業療法
士は医療の専門職ではあるが、特に理学療法士は、長きにわたり身
体障害者のスポーツの歴史において多くの貢献をしてきた。有資格

のクラス分けを行うクラシファイヤーには、2021年現在も世界的に多くの理学療法士が活躍している。

2.2.2. 障害者スポーツからの観点

　1964年国際身体障害者スポーツ競技大会（東京パラリンピック）開催後の障害者スポーツの発展を読み解くうえで、特に、大きく3つの要素が考えられる。第1に、財団法人日本身体障害者スポーツ協会（現在の公益財団法人日本パラスポーツ協会）の発足である。障害者のスポーツを統括する組織が発足したことで、その後の障害者のスポーツを推進する基盤ができた。第2に、全国身体障害者スポーツ大会（現在の全国障害者スポーツ大会）が1965年より開催されるようになったことである。全国大会が各地域の持ち回りで開催されることにより、それぞれの都道府県で障害者にスポーツを推進するきっかけができたことは大きい。第3に障がい者スポーツ指導員の資格制度の整備があげられる。大会を関わった多くの人が医療関係者であり、スポーツを学ぶ機会を設けることを目的として、障がい者スポーツ指導者制度の整備が進められた。さらに、1974年には我が国初の障がい者スポーツセンターとして大阪市身体障害者スポーツセンター（現在の大阪市長居障がい者スポーツセンター）が開所した。ここに集う利用者が、障害種別を超え、たとえば卓球といった種目別の同好会が組織化された例も報告された。

3．1998年大会からの振り返り

　1998年に長野で開催された冬季パラリンピック大会を契機に開催された障害者スポーツに関する懇談会で、障害者スポーツが目指すべき方向性と取り組むべき課題が議論され、身体障害だけでなく、知的障害に対してもスポーツの推進を図ること、国際的な選手の育

成強化を図ること、厚生省と文部省の連携などの指針が示された。その翌年の 1999 年に、財団法人日本身体障害者スポーツ協会から日本障害者スポーツ協会と改称した。また同年、同協会内に日本パラリンピック委員会が発足した（図表 1）。この背景には、1985年に国際オリンピック委員会が正式にパラリンピックの名称を使用することを認めたことにより、オリンピックとパラレル（平行）にある大会と理解されたことや、パラリンピックに出場する選手の障害種別の多様化といった国際動向もあるだろう [9]。

　2000 年のシドニーパラリンピック競技大会期間中に、当時のサマランチ国際オリンピック委員会会長とステッドワード国際パラリンピック委員会会長とで話し合い、「オリンピック開催国は、オリンピック開催後に、パラリンピックを引き続き開催すること」に合意した [10]。2004 年のアテネオリンピックでは、デモストレーション競技（メダル授与はない）として車いすの選手が陸上トラック競技に出場し、2008 年の北京大会にて、オリンピックとパラリンピックの大会組織委員会を統一することが決まった。こうした国際的な動きは、後の東京大会への招致活動や、2020 年東京オリンピック・パラリンピック競技大会組織委員会の運営にも影響を与えることとなる。

年	出来事
1964	国際身体障害者スポーツ競技大会(東京パラリンピック大会)開催
1965	財団法人日本身体障害者スポーツ協会発足
1998	長野パラリンピック大会開催
1999	財団法人日本障害者スポーツ協会へ改称 日本パラリンピック委員会発足
2002	障害者基本計画に日本障がい者スポーツ協会が障害者のスポーツ振興の中核的な役割を果たすことが示される

図表1　パラリンピック開催と協会名称の変遷

4．2020年東京パラリンピック競技大会を契機に

　わが国では、2011年に50年振りに、スポーツ振興法が改正され、スポーツ基本法が施行された。このスポーツ基本法では、スポーツ関連法において初めて障害者スポーツの推進が明文化された。そして2013年9月に東京での開催が決定し、その半年後の2014年4月に、それまで厚生労働省が所管していた障害者のスポーツが文部科学省に移管された。藤田[11]は、こうした省庁の一元化について、障害者の社会参加と生活向上のための（福祉）施策から，スポーツとしての普及・強化・振興のための施策へと大きなパラダイム変換を意味していると指摘している。

　2014年4月に財団法人日本障害者スポーツ協会（JPSA）は、名称の障害の害をひらがな表記とし、公益財団法人日本障がい者スポーツ協会とした。さらにパラリンピック閉幕の翌月の2021年10月に、日本パラスポーツ協会へと改称した[12]。過去3回の大会を機に、JPSAの発足、名称を変更した経緯をみると、我が国の障害者スポーツの発展を垣間見ることができる。なお、パラスポーツのパラという言葉の使用については、国際オリンピック委員会と国際パラリンピック委員会の関係の変化も背景のひとつにある。我が国のJPSAに限らず、たとえば2020年に発足した、様々な障害種別を対象にサッカーを統括し障害者サッカーを推進する国際競技団体、パラフットボール財団がパラという名称を使用したことも、ひとつの例であろう。図表2は、2020年東京オリンピック・パラリンピック競技大会の開催が決定した以降の主な動きである。

4.1.　スポーツ基本法施行後の省庁の一元化と共生社会実現に向けた意識

　一元化の国際的な動きは、1990年以降にオーストラリア、イ

年	出来事
2011	スポーツ政策研究公表（文部科学省）。他国では障害者スポーツを推進する省庁が障害者のスポーツを所管していることが明らかに
	スポーツ基本法施行。障害者に対するスポーツ推進が明文化
2013	2020年に東京でオリンピック・パラリンピック競技大会の開催決定
2014	公益財団法人日本障がい者スポーツ協会へ改称 障害者のスポーツが厚生労働省から文部科学省へ移管 トップアスリートにおける強化・研究活動拠点の在り方についての調査研究に関する有識者会議
2016	障害を理由とする差別の解消の推進に関する法律（通称：障害者差別解消法）の施行やバリアフリー新法改正
2019	パラリンピック選手を主な対象としたトレーニング施設、NTC East開所
2020	コロナ禍により1年延期
2021	東京オリンピック・パラリンピック競技大会開催 公益財団法人日本パラスポーツ協会へ改称

図表2　2020年東京オリンピック開催決定前後の主な動き

ギリスなどに欧米諸国で見られる。なかでもオーストラリアは、1993年に施行された障害者差別禁止法が根拠となり、障害者を排除することなくスポーツを推進する施策を打ち出した。イギリスでは、1989年の報告書「Building on Ability」や1993年の政策文書「People with Disabilities and Sport: Policy and Current/Planned Action」を機に一元化（Mainstreaming）が議論されるようになった[13]。多くの議論を経て、イングランド障害者スポーツ協会（2004）は、一元化を「一般のスポーツ協会や健常者向けのプログラムを推進する協会（組織）が、障害者に対しても同様の運営をすること」[14]と定義した。

　このイギリスの一元化に関る定義に依拠するならば、我が国は果たしてどこまで一元化が実現されているのであろうか。たとえば、オリンピアンとパラリンピアンが同じ条件のもと強化育成を図ることであろうか。地域におけるスポーツの参加機会を担保することか。

障害のある児童も（学校という組織のもと）体育の授業に参加し、見学者にならないことであろうか。様々な障害のある人も障害のない人と同様に、気軽にスポーツ観戦を可能とするスタジアムを改革することなのか。障害のある選手に対しても指導者は指導できることか。逆に障害者が障害のない人と同様に指導者資格を取り、障害の有無を超えて指導者という立場に就くことを意味するのか。日本サッカー協会のように、オリンピック男子、女子、そしてパラリンピック（ブラインドサッカー）に出場する選手のユニフォームを統一することか。著者としては、こうした動きや議論はすべて共生社会の実現に向けた取り組みであると捉えている。スポーツ基本法の前文に記されているようにスポーツはすべての人の権利とするならば、障害のある人もスポーツをする、みる、ささえる権利を有し、障害者を含めスポーツ界から誰一人取り残されることない環境を創造することは重要であるといえよう。問題は、それをどう実現するかである。

　イギリスは、2008年に、スポーツを所管するデジタル・文化・メディア・スポーツ省（Department of Digital, Culture, Media and Sport）が文化・メディア・スポーツ省時代に、政策文書「Playing to Win: A new era for sport」にて、障害者も含むスポーツ参加の機会拡大、その戦略を実現するものとして、中央競技団体がグラスルーツからトップスポーツに至るまで中核的な役割を果たすことが競技団体の責任であると明文化した。イギリス以外の先進国では、たとえばオランダは、オリンピックとパラリンピックは同じく選手支援が組織的になされているが、さらにパラリンピック選手の特性も考慮し、パラリンピック選手を対象にキャリア支援の中に臨床心理士を加えた。また引退後に、パラリンピック選手は障害者であることには変わりがなく、そうした特性を考慮し、社会保障省と

キャリア支援を目的に話を始めている [15]。世界に先駆けスポーツにおける一元化を推進したオーストラリアは、2020 年東京パラリンピック競技大会期間中の 9 月 2 日に、メダルを獲得したパラリンピック選手はオリンピック選手と同額の報奨金を受け取れると発表した [16]。

　これらを踏まえると、一元化の議論を足掛かりにし、スポーツから問う共生社会実現に向けた評価指標を構築していくことは、政府や中央競技団体が推進するスポーツのあり方を網羅するものでもあり多様な視点が求められるのは間違いない。

4.2. 障害者に対する社会の態度

　2013 年に開催決定以降、パラリンピックへの関心は高まり、パラリンピックバブルといった言葉まで誕生した。特に、2012 年に開催されたロンドンパラリンピック競技大会が国内外にて高い評価を得たことにより、自国開催となる 2020 年東京オリンピック・パラリンピック競技大会の成功はパラリンピックの成功にもあるとして、2012 年ロンドンオリンピック・パラリンピック競技大会はひとつの指標にもされた [17]。たとえばメディアだけでも、Twitter では国内の検索ワード第一位がパラリンピックであったこと、Channel 4 が出した Meet the super humans が国内外に大きな反響を得たことや、大会期間中、パラリンピックをテレビで視聴した人は 4000 万人であり、ジョニー・ピーコック（Jonnie Peacock）が金メダルを獲得した陸上 100m（T44 クラス）では、630 万人の人が視聴したとの報告もあった [18]。

　だが、こうした好例ばかりではない。たとえばイギリスの障害者慈善団体 Scope は、調査に回答した 8 割の障害者が、ロンドンパラリンピック競技大会を終え、「障害者に対する社会的な態度は過

去 12 カ月に改善されていない」、さらにその 22％が「悪くなった」と感じていることを明らかにした[19]。日本でも株式会社ゼネラルパートナーズ障がい者総合研究所が実施した調査では、「東京オリンピック・パラリンピックを通じて障害者の理解は進むと思うか」との問いに対し、「すべての障がいへの理解は進む」（13％）を大きく上回り、最も多い回答は「出場対象障がいへの理解は進むが、それ以外の障がいへの理解は進まないと思う」（49％）、次いで「すべての障がいへの理解が進まないと思う」（38％）と回答し、8 割が障害への理解促進は限定的との見解を示した[20]。また日比野暢子は、エリート選手によりもたらされるであろう社会変化に大きな期待を寄せながらも、ある種のエリート主義がパターナリズム化し過ぎた時に、スポーツに関心のない障害者や、スポーツを楽しむ障害者とエリートスポーツに挑戦する障害者との間に分断を起こす可能性もあり得るとの指摘をしている[21]。

　では、我が国のパラリンピアンは、母国開催をどのように捉えていたのだろうか。図表 3 は、「2020 年にパラリンピックが日本で開催される意義」について、一般社団法人日本パラリンピアンズ協会（以下、PAJ）が 2016 年リオデジャネイロパラリンピック競技大会と 2014 年ソチパラリンピック競技大会に出場した選手に聞いた結果を示したものである。最も多い回答は、「パラリンピックに関心をもってもらう良い機会となる」（80.2％）であった。次いで、「障害者のスポーツ全体の活性化につながる」（53.2％）、「パラリンピック選手の競技環境が良くなると期待できる」（45.9％）、「障害者に対する理解が深まる」（41.4％）であった。このことからもパラリンピアンは、母国開催の意義について前向きな見解を持っていたことが読み取れる。

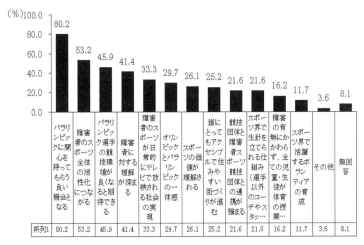

図表3　2020 年にパラリンピックが日本で開催される意義
出典：PAJ（2016）

4.3. 施設の利用実態が示す社会課題

　図表 2 に示した通り、2020 年東京オリンピック・パラリンピック競技大会の開催が決定して以降、省庁の一元化だけでなく、2016 年には障害者差別解消法の施行やバリアフリー新法が改正された。2019 年には、パラリンピック選手が優先的に使用できるナショナルトレーニングセンターの拡充施設として NTC イーストが開所し、パラリンピックスポーツの強化拠点ができた。さらにはパラリンピック競技の体験会なども、自治体、企業、競技団体、学校、社会福祉団体等で盛んに行われた [22)]。また報道でも、「オリンピック・パラリンピック」と併記されるようになり、パラリンピックや障害者スポーツ、障害者に対する理解は高まっているように思われた。

　しかし、PAJ（2021）が 2020 年東京パラリンピック競技大会、2018 年平昌パラリンピック競技大会に出場した選手を対象に実施

した「第 4 回パラリンピック選手の競技環境　その意識と実態調査」によると、「4 年間で障害を理由にスポーツ施設の利用を断られた経験、条件つきで認められた経験があるか」（図表 4）との問いに対し、21.3％が「ある」と回答した[23]。2016 年に実施した第 3 回調査[24]でも、21.6％が「ある」と回答していたため、ほぼ数字が変わらない結果になった。2016 年は、障害者差別解消法が全面施行されたのが 2016 年 4 月であり、その夏に開催されたリオデジャネイロパラリンピック競技大会には十分に法の影響を受けることができなかったとの見方や 2020 年開催までに多くのムーブメントやオリンピック・パラリンピック教育事業が展開され、2020 年東京パラリンピックが開催される頃には障害者の施設利用についてはやや改善されるであろうとの見解もあった。ちなみに、第 4 回の調査で、断られたり条件付きで認められた経験が「ある」と回答した選手の障害種別は、「頸椎損傷」（50％）、「脊髄損傷」（38.5％）が多く、また断られた理由のなかには「前例がない」との声もあった。特に車いすを使用しているであろう障害種別にこの傾向が見られた。

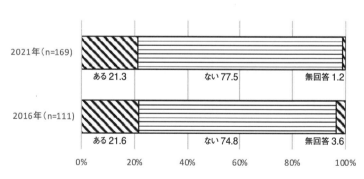

図表 4　障害を理由にスポーツ施設の利用を断られた経験、条件付きで認められた経験の有無
出典：PAJ（2021）

4.4. 中央競技団体のガバナンス

　2020 年東京パラリンピック競技大会の開催決定を機に、中央競技団体を取り巻く状況も様変わりした。たとえば日本財団がパラリンピックサポートセンターを 2015 年に開設し、パラリンピックスポーツの中央競技団体がそこに事務所を置くようになった。競技団体間の交流も活性化し、それまで自宅に事務所を置いていた中央競技団体もあったことを考えれば、中央競技団体の運営は大きく改善された。

　一方で、スポーツ界には古くから根付く様々な課題も継続的に指摘された。特に指導者によるハラスメントや代表選手の不祥事などが繰り返し報告され、2020 年オリンピック・パラリンピック競技大会を前にしてスポーツ界に対し厳しい目が向けられたといっても過言ではない。そうしたなか、2019 年にスポーツ庁は中央競技団体向けにガバナンスコードを発表した。これは、パラリンピックスポーツの中央競技団体も対象とされた。

　2000 年代後半より、たとえば日本ブラインドサッカー協会は先駆けて専任の職員が雇用され組織運用がなされていたが、その他のパラリンピックスポーツの競技団体の多くはボランティアにより支えられてきた [25]。2019 年にスポーツ庁は、我が国の多くの中央競技団体は、人的、財政的基盤が脆弱であるが、スポーツを愛する人々の自発的な努力により支えられてきており、役員が無報酬である例は多く、また現場においても指導者が無償、または低い報酬で、自己負担により遠征や合宿に参加している例もあるとしたうえで、スポーツを愛する人々の善意やボランティア精神に支えられてきた組織運営は、自主性、自律性をはぐくみ、我が国のスポーツの発展に貢献した一方で、資質、能力や専門性、コンプライアンス意識などが低いと指摘している [26]。パラリンピックにおいては、特に 2020

年東京パラリンピック競技大会の開催が決定する前までは、まさに手弁当で組織運営がなされていた団体が殆どであった。しかし、日本財団パラリンピックサポートセンターの開所やガバナンスコードの策定が後押しして、各団体の整備が急速に進められた。とはいえ、今後も組織のガバナンス改革はこれからが正念場であるというのが正しい見方であろう。

4.5.　教育プログラムの開発

　パラリンピックを題材に、共生社会への気づきを子供たちに促す教材として、アギトス財団が開発した「I'm POSSIBLE」は、国際版教材の内容をもとに、日本財団パラリンピックサポートセンターと日本パラリンピック委員会が公益財団法人ベネッセこども基金とともに日本語版の教材を開発した。そして、2017年から2020年にかけて、全国の小学校、中学校、高等学校、特別支援校の36,000校に配布された。日本財団パラリンピックサポートセンター・パラリンピック研究会の紀要に発表された矢島佳子らが1779学校に実施した調査報告によると、「パラリンピック教育を実施した学校」は80.8％に及び、「オリンピックとパラリンピック教育の両方を実施した学校」は64.1％、「パラリンピック教育のみであった学校」が12.8％、「オリンピック教育だけであった学校」は3.9％であったという[27]。学校がパラリンピック教育を展開する教材もあり、我が国でパラリンピック教育の礎を築けたことは大きかったといえるだろう。

　また、株式会社WOWOWが国際パラリンピック委員会と協同し制作した「WHO I AM」は、国内外の賞を受賞した。シーズン1から5まであり、国内外の誰もがトップと認めるパラリンピアンのドキュメンタリーである。この「WHO I AM」も、一部のドキュ

メンタリー作品がパラリンピック教育として使用されている。

4.6. パラリンピアンを取り巻く 10 年後の競技環境と取り組むべき課題

　前述した PAJ（2021）の第 4 回の調査報告によると、「パラリンピアンを取り巻く競技環境は 10 年後（2030 年ごろ）どのようになっていると思うか（複数回答可）」（図表 5）について、パラリンピアンは、「障害者スポーツへの理解」、「競技用具」、「練習施設」、「障害者への理解」は良くなるとの見解を示した。パラリンピック

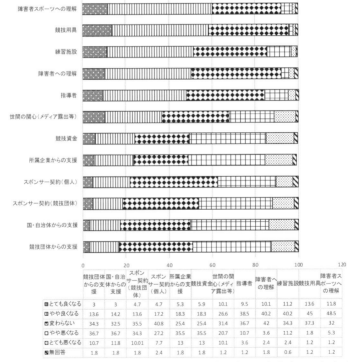

	競技団体からの支援	国・自治体からの支援	スポンサー契約（競技団体）	スポンサー契約（個人）	所属企業からの支援	競技資金	世間の関心（メディア露出等）	指導者	障害者への理解	練習施設	競技用具	障害者スポーツへの理解
とても良くなる	3	3	4.7	4.7	5.3	5.9	10.1	9.5	10.1	11.2	13.6	11.8
やや良くなる	13.6	14.2	13.6	17.2	18.3	18.3	26.6	38.5	40.2	40.2	40.2	48.5
変わらない	34.3	32.5	35.5	40.8	25.4	25.4	31.4	36.7	42	34.3	37.3	32
やや悪くなる	36.7	36.7	34.3	27.2	35.5	35.5	20.7	10.7	3.6	11.2	1.8	5.3
とても悪くなる	10.7	11.8	10.01	7.7	13	13	10.1	3.6	2.4	2.4	1.2	1.2
無回答	1.8	1.8	1.8	2.4	1.8	1.8	1.2	1.2	1.8	0.6	1.2	1.2

図表 5：選手の認識　パラリンピアンを取り巻く競技環境は 10 年後（2030 年ごろ）どのようになると思うか（複数回答）
出典：PAJ（2021）

の開催を機に幅広く障害者スポーツや障害者への理解が進むとの見解を得られたことは、2020年オリンピック・パラリンピック競技大会の開催の意義としても裏付けられるだろう。一方で、この大会を機に、企業や国、自治体、競技団体からの支援については悪くなると回答も見られた。

4.7. コロナ禍におけるパラリンピック競技大会

　コロナ禍で開催への議論はあったものの、1年遅れで開催されたパラリンピック競技大会では22競技が実施され、162カ国／地域から約4,400名（選手、競技パートナー、コーチ・スタッフ等）の参加があった。大会後に共同通信社が実施した世論調査[28]によれば、69.8％が「パラリンピックを開催して良かった」と回答している。これは、オリンピックの62.9％をやや上回る結果であっ

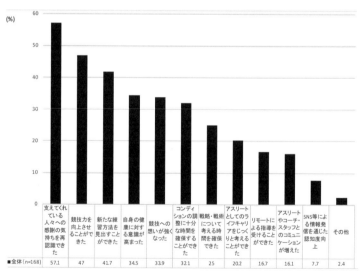

図表6：選手が思う新型コロナウィルス感染拡大の影響（ポジティブな影響）（複数回答）
出典：PAJ（2021）

た[29]。

　PAJ は新型コロナウィルスの感染拡大がもたらした影響についてポジティブな影響とネガティブな影響について調査している[30]。ポジティブな影響として最も多い回答は、「支えてくれている人への感謝の気持ちを再認識できた」（57.1％）であった。これは、コーチ・スタッフに対して行った同調査でも同じく最も多い回答であった。

5．今後に期待を寄せて

　2020 年東京パラリンピック競技大会の開催は、障害者が人として当たり前に競技スポーツに挑戦する社会を創造することに大きく貢献した。一方で、かわいそうな人が頑張っているというイメージをどこまで払拭したのだろうか。

　パラリンピック閉会式には、国際パラリンピック委員会と国際障害者同盟（IDA）やスペシャルオリンピックスやデフリンピックも含む障害者スポーツの国際統括競技団体らが共同で作成した「WeThe15」の動画がスタジアムに流れた。世界人口の 15％を占める 12 億人もの障害者が直面する差別を終わらせることを目的とした、人権に関わるムーブメントとして始まった新たなキャンペーンである。IPC はスポーツ、人権、政策、ビジネス、芸術、遊びなど様々な側面から国際組織とともに史上最大の連合を図っていくことを表明した。多様性と調和が強調された 2020 年東京オリンピック・パラリンピック競技大会において最大のメッセージであったとし、同じく閉会式で「Wonderful World」の曲が謳われ、多様性を認め合う世界こそ素晴らしいとのメッセージと受け取めた人もいるだろう。誰もがスポーツを楽しみ挑戦できる社会を我々がどのように実現できるのか。これを批判的に見るには、パラリンピッ

クというレンズは大いに役立つ。2021年現在、日本オリンピック・アカデミーにはパラリンピックという言葉が含まれていない。オリンピック教育の根幹にあるもの、それを推進するために一つ足りないピースがあるとすれば、それはパラリンピックであるかもしれない。

註

1)Misener, L., Darcy S., Legg, D., and Gilbert, K. (2013) Beyond Olympic Legacy, Understanding Paralympic Legacy Through a Thematic Analysis, Journal of Sport Management, 27, pp.329-341. ／ Darcy, S. and Appleby L. (2011) Sydney 2000 – Moving from post hoc legacy to strategic vision and operational partnership, in D. Legg and K. Gilbert (eds.), Paralympic Legacies, Champaign IL, Common Ground Publishing, pp.75-98.
2)Oliver, M. (2006) 障害の政治学 イギリス障害学の原点 , 三島亜紀子・山岸倫子・山森亮・横須賀俊司 (訳) , 明石書店 .
3) ルードウィッヒ・グットマン (Ludwig Guttmann) は、ドイツ系ユダヤ人の神経外科医。後にパラリンピックの父と称される。イギリスに亡命した後に勤務したストーク・マンデビル病院にて、治療にスポーツを取り入れた。
4) 中村太郎 (2002). パラリンピックへの招待－挑戦するアスリートたち . 東京：岩波書店.
5) 蘭和真 (2002) 東京パラリンピック大会と障害者スポーツ , 東海女子大学紀要 , 22, pp.13-23.
6) 中村裕は日本のパラスポーツの父と評される医師。太陽の家の創始者。
7) 国際身体障害者スポーツ大会運営委員会 (1965). パラリンピック東京大会報告 , 国際身体障害者スポーツ大会運営委員会 .
8) 大野智也 (1988)『障害者は、いま』, 岩波新書 .
9) 脊髄損傷だけではなく視覚障害や脳性麻痺、知的障害と障害の種別も段階的に出場できるようになった。実際に、長野パラリンピック大会には、日本からも知的障害のある選手がメダルセレモニーのあるクロスカントリー競技に出場を果たした。
10) 日本パラスポーツ協会 (2021) 障がい者スポーツの歴史と現状 , https://www.parasports.or.jp/about/pdf/jsad_ss_2021_web.pdf (アクセス日：2021年12月17日).
11) 藤田紀昭(2015)「障害者スポーツの過去、現在、未来」, スポーツと生涯発達, 第7巻, pp. 7-17.
12)JPSA 会長の鳥原 (2021) は、東京パラリンピックのレガシーを継承し、一層の普及振興をはかるために、「障がい者スポーツ」の名称を、既に社会で一般的に使用され、多くの人に親しまれている「パラスポーツ」に変更することにしたと説明し、そして、「パラスポーツの振興を通じた活力ある共生社会の実現」を目指すとしている。／鳥原光憲 (2021) 日本パラスポーツ協会への名称変更についての会長コ

メント，https://www.parasports.or.jp/news/%E3%80%90JPSA%E3%83%97%E
3%83%AC%E3%82%B9%E3%83%AA%E3%83%AA%E3%83%BC%E3%82%
B9%E3%80%91%E5%90%8D%E7%A7%B0%E5%A4%89%E6%9B%B4%E3%
81%AB%E3%81%A4%E3%81%84%E3%81%A6%E3%81%AE%E4%BC%9A%
E9%95%B7%E3%82%B3%E3%83%A1%E3%83%B3%E3%83%88.pdf（アクセ
ス日：2021 年 10 月 20 日）.

13)Tanaka N.（2013）An analysis of the policy-making process for disability sport in Japan and the UK/ England: the cases of wheelchair basketball, CP Sport and intellectual disability sport, Loughborough University, A Doctoral Thesis.

14) 著者訳／ English Federation of Disability Sport (2004) Glossary, http://www.efds.net/index.php?incpage=content/publications/inceventsstrategy.php（アクセ ス日：2004 年 7 月 9 日）.

15) 田中暢子と大日方邦子（2020）パラリンピアンのキャリアデザインに関す る国際比較研究 ―オランダとイギリスのキャリア支援システムの事例から の 一 考 察 ―, https://www.ssf.or.jp/Portals/0/resources/encourage/grant/ pdf/2019/2019rs_18.pdf（アクセス日：2021 年 10 月 20 日）.

16)Republicworld.com（2021）Australia To Award Tokyo Paralympics Winners Same Bonuses, as Olympic Medalists, https://www.republicworld.com/sports-news/other-sports/australia-to-award-tokyo-paralympics-winners-same-bonuses-as-olympic-medalists.html（アクセス日：2021 年 10 月 12 日）.

17) 法的には、1995 年の障害者差別禁止法が施行され、2010 年には、障害、ジェン ダー、人種、年齢など幅広く人は平等であるとした平等法が打ち出された。平等は、 2012 年のロンドンオリンピック・パラリンピック競技大会でもキーワードとして 用いられた。オリンピックでは男子の選手と等しく（Equality）女子選手の出場を、 パラリンピックではオリンピックと同等（Equality）の運営をすることに対し、開 会式で組織員会会長のセバスチャン・コー氏は平等（Equality）を強調した。

18)Channel 4（2012）The London 2012 Paralympic Games, Brought to you, Channel 4, Channel 4.

19)Scope（2013）Discrimination increases on back of 'benefit scroungers' rhetoric. Retrieved from Politics Home, https://www.politicshome.com/members/article/ paralympics-legacy-in-balance-as-attitudes-fail-to-improve（アクセス日：2021 年 10 月 10 日）.

20) 株式会社ゼネラルパートナーズ障がい者総合研究所（2018）オリンピック・パラ リンピックへの意識調査，http://www.gp-sri.jp/report/detail032.html （アクセス 日：2021 年 10 月 15 日）.

21) 日比野暢子（2021）パラリンピックは社会政策に影響をもたらし社会変化を起こ せるのか，社会政策，12(3),pp.22-38.

22) 実際の体験回数は、様々な主催者により開催されたため、正確な体験会の開催実績 数を把握するのは極めて難しい。

23) 一般社団法人日本パラリンピアンズ協会（PAJ）（2021）第 4 回パラリンピック選 手の競技環境調査－その意識調査と実態調査，PAJ.

24) 一般社団法人日本パラリンピアンズ協会（PAJ）（2016）第 3 回パラリンピック選 手の競技環境調査－その意識調査と実態調査，PAJ.

25) 著者（Tanaka, 2013）が博士論文の執筆により調査したイギリスの車いすバスケットボールは、2009年に既に14人が雇用されていた。このことを鑑みれば、たとえ組織構造が異なるとはいえ、我が国の競技団体がボランティアで支えられてきたといえるだろう。

26) スポーツ庁（2019）は、我が国の競技団体について批判的に指摘している。スポーツ庁（2019）スポーツ団体ガバナンスコード（中央競技団体向け）, https://www.mext.go.jp/sports/content/1420887_1.pdf（アクセス日：2021年10月15日）.

27) 矢島佳子・渡正・平賀慧・永田悠祐・中島裕子（2021）東京都と千葉県におけるパラリンピック教育の実態と今後の課題，―小学校・中学校・特別支援学校教員へのアンケート調査結果より―（英文）（紀要15号に掲載された論文の英訳，但し一部変）

28) 共同通信社（2021a）東京パラリンピック開催「良かった」69％, https://news.yahoo.co.jp/articles/b391351691844075bd146bfe9610dee5801637dc（アクセス日：2021年10月1日）.

29) 共同通信社（2021b）東京五輪開催「良かった」62％, https://news.yahoo.co.jp/articles/f788f9bd4e6d80fab5dc6c366d567af12418e481（アクセス日：2021年10月1日）.

30) 一般社団法人日本パラリンピアンズ協会（PAJ）（2021）第4回パラリンピック選手の競技環境調査－その意識調査と実態調査, PAJ.

東京 2020 大会におけるオリンピック休戦

黒須朱莉

はじめに

2019 年 12 月 9 日にニューヨークで開催された第 74 回国連総会において、開催都市のホスト国である日本が原提案国として提出した「スポーツとオリンピックの理念を通じた平和でより良い世界の構築」（通称「オリンピック休戦決議」）の決議案は、186 カ国が共同提案国となり、全会一致で採択された。この決議の総会演説のさいごに、森喜朗組織委員会会長は次のように述べた。

> 不可能が可能となるように、いつかオリンピック期間だけでなく、世界全体から永遠に戦争が消えて欲しいという願いも可能になるかも知れません。また、困難ではあっても、指導者同士が腹を割って話し合う勇気を持てば、戦わずとも解決策は見つかるかも知れません。現下の国際情勢は更に厳しさを増していますが、大国同士の対立の犠牲となるのは常に小国であり、私は弱い立場の人々が苦しむのを看過することはできません。だからこそ、ここで改めて世界の平和と繁栄を祈り、東京 2020 大会のビジョンである「スポーツには世界と未来を変える力がある」、このことを信じたいと思います（森会長によるオリンピック休戦決議に関する国連総会演説 2019 年 12 月 9 日）。

この国連総会のわずか数か月後に世界の状況は一変した。2020 年 3 月 11 日、世界保健機構（WHO）のテドロス・アダノム事務

局長は、新型コロナウィルスの感染拡大は、世界的な大流行を意味するパンデミックであることを宣言した。その13日後の3月24日、安倍晋三首相と国際オリンピック委員会（IOC）のトーマス・バッハ会長は電話会談を行い、2020年の東京大会を延期することに合意した。パンデミック下でのオリンピックの延期は史上初のことであった。

　一年延期が決まった際、「復興オリンピック」という大義を掲げて出発した東京2020オリンピック・パラリンピック競技大会（東京2020大会）は、「人類が新型コロナに打ち勝った証しとして、完全な形で開催する」（安倍首相）ものとなり、その後も、「コロナに打ち勝った証し」（菅義偉首相）として大会を開催することが至上命題のように語られていった。そして、無観客での開催を決定し「完全な形」での開催を断念した後は、「安全安心の大会」を決行することが主張されていった（東京新聞2021年7月24日web版）。感染の収束が見えないなか、国内では引き続き人々の日常生活や経済活動が制限され、医療が逼迫していた。そのような状況のなかで、2021年5月の世論調査では、中止と再延期を求める声は6割超におよんだ（毎日新聞2021年5月22日web版）。これは、多くの人が「なぜ、いま、東京でオリンピックを開催する必要があるのか？」と疑問を感じ、開催に対して積極的な意義や意味を見いだせていなかったことの表れであった。日本オリンピック委員会（JOC）の山口香理事は、「国民の多くが疑義を感じているのに、国際オリンピック委員会も日本政府も大会組織委も声を聞く気がない。平和構築の基本は対話であり、それを拒否する五輪に意義はない」（毎日新聞2021年5月19日web版）と語り、当時の東京2020大会をめぐる現状をオリンピックの理念にもとづいて厳しく指摘した。

　他方、誰もが想定し得ないパンデミック下での開催となった東京

2020 大会ではあったが、開催決定以降、大会ビジョン「スポーツには世界と未来を変える力がある」を掲げて、「全員が自己ベスト」「多様性と調和」「未来への継承」という 3 つの基本コンセプトにもとづき、大会運営とさまざまなアクションが企てられ、全国的な活動が数年にわたり展開されていた。しかし、例えば「多様性と調和」は、「それを軽視した森喜朗組織委員会会長の辞任につながったことはなんとも皮肉である」とスポーツ社会学者の石坂友司が指摘するように、そのコンセプトに照らして、日本社会に横たわる諸々の問題があらわになる事態を我々は目撃した。石坂は、多角的な分析を通して「今大会を通して明らかになったのは、オリンピックは社会におけるさまざまな諸問題を、明確に、かつ単純化して、私たちの目の前にさらけ出してくれることである。その費用が数兆円にも及ぶ開催費用とはなんとも高価な代償ではあるが、ここ数年で日本社会が抱える問題の多くが露呈してきた。それを変えるために利用しない手はないだろう。オリンピックという理念的な審級に照らして、私たちの社会を検証していくという方法である」と総括している（石坂、2021）。そして現在、東京 2020 大会の経験をどのように活かすべきかがジャーナリズムやアカデミズムを含めた各領域で議論され、その検証が進められている。

　では、オリンピックの理念とは一体何なのか。近代オリンピックは、教育者ピエール・ド・クーベルタンによって創始されたものであるが、彼は、オリンピア遺跡の発掘と古代オリンピック大会の復興の動きのなかで、近代オリンピックのアイディアを形成していったといわれる。そうしたクーベルタン以前の大会と近代オリンピックが異なっていたのは、世界平和を目指した国際的なスポーツの総合大会であったという点にあるだろう。オリンピックの理念であるオリンピズムやオリンピック競技大会そのものの位置づけを、オリ

ンピック憲章（2020年版）では次のように説明している。

　オリンピズムの目的とは「人間の尊厳の保持に重きを置く平和な社会の推進を目指すために、人類の調和のとれた発展にスポーツを役立てること」にある。このオリンピズムを具現化していく運動の総称をオリンピック・ムーブメントといい、このムーブメントは、「オリンピック競技大会に世界中の選手を集めるとき、頂点に達する。そのシンボルは5つの結び合う輪である」。

　本稿は、以上のオリンピック憲章の定義にもとづき、オリンピック競技大会を「平和な社会の推進」を目指すオリンピック・ムーブメントと捉えたうえで、東京2020大会を振り返る視点として「オリンピック休戦」という試みに光を当ててみたい。

オリンピック休戦とクーベルタン

　オリンピック休戦とは、何なのか。まずは、その歴史を振り返っておこう。オリンピック休戦（Olympic Truce）とは、古代オリンピック競技祭における休戦協定「エケケイリア」から着想を得た試みのことである。慢性的な戦争状態にあった古代ギリシャでは、古代オリンピックに参加する競技者や観客に旅の安全を保証することが必要不可欠であった。そのため、古代ギリシャ人は祭典を開催する際に休戦を告げる使者をオリンピアのエリスから都市国家（ポリス）へと派遣し、競技の行われる期間はギリシャ人に武器を取ることを禁じたのである。当初、このエケケイリアの期間は1カ月であったが、遠く離れたポリスからやってくる競技者、観客を守るため3カ月に延長されたといわれている。

　こうした古代オリンピックの故事を、クーベルタンは「オリンピズムの構成要素の一つ」として位置づけている。彼が残した「近代オリンピズムの哲学的基礎」と題するラジオ演説によれば、クーベ

ルタンにとってのオリンピック休戦とは、4年に1度のオリンピックの周期に沿って、「若い成人」を称えるために一方的な国民感情を「休戦状態」にすること、それは「騒動、論争、誤解の一時停止を提唱する」ことであり、「軍隊が暫くの間闘いを中止」することでもあった（清水重勇訳「近代オリンピズムの哲学的基礎（1935年）」）。

　しかし、オリンピックは、二度の世界大戦により1916年、1940年、1944年時に中止されている。さらに、戦後の「冷たい戦争」の時代においても、ボイコットをはじめとした「オリンピックへの政治的な介入」により、大会存続の危機を幾度も経験することになった。では、この冷戦期において、オリンピック・ムーブメントを主導する立場であるIOCは、オリンピック休戦という試みをどのように進めてきたのだろうか[1]。

冷戦期におけるIOCによるオリンピック休戦

　IOCの会議議事録をみてみると、1956年、1968年、1972年のそれぞれの大会に向けて、オリンピック休戦を求める提案や、決議等が行われていたことを確認できる。このうち1956年のメルボルン大会は、ハンガリー動乱とスエズ動乱を背景にしたボイコットを要因として、オリンピック休戦を含む声明がIOC総会で決議採択されており、世界平和の象徴としてのオリンピック休戦と、その理想の促進がIOCの目標であることが示されている（IOC、1956）。次に、1968年グルノーブル冬季大会では、オリンピック休戦を含む声明（IOC、1968a）、メキシコシティ大会では、オリンピック休戦の適用を求める内容を含む決議が同じくIOC総会で決議採択されている（IOC、1968b）。なかでも、1968年のIOCによる一連の声明や決議は、世界に向けてすべての紛争を停止する

ために可能なことを行うよう求めるものであり、メキシコシティ大会に向けた決議は、国内オリンピック委員会（NOC）の総意としても決定されたものであった（IOC、1968c）。1972年のミュンヘン大会は、東西冷戦における政治的プロパガンダの問題に対するものであり、IOCはミュンヘンの米国のラジオ放送局に対する「電波を通した」オリンピック休戦を要請し、組織委員会会長による関係者への直接的な働きかけも行われた（IOC、1971）。

　冷戦期において、IOCがオリンピック休戦によって対応しようとした問題は、主に冷戦構造下における国家間の対立によるものであった。IOCにとって、こうした政治的対立は、オリンピックを政治的に手段化したボイコットを生み出すだけでなく、平和への寄与を目的とするオリンピック・ムーブメントの主導者としてのIOCの立場を対外的に示すことを余儀なくさせるものであったと考えられる。

冷戦後のオリンピック休戦の展開

　その後、戦後40年以上続いた冷戦構造は崩壊した。しかし、新たに噴出したのは地域紛争や民族紛争であった。1992年のバルセロナ大会に向けてIOCが直面したのは、旧ユーゴスラヴィア地域の民族紛争と、国際連合安全保障理事会によるスポーツ領域への制裁であった。この安保理による制裁措置により、紛争当事国である当時のユーゴスラヴィア連邦共和国（新ユーゴ）の選手はバルセロナ大会への参加が不可能になったのである。

　この事態を受けて、IOCは会長のリーダーシップのもと、新ユーゴの選手の権利を保護し、大会参加を可能とさせるため、諸外国のリーダーや国連関係者と折衝を行うとともに、「世界の若者の人生と未来に深刻な影響を及ぼす紛争の頻発に鑑み」、「IOCが担って

きた使命、すなわち平和に寄与することに忠実に従う」ため、「オリンピック休戦を求めるアピール」を IOC 総会で決議した。この 1992 年のオリンピック休戦は、これまでとは異なり、IOC、NOC、国際競技連盟（IF）の総意として打ち出され、国際社会の組織と個人および国連とその専門機構を具体的に指名するものであった。さらに、オリンピック休戦の適用範囲を拡大し、あらゆる紛争が平和的な手段によって解決されることを要請する画期的なものであった（IOC、1992）。

この時のオリンピック休戦は、安保理決議のような国際的決議による政治的な影響からオリンピックを保護していくための積極的な対抗手段としての意味を有していたと考えられる。つまりオリンピックを国際政治から守るために、オリンピックの「平和の祭典」としての価値と存在意義を根拠に、諸国家が加盟する国連と国際社会を味方につけようとしたのである（黒須、2013）。

その後、1993 年には「スポーツとオリンピック理念の国際年」と「オリンピック休戦の遵守」と題する 2 つの決議が国連総会ではじめて採択されることになる。後者の決議では、IOC が前年に打ち出したオリンピック休戦アピールのうち、開会式の 7 日前から終了後 7 日までの期間はオリンピック休戦を遵守すること、平和構築を目的として、平和的な手段によって紛争が解決されるようあらゆるイニシアチブが取られ、集団または個人の努力が払われ続けることを求める内容が踏襲された（A/RES/48/11）。

これ以降、IOC は、国連や国連関連組織と積極的かつ緊密な協力関係を結びながら、「オリンピック休戦決議」は、夏季・冬季大会の前年の国連総会で決議採択されるようになっていく。また 2000 年の協定以降、IOC と国際パラリンピック委員会（IPC）の連携強化が進められ、2006 年トリノ冬季大会に向けた休戦決議か

らはパラリンピックの期間もオリンピック休戦の適用対象として含めるようになった（A/RES/60/8）。

　しかし、この国連総会の「オリンピック休戦決議」について、オリンピックの平和運動を研究するスポーツ哲学者の舛本直文は、「今までのところ、この高慢なオリンピック休戦制度が世界中で完全に遵守されたことがないのも事実である」と指摘している（舛本、2019）。例えば、2008年北京大会では、オリンピックの開会式当日にロシア軍が南オセチアに侵攻し（REUTERS 2008年8月9日）、2014年ソチ冬季大会では、パラリンピックの開会直前に、ホスト国であるロシアの武装部隊がクリミア半島のウクライナ軍のミサイル基地に押し入り、制圧しているのである（朝日新聞2014年3月8日）。

国連総会における東京2020大会「オリンピック休戦決議」

　冒頭で触れたように、国際連合における「オリンピック休戦決議」は、東京2020大会でも例外なく行われたが、大会が延期になったことに伴い、2020年7月6日に国連総会は休戦の対象となる期間を修正し、2021年7月16日から9月12日までとすることを決定した（IOC、2020年7月7日）。

　東京2020大会の「オリンピック休戦決議」文書における具体的な勧告をみてみると、直近の2018年平昌冬季大会から続く内容の一部として、①オリンピックの開幕7日前からパラリンピック閉幕7日後までの期間中、国連憲章の枠組みのなかで、個別的集団的にオリンピック休戦を遵守すること、特に両大会に参加する選手、役員その他すべての認可を受けた者の安全な通行、アクセスおよび参加を確実にすること、その他の適切な措置を通じて、大会の安全な開催に貢献することを加盟国に要請する、といった基本的な事項

を確認することができる。

　さらに、②オリンピック休戦の価値を世界中で集合的に適用するためには加盟国間の協力が重要であることを明確に示し、この点における IOC、IPC、国連の重要な役割を強調すること。③ IOC、IPC、国際オリンピック休戦財団（IOTF）、国際オリンピック休戦センター（IOTC）が、国内外のスポーツ連盟、諸組織を動員するための活動と、オリンピック休戦の精神にもとづいて平和の文化を促進、強化するために、地方、国、地域、国際レベルで具体的な行動をとる NOC、国内パラリンピック委員会（NPC）等を歓迎し、こうした諸組織に、協力し合い、情報や最良の実践を適切に共有するよう求めること。④スポーツやオリンピックの理念を通じた平和と人類の相互理解の促進において、オリンピックとパラリンピック選手のリーダーシップを歓迎すること。⑤全加盟国に対して、大会開催期間中およびそれ以降も、紛争地域における平和、対話、和解を促進するための手段としてスポーツを活用する取り組みにおいて、IOC および IPC と協力するよう求めること。⑥スポーツと両大会は、人権を促進し、そうした権利の普遍的な尊重を強化するために活用できること、そして、その実現に貢献すすことを認識すること。⑦持続可能な開発目標 SDGs の達成に有意義かつ持続可能な貢献をするために、スポーツの可能性を最大限引き出すための加盟国、国連と専門機関、基金とプログラム、IOC と IPC 間の協力を歓迎すること。この目的のために、両大会のムーブメントが、スポーツのを活用することに関して、国内外のスポーツ組織と緊密に協力することを奨励すること。⑧事務総長と総会議長に対して、加盟国間におけるオリンピック休戦の遵守と、スポーツを通じた人間開発イニシアチブへの支援を促進し、これらの目的の実現に向けて、IOC、IPC およびスポーツ界全般と効果的に継続して協力し合う

ことを要請すること。⑨次会期の暫定議題に、同決議の項目を含めて次大会の前に検討すること。以上の9項目が示されている（A/RES/74/16）。

　これらの決議内容をみてみると、決議名にあるように「スポーツとオリンピックの理念を通じた平和でより良い世界の構築」のために、IOC、IPCそして国連が中心となり、国連加盟国、国内外のスポーツ組織、国連組織と強固なネットワークを結び、協力体制を築くことが求められ、その中身もオリンピック休戦の遵守とともに、紛争予防から平和構築、人権、SDGsといった広範な対象を含むものであることがわかる。

　では、こうした東京2020大会における「オリンピック休戦決議」の内容を踏まえながら、今大会を振り返ってみたい。まずは、オリンピック休戦の遵守が、戦争や紛争および戦闘行為等の休止を求めるものであるという点にもとづけば、舛本が指摘してきたように、東京2020大会も例外ではなかった。なぜなら、オリンピックが閉幕した2021年8月8日までに、アフガニスタンやイラク、シリアなどでは戦闘やテロによる犠牲者が相次いでいたからである。イラクでは7月19日に爆弾テロが発生しており、同29日には、オマーン沖でイランの関与が疑われるタンカー攻撃があったことが伝えられている。なかでも、世界に衝撃を与えた米軍のアフガニスタン撤退に伴う反政府武装勢力タリバンの猛攻撃では、8月以降に少なくとも173人が死亡したことが8月9日の新聞では報じられている（毎日新聞2021年8月9日web版）。パラリンピックを直撃したアフガニスタンにおける一連のタリバン勢力の権力掌握について、IPCのアンドリュー・パーソンズ会長は、「休戦が尊重されなかったことには失望したし、残念だった」と述べている（NHK NEWS WEB 2021年8月30日）。

　他方で、パラリンピックでは国内の政権崩壊を受けて、当初は大会への参加を断念していたザキア・フダダディ選手（テコンドー女子）と、ホサイン・ラスーリ選手（陸上男子）の 2 名のアフガニスタン代表選手は、フランススポーツ省による保護の下、パリで 1 週間過ごした後に 8 月 28 日夜に羽田空港に到着した。フダダディ選手は出国前に、「参加する権利を奪わないで」と訴えるビデオメッセージを公表していた。選手らは大会への参加を希望し、イギリス在住のアリアン・サディキ選手団長は IPC や組織委員会に支援を要請していたのである。報道によれば、フランスの他にオーストラリアを含む複数の国や国際機関が水面下で選手らの渡航をサポートしていたとされる（NHK NEWS WEB 2021 年 8 月 29 日、東京新聞 同日 web 版）。

　また、IOC のバッハは、9 月 8 日の IOC 理事会後の会見で、IOC はオリンピックが閉会するにあたり、アフガニスタンの NOC から連絡を受けていたこと、NOC、IF、IOC 委員等と連帯し、各々が自国の政府に働きかけを行うなど、人道ビザを取得するために準備していたことを明かした。そしてその結果、冬季スポーツのアフガニスタン選手 2 名は同国を離れ、2022 年北京冬季大会への出場資格を目指してトレーニングを続けることができていることや、アフガニスタンのオリンピック関係者のうち約 100 名が人道ビザを取得し、IOC をはじめとするオリンピック・ムーブメントのパートナーの支援を受けて、出国したことを報告した。また、IOC は東京 2020 大会のアフガニスタン選手がトレーニングを継続できるよう奨学金を支給し、すでにオリンピック・ソリダリティの奨学金を受けている先の 2 名の選手に対する支援も継続すること、アフガニスタンに居住している他のオリンピック関係者が、人道的ビザを取得して出国できるよう支援するために、世界中の NOC や政

府と連絡を取り続けていることを報告した（IOC、2021 年 9 月 8 日）。

　以上のことから、東京 2020 大会のオリンピック休戦期間においても、複数の地域で戦闘行為やテロが勃発していたという事実は、オリンピック休戦が遵守されなかったことを示している。この点において、今回の「オリンピック休戦決議」は効力を発揮しなかったとみなされる。一方で、政情不安のため参加が困難な状況にあったアフガニスタン選手に渡航の便宜がはかられ、大会に参加することができたこと、その後の選手たちのスポーツする権利が守られ、サポートを受けているという事実は、評価に値すべきことであろう。なぜなら、これは休戦決議における「特に両大会に参加する選手、役員その他すべての認可を受けた者の安全な通行、アクセスおよび参加を確実にすること」が達成されたことに他ならないからである。

　また、この事例は、困難な状況にある選手の権利を保護し、サポートする活動である。この意味において、難民代表団の結成も同様の成果といえるだろう。実際に「オリンピック休戦決議」には、東京 2020 大会が、平和、発展、レジリエンス、寛容性、理解に満ちた雰囲気を助長し、すべての NOC、NPC からの代表団と難民選手団を歓迎することによって、スポーツの力で世界を前進させる有意義な機会となるよう、期待することが表明されている（A/RES/74/16）。2016 年に続き、今大会ではオリンピック、パラリンピック共に難民選手団が結成され、それぞれ 29 選手 12 競技、6 選手が 4 競技に参加した。バッハは「世界中のすべての難民にとって希望の象徴となり、この危機の大きさを世界に知らしめることになるだろう。また、難民は私たちの仲間であり、社会を豊かにしてくれる存在であることを国際社会に発信することにもなる」と述べている（IOC、IOC Refugee Olympic Team）。したがって、難

民代表団とは、内戦や迫害等によって祖国を追われ、難民となった選手のスポーツする権利を守ることに加え、その結成そのものが、国際問題へのオリンピック側からのアプローチという目的を持ち合わせているのである。

おわりに

　ここまで、「オリンピック休戦決議」という視点で東京 2020 大会を振り返ってきたが、今後は、その範囲と対象を開催都市とホスト国に広げる必要がある。なぜなら「オリンピック休戦決議」には大会独自の内容が含まれているからである。

　外務省の報告によれば、東京 2020 大会は、①東京 2020 大会のビジョン、②平和への貢献、③アジアでの 3 大会連続開催による日中韓のパートナーシップの強化、④官民連携プログラムのスポーツ国際貢献事業「Sport for Tomorrow」を通じた貢献と「ホストタウン・イニシアティブ」を通じた国際交流と草の根レベルでの長期の関係構築、⑤持続可能な大会の実現と国連の持続可能な開発目標 SDGs の達成への貢献、⑥東日本大震災後の日本に対する世界からの支援への謝意表明、の 6 つを独自の内容として掲げている(外務省、A/RES/74/16)。つまり、これらすべてが、「スポーツとオリンピックの理念を通じた平和でより良い世界の構築」に向けた開催都市とホスト国によるオリンピック・ムーブメントなのである。このうち、すでにホストタウンに関する検証は進められている。スポーツ社会学者の笹生心太は、新型コロナウィルス感染拡大による 1 年の延期により、当初予定していた各国選手団との対面による国際交流の促進を断念するケースも多くあった一方で、相手国・地域の文化を理解するという趣旨での交流や、相手国・地域のアスリートや住民、大使などとのオンラインビデオツールを通じた交流が行

われており、間接的な形ではあれ、相手国・地域とつながりが生まれたことを明らかにしている。また、ホストタウンとは、「地域に埋もれていた『国際交流の種』に目を付け、水をやって『花』を咲かせようとする事業」であり、「国際交流とは決して遠い世界の話ではなく、人々の日常生活の足下に埋められているものだということを多くの人々に気づかせたことそのものが、ホストタウン事業の意義」であったと評価している（笹生、2021）。今後は、「平和な社会の推進」に向けて、ホスト国が何を行ってきたのかという点を、オリンピック休戦という視点から対象化し、その事実の整理と検証が必要であろう。

　また、東京2020組織委員会によって行われたオリンピック休戦に関わる取り組みの検証も忘れてはならない。例えば、2018年からユニセフと共同で開始された、折り鶴を用いた「PEACE ORIZURU」（ピース折り鶴）」プロジェクトが行われていた[2]。さらに大会期間中の試みとして、選手にオリンピック休戦への賛同を呼びかけ、平和への祈りを込めてサインができるように、選手村に「休戦ムラール（壁）」を設置している[3]。これらの取り組みの目的に立ち返り、その目的を達成できたのかという視点で総括することが望まれる。

　さいごに、オリンピック休戦に関する印象的な出来事に触れておきたい。それは、オリンピック休戦の開始日である2021年7月16日に、バッハと関係者が広島市の平和記念公園を訪れた際の国内の反応である。この訪問もオリンピック休戦活動の一貫であったが（IOC、2021年7月16日）、東京は4度目の緊急事態宣言下にあり、国内の移動を伴う訪問に批判の声が上がった。「なぜ、いま、広島を訪問する必要があるのか？」と疑問に感じた人が多くいたことは事実であり、「パフォーマンスならやめてほしい」「バッハ会長

が本当に平和を発信したいのか分からなかった。五輪の PR に被爆地を利用してないでほしい」という声もあった（中国新聞 2021 年 7 月 16 日、読売新聞同年 7 月 17 日ともに web 版）。これは、オリンピック・ムーブメントに携わる側と開催を受け入れる側の間には、大きな溝が存在していたことを象徴する出来事であったといえる。なぜこうした溝が生み出されたのか。この点の検証は必須となるであろう。こうしたオリンピック休戦に関する東京 2020 大会の経験は、オリンピック・ムーブメントのあり方への問いかけも含んでいるのである。

註

1) 戦後の組織委員会によるオリンピック休戦の発動は、1952 年ヘルシンキ大会であったことが明らかにされている。詳細については、舛本（2019）77-80 頁を参照されたい。
2) 方法は、折り紙（素材は自由）で鶴を折り、平和への願いや思いなどを書き込み、#PEACEORIZURU をつけて、Instagram や Twitter に投稿するというものである。（東京 2020 組織委員会 EACE ORIZURU ／ピース折り鶴）
3)「休戦ムラール（壁）」の歴史や名称の問題等については、舛本（2019）132-150 頁を参照のこと。

引用・参考文献

・A/RES/48/11 https://undocs.org/A/RES/48/11（2021 年 9 月 15 日閲覧）
・A/RES/60/8 https://undocs.org/A/RES/60/8（2021 年 9 月 15 日閲覧）
・A/RES/74/16 https://undocs.org/A/RES/74/16（2021 年 9 月 15 日閲覧）
・IOC (1956) Minutes of 52nd Session of the International Olympic Committee , Melbourne, 19-21 November and 4 December, 1956.
・IOC (1968a) Minutes of 66th Session of the International Olympic Committee, Grenoble, 1-5 February, 1968.
・IOC (1968b) Minutes of 67th Session of the International Olympic Committee , Mexico City, 7-11 October, 1968.
・IOC (1968c) Minutes Conference of the Executive Board of the International Olympic Committee with the Delegates of the National Olympic Committees , Mexico City, 3-5, 11 October, 1968.
・IOC (1971) Minutes of the Meeting of the Executive Board of the International

Olympic Committee , Lausanne, 13-14 March , 1971.

・IOC (1992) Minutes of 99th Session of the International Olympic Committee , Barcelona, 21-23 July, 1992.

・IOC、IOC Refugee Olympic Team
https://olympics.com/ioc/refugee-olympic-team（2021 年 10 月 1 日閲覧）

・IOC、2020 年 7 月 7 日
https://olympics.com/ioc/news/un-general-assembly-confirms-new-dates-for-the-observation-period-of-the-olympic-truce（2021 年 10 月 1 日閲覧）

・IOC、2021 年 7 月 16 日
https://olympics.com/ioc/news/ioc-president-pays-respect-to-hiroshima-as-truce-for-the-olympic-and-paralympic-games-tokyo-2020-comes-into-effect（2021 年 10 月 1 日閲覧）

・IOC、2021 年 9 月 8 日
https://olympics.com/ioc/news/ioc-support-for-olympic-community-in-afghanistan-is-strong-show-of-solidarity-says-ioc-president-bach（2021 年 10 月 1 日閲覧）

・NHK NEWS WEB、2021 年 8 月 29 日
https://www3.nhk.or.jp/news/html/20210829/k10013230341000.html（2021 年 10 月 15 日閲覧）

・NHK NEWS WEB、2021 年 8 月 30
https://www3.nhk.or.jp/news/html/20210830/k10013232391000.html（2021 年 10 月 15 日閲覧）

・REUTERS、2008 年 8 月 9 日
https://jp.reuters.com/article/idJPJAPAN-33159620080808（2021 年 10 月 15 日閲覧）

・外務省
https://www.mofa.go.jp/mofaj/p_pd/ep/page24_000800.html（2021 年 10 月 1 日閲覧）

・黒須朱莉（2013）「IOC によるオリンピック休戦アピールの決議決定―1992 年第 99 回 IOC 総会議事録と国内外の新聞資料を手がかりに―」『スポーツ史研究』第 26 号、スポーツ史学会、17-31 頁。

・黒須朱莉（2020）「近代オリンピックの歴史と意義―国際政治・ナショナリズム・戦争」『歴史地理教育』2020 年 1 月号、歴史教育者協議会、4-11 頁。

・笹生心太（2021）「『平和な社会の推進』とホストタウン」『都市問題』2021 年 10 月号、東京市政調査会、26-31 頁。

・森会長によるオリンピック休戦決議に関する国連総会演説 2019 年 12 月 9 日
https://tokyo2020.org/ja/games/olympictruce/ よりダウンロード（2021 年 4 月 18 日閲覧）

・清水重勇訳「近代オリンピズムの哲学的基礎（1935 年）」『クーベルタン原典翻訳ブック』http://www.shgshmz.gn.to/shgmax/public_html/coubertin/philosophie_olymp_jp.html（2021 年 10 月 1 日閲覧）

・石坂友司（2021）『コロナとオリンピック　日本社会に残る課題』人文書院。

・舛本直文（2019）『オリンピックは平和の祭典』大修館書院。

・朝日新聞、2014 年 3 月 8 日。

・中国新聞、2021 年 7 月 16 日
https://www.chugoku-np.co.jp/local/news/article.php?comment_id=773708&comment_sub_id=0&category_id=112#:~:text=%EF%BC%A9%EF%BC%AF%EF%BC%A3%E3%81%AE%E3%83%90%E3%83%83%E3%83%8F%E4%BC%9A%E9%95%B7%E3%81%8C,%E3%81%AA%E6%84%8F%E8%A6%8B%E3%82%82%E7%9B%AE%E7%AB%8B%E3%81%A3%E3%81%9F%E3%80%82（2021 年 10 月 15 日閲覧）
・東京 2020 組織委員会　PEACE ORIZURU ／ピース折り鶴
https://tokyo2020.org/ja/games/peaceorizuru/（2021 年 3 月 5 日閲覧）
・東京 2020 組織員会　オリンピック休戦
https://tokyo2020.org/ja/games/olympictruce/（2021 年 4 月 18 日閲覧）
・東京新聞、2021 年 7 月 24 日
https://www.tokyo-np.co.jp/article/118786（2021 年 10 月 15 日閲覧）
・東京新聞、2021 年 8 月 29 日
https://www.tokyo-np.co.jp/article/127503（2021 年 10 月 15 日閲覧）
・毎日新聞、2021 年 5 月 19 日
https://mainichi.jp/articles/20210519/k00/00m/050/350000c（2021 年 10 月 15 日閲覧）
・毎日新聞、2021 年 5 月 22 日
https://mainichi.jp/articles/20210522/k00/00m/010/128000c（2021 年 10 月 15 日閲覧）
・毎日新聞、2021 年 8 月 9 日
https://mainichi.jp/articles/20210809/k00/00m/030/256000c（2021 年 10 月 15 日閲覧）
・読売新聞、2021 年 7 月 17 日
https://www.yomiuri.co.jp/olympic/2020/20210717-OYT1T50109/amp/（2021 年 10 月 15 日閲覧）

オリンピックと環境問題──持続可能性

大津克哉

1．オリンピックと環境問題

　21 世紀は「環境の世紀」と言われるほど、人類は地球環境との関わり方を問われている。国際的に環境問題への関心が高まる一方、国際オリンピック委員会（IOC）もまた環境問題について、人類の将来の生存と繁栄にとって緊急かつ重要な課題であると考え、積極的に取り組んできた。とりわけオリンピックと環境保護活動に関しては、1972 年に開催された冬季オリンピック札幌大会の大会組織委員会が、恵庭岳で行われたスキー滑降競技のコースに大会後植林をし、原野への復元を目指した取り組みが起点とされている。このようにスポーツも環境問題のことを考えなければいけないという動きの先駆けだったのが、札幌大会であった。

　1990 年代に入ると、IOC は環境保全に対する国際的な潮流に呼応して、『オリンピック憲章』に環境についての項目を追加し、「スポーツ」・「文化」に続いて新たに「環境」をオリンピズムの柱に据え、競技団体の社会的責任として、地球環境への最大限の配慮のもとでオリンピック大会を行うことを公表した。そして IOC の個別委員会の中に「スポーツと環境委員会（現在は「持続可能性とレガシー委員会」へと名称が変更）」が設置され、スポーツに関わるすべての選手をはじめとする個人および組織が、スポーツを通じた持続可能性に向けてどう取り組むべきかを示した『オリンピックムーブメンツ・アジェンダ 21』を策定した。その後も、『IOC Sustainability Report』を発表し、オリンピック・ムーブメント

の推進者のそれぞれの立場で、持続可能性に配慮した大会の準備・運営を行う上での方向性や目標、施策例を提示している。

　さらに IOC の中長期活動指針「アジェンダ 2020」では、開催都市への負担軽減を考慮することなど、これからのオリンピック大会のあるべき姿を示した。提言では、既存施設や仮設施設の使用を推奨し、後利用までをも視野に入れた競技場建設など、環境保護の重要性を喚起していくことなどが記載されている。

　そのいっぽうで、夏季・冬季オリンピック大会の各組織委員会もまた、環境面について IOC の持続可能性戦略に適合するよう、取り組みを進めている。ここでは東京 2020 大会組織委員会が公表している資料をもとに、環境に関する対策に焦点を当てて考えてみたい。

２．東京 2020 大会における持続可能性の主要テーマ

　東京 2020 大会では「持続可能性」を大会の共通理念の一つに位置づけている。大会組織委員会は、「持続可能な開発目標（Sustainable Development Goals：SDGs）」などの世界的な潮流を踏まえ、「①気候変動、②資源管理、③大気・水・緑・生物多様性、④人権・労働・公正な事業慣行等、⑤参加・協働・情報発信（エンゲージメント）」の５つを、重点的に取り組む主要テーマとして設定している。

　そもそも「持続可能性」や「持続可能な開発」といった言葉は、次世代の欲求を満たしつつ、現世代の欲求も満足させるような開発を心がけることを念頭におく考え方である。当時のノルウェーのブルントラント首相が委員長を務めた、「環境と開発に関する世界委員会」によって公表された『Our Common Future』の中心的な考えで、世界的に広く知られている。サステナビリティは「持続可

能性」と訳されることが多いが、人類と社会との在り方を問い直し、地球環境や社会に配慮しながら経済活動を行うことを指す。さらに「現世代」の幸せだけではなく、「次世代に何を残すのか？」、「地球の未来のことを考える」といった時間軸を持つ倫理的視点が求められる。

　東京2020大会の組織委員会が掲げる5つの主要テーマを見て分かるとおり、持続可能性の概念は拡大している。主として環境問題に付随して使われてきた「持続可能性」といった言葉であったが、現在では持続可能性を確保するには人権や労働環境、ステークホルダーとのパートナーシップに至るまで、多種多様な問題をターゲットにしていることが分かる。今回の大会で提示された持続可能性を考慮した組織運営・活動の流れは、産業界はもとよりスポーツ界にも確実に訪れている。持続可能性を意識した、国際競技大会の運営、チーム、リーグ運営が、今後益々スポーツ界でも注目されていくことになるだろう。

　なお、今大会の運営に求められるサステナビリティの基準は、ISO20121に沿った運営計画である。ISO20121とは、イベントの持続可能性に関するマネジメントシステム（Event Sustainability Management System）の国際規格で、環境・社会・ガバナンスに関する投資を重要視したイベント運営を促し、実行するためのガイドラインとなっている。東京2020大会では、このガイドラインに則り、サステナビリティの取組みを積極的に計画へ落とし込み、実施された。

2-1. 気候変動―脱炭素社会の実現に向けて

　気候変動に対する取り組みは、いわゆる二酸化炭素の削減、脱炭素社会の実現を目標としたテーマになっている。現在、日本国内の

電力の多くは火力発電等で賄われており、電力を産み出す過程で多くの二酸化炭素を大気中に排出している。そこで、競技会場をはじめ、国際放送センター（IBC）やメインプレスセンター（MPC）、選手村などで使用する電力について、再生可能エネルギー電力を100％使用することを目標に掲げた。さらに、既存会場の活用や省エネルギー化等により、会場整備における環境負荷の低減を目指した。また、公共交通機関や燃料電池自動車の活用等により、環境負荷の少ない輸送を推進した。村内には、IOCのワールドワイドパートナーを務めるトヨタ自動車が開発した、大型の電気自動車「eパレット」という自動運転の車両や、有人の電気自動車が走行していた。一方、村外では、主に役員やVIPを乗せる「MIRAI」という水素燃料電池車や、「プリウスPHV（プラグインハイブリッド車）」といった近未来的な車両が活用された[1]。しかし、残念ながら村内にて交通事故の発生が報告されている。大会で使用された自動車については、安全最優先のシステムかつ自動運転技術をアピールするつもりが、逆効果になってしまったのは残念な点であった。

　このように、最新車両の導入は、今後の自動車業界の最重要テーマである「CASE」を象徴する存在であった。「CASE」とは、Connected（5Gなどの通信機器の活用、車両の状態や交通状況といったデータの収集、分析、共有することで、スムーズで安全な移動を実現しようとする試み）、そしてAutonomous/Automated（自動運転）、Shared（カーシェアリング＆サービス）、Electric（電動化）、これら4つの頭文字を意味している。今大会の選手村で実証実験を行ない、次回2024年のパリ大会では改善を加えた新車両を披露する予定が、今回の事故によって技術開発計画の見直しが予想される。

　また、聖火台および一部の聖火リレートーチの燃料には、福島県

の「福島水素エネルギー研究フィールド」で作られた水素が供給された。これは、大会史上初めて、使用時に二酸化炭素が発生することなく、長時間の燃焼に適した液体水素であり、ENEOS によって提供された [2]。さらに、東京ガスも晴海の選手村の居住棟や食堂に、海外の植林などによって二酸化炭素排出量を相殺し、排出量が実質ゼロと見なされる「カーボンニュートラル都市ガス」を供給した [3]。

2-2. 資源管理―資源を一切ムダにしない

　資源管理の部門では、レンタル・リースを含む調達物品の 99％をリユース（再使用）とリサイクル（再生利用）、そして運営時廃棄物の 65％をリユース・リサイクルで賄うことを目標に掲げている。食品の廃棄ロスなどにも力を入れており、極力ロスのない食事提供を行う事を方針にしていたが、スタッフ向けの弁当が大量に廃棄されていた問題が話題になった。その後、大会中盤から賞味期限の長いパンをフードバンクに提供する取り組みや発注量の見直し、廃棄した食品は飼料に再利用するなど、廃棄率を改善したとしている。

　また、選手村にあるダイニングのごみ箱は、細かく分類がされているものの、スタッフの配置によるのかもしれないが、徹底されて正確に分別されているわけではなかった。結局のところ、ごみが混在していたり、ペットボトルの中にまだ飲み物が入っている状態で捨てられているものも散見した。

　過去の事例では、1998 年の長野冬季大会で、特産物であるりんごの搾りかすを活かした食器が作られていた。最終的には、その皿は集められて家畜の餌に混ぜられ利用されるという循環型の食器であった。いっぽう今大会のダイニングエリアでの食事提供は紙製の使い捨て容器と、カトラリーのみステンレス製であった。奇しくも

コロナ禍で開催された大会であったため、その点はやむを得なかったが、心残りではある。

　ユニフォームの製作を担当したアシックスは、ボランティアユニフォームについて、酷暑対策をはじめ、環境面においても靴下以外は全て再生ポリエステル材を使用することや、植物由来材を多く取り入れたものを開発し、サステナブルかつダイバーシティ＆インクルージョンといった、大会のテーマにも意識されたグッズを製作した[4]。また、大会オフィシャル寝具パートナーの「エアウィーヴ」によると、選手村の寝具は耐久性を兼ね備えた再生可能な段ボールが用いられ、コストも抑えた製品が導入された。その他の寝具もポリエチレンやポリエステルを利用し、再生可能な取り組みが行われた。加えて、ダンボールのベッドフレームは新聞紙などの古紙に、エアファイバー製のマットレスもまた溶かしてペレット状にした上でビニール袋に再加工することが可能なほか、使用後に分解して、袋に詰めて一人で容易に持ち運ぶことが可能になっている。そのため大会終了後、別の場所で組み立て直して、また寝具として使用することはもちろんのこと、分解したまま被災地用に保管することもできる[5]。

　さらに、選手村のアスリートたちの憩いの場であるビレッジプラザの建築のために、全国、63の市町村からおよそ40,000本もの木材が集められた。「日本の木材活用リレー みんなで作る選手村ビレッジプラザ」と銘打ったプロジェクトでは、寄贈木材の一本一本に対象地域名の刻印が施された。再生可能資源の利用を促進することを目的として集められたこれらの木材は、大会後に施設を解体し各自治体へ返却され、公共施設などでオリンピックレガシーとして活用してもらうことを予定している。このようにオリンピック・パラリンピックが終わった後も、何らかの方法でその施設が有用に使

い続けられることを念頭において計画された。

　最後に市民参画型のプロジェクトを紹介したい。まず一つが、「みんなの表彰台プロジェクト」である。近年、プラスチックの処理やマイクロプラスチック問題、海洋プラスチック汚染が大きな課題となる中、オリンピックスポンサーのP＆Gグループが事業協力者として参画し、資源をムダにしない持続可能な社会の実現に向けた、使い捨てプラスチック活用の新しいモデルの発信とプラスチック削減の啓発を行なった。そしてもう一つは、「都市鉱山からつくる！みんなのメダルプロジェクト」である。2021年度早稲田実業学校中等部の入試問題（社会）でもその内容が扱われた（下記）[6]。

　自宅などに眠っている電子機器の中にある金属を都市鉱山と呼

問題

　「東京2020オリンピック・パラリンピックで選手に贈られるメダルの原材料が、どのように集められたのかを知っていますか。今までは金・銀・銅の天然鉱物が主な原材料でしたが、今回は初めてリサイクル素材だけを原材料としてメダルを作るという内容の「都市鉱山からつくる！みんなのメダルプロジェクト」によって、5千個以上のメダルに必要とされる、およそ金32kg、銀3,500kg、銅2,200kgが確保できたそうです。」

下線部について、何をリサイクルしたものですか。都市鉱山の意味をあきらかにした上で、20字以内で答えなさい。

解答例：捨てられて使われなくなった小型家電の金属

び、メダル製作を目的に小型家電の回収が行われた。前回のリオデジャネイロ大会のように、メダルの原材料の一部としてリサイクル金属が含まれた例はあったが、集まったものから抽出された金属を活用したリサイクル率100％のメダルを製作するプロジェクトは、オリンピック・パラリンピック史上、東京大会が初めてとなった。

さて、ムダな物を作らないことがテーマになっている「資源管理」だが、大会後の施設のあり方については疑問が残る。その一例として、テニス競技の会場となった有明テニスの森にあるコートに関して、大会後に行われている復旧工事だ。この工事は、あくまで「大会前の元の状態のコートに戻す」という考え方であるが、発注者はオリンピック・パラリンピックで使用されたコートと元のコートを別物と捉えているかもしれない。しかし、新旧コートの表層部分は同じ素材を用いたスペックであることや、施工から２～３年経過しているだけであることからすれば、洗浄ないし、最低限の色の塗り直しだけでよいのではないだろうか。しかし、オリンピック・パラリンピックで使用されたコートといった有形のレガシーとして残されるものではなく、新設コートの施工のための工事が進行中である。一から綺麗に元の状態に戻すということで、このような仕様になっているかもしれない。「公共工事は無駄が多い」とよく言われるが、施工メーカーも今回のこの意図については、深く追求はしていないという。テニスコートを施工する企業としても、専門的な立場から適正な仕様内容を伝えていく責任があるのではないだろうか。

2-3. 大気・水・緑・生物多様性──自然共生都市の実現

大気・水・緑・生物多様性に対する主な取り組みとして、組織委員会・都・関係省庁等が連携した暑さ対策の実施をはじめ、競技会場へのろ過施設の導入、雨水・循環利用水の活用、既存樹木への配

慮、在来種による競技会場の緑化などが挙げられる。

　まず暑熱対策に関してだが、2013 年に当時の東京 2020 オリンピック・パラリンピック招致委員会が IOC に提出した立候補ファイルでは、7 月下旬から 8 月上旬の気候を「温暖で、アスリートが最高の状態でパフォーマンスを発揮できる理想的な気候」と主張している。しかし、梅雨末期は大雨が降りやすく、梅雨明け直後には猛烈な暑さと熱中症患者が多い時期でもある。そして 8 月上旬は 1 年でもっとも暑い時期、さらに台風襲来のシーズンといったように、気候変動による地球温暖化の影響が深刻であるにも関わらず、そのような発信をした立候補ファイルについて、そもそも適切であったのだろうか。

　オリンピック開催の前年となる 2019 年 9 月に、カタール・ドーハで行われた世界陸上の女子マラソン競技では、厳しい暑さとなる日中帯を避け、異例の真夜中にスタートして開催されたものの、暑さと湿度の影響で途中棄権する選手が続出し、批判的に報じられた。オリンピックでも同様の事態への懸念もあってか、急転直下、札幌市への移転開催が決まった。テニス競技もまた、選手から暑さに対する不満の声が続出し、暑熱対策のヒートポリシー適用や試合の開始時間を遅らせるなど、大会規定を一部変更した事例もある。

　また、自然との共存という点で既存の樹木への配慮が謳われていたが、大会期間中にパブリックビューイングなどのイベント会場の設置をはじめ、設営用の資材搬入の際に、工事車両やクレーン車の妨げとなるとの理由で、剪定が進められるといったことも話題にあがった。

2-4. 人権・労働・公正な事業慣行等─多様性の祝祭

　製品やサービスの調達におけるプロセスでは、経済合理性への希

求にとどまらず、持続可能性にも配慮した調達を行うための基準が策定されている。さらに、実効性を担保するための措置や通報受付窓口についても規定され、実際の入札・契約にあたっては、持続可能性の確保に向けた取り組み状況に関するチェックリストや誓約書の提出を求めている。まさに、調達を通して市場をグリーン化しようとする取り組みである。

なお、組織委員会は調達する物品・サービス等に関して、以下の事項をサプライヤー、ライセンシー、それらのサプライチェーンに求めている。主な項目として、調達の際の法令遵守はもちろんのこと、環境面では省エネ・3R の推進、経済面では公正な取引慣行・地域経済の活性化、人権においては差別・ハラスメントの禁止、労働では強制労働・児童労働の禁止といった各種問題へのインパクトを考慮に入れつつ、社会的責任を果たしていくことに留意する必要がある。

調達コードとは、組織委員会が調達する全ての物品・サービス及びライセンス製品だけでなく、大会スポンサーを務める企業や競技開催都市、各国の事前キャンプを支えるキャンプ地の自治体においても取り組むべきものである。しかし、現実には調達コードの活用について、組織委員会及び東京都にとどまっているのが現状のようだ。大会組織委員会の『持続可能性大会前報告書 追補版』では、持続可能性の取り組みについて、「一般の消費者にとって持続可能な消費活動や認証制度はまだなじみのないものである」と指摘しながらも、「少なくとも東京大会によって認知が進んだ」と報告している。

その一方で、違法な森林伐採による非認証の木材の使用や、食品調理で使用するパーム油など、調達コードの不遵守に関する通報が組織委員会に届いているという。

2-5. 参加・協働・情報発信（エンゲージメント）—パートナーシップによる大会づくり

　大会前には、家庭から出るプラスチックを回収する店に持っていく「みんなの表彰台プロジェクト」への参加呼びかけをはじめ、大会をきっかけに二酸化炭素を減らすための省エネに取り組む「市民による二酸化炭素削減・吸収活動」、日本発祥の新しいスポーツ「スポーツごみ拾い」への参加、小型家電をリサイクルする「メダルプロジェクト」への参加など、持続可能性に関する各種イベントへの参画を促した。そして大会中には、できるだけ環境負荷の少ない公共交通機関を利用した移動、大会会場や身近なところでも、ごみの分別をしてリサイクルすることなど、実際の行動を呼びかけた。さらに大会後は、持続可能性に関する関心を高め、さらに学び、行動を促すといったビジョンを描いている。

　なかでも「メダルプロジェクト」のように、持続可能性について私たちが気軽に参加できるプロジェクトを設けたことが、全員参加型のオリンピック実現に向けた第一歩といえるだろう。さらに、SDGs に対する多くの取り組みを国内外に発信することで、今まで環境問題への関心が薄い人々への意識を向上させる一助にはなった。これまでオリンピック大会は関係者のみで運営、そして実施されるイメージが強かったかもしれないが、今回の東京大会では、世界中の全ての人々がそれぞれの枠組みを超えてつながり合うオリンピックの開催が期待されていたことを広く発信できたのではないだろうか。

まとめ

　地球環境や自然環境が適切に保全され、次世代が必要とするものを損なうことなく、現世代のニーズを満たす「環境の持続可能性」

という概念が、経済や産業界からもますます注目されることになる
だろう。まさに、自然と人間との関わりを再考する際には「持続可
能性」が肝要であり、それは単に利潤の獲得のためばかりでなく、
将来を見通すためのキー概念として重要な意味を有する。すなわち、
環境・社会・経済の持続可能性が、21 世紀最大の課題といえるだ
ろう。今日の環境問題を解決するためには、私たち一人一人が自然
環境の価値や、環境と人間との関わり方などについての認識を深め
るとともに、環境問題を引き起こしている社会経済などの現状を理
解し、環境に配慮した仕組みに社会を変革していく努力を行うこと
が必要である。大会後において持続可能なスポーツの発展のために
は、環境保護の観点と持続可能な社会の実現が不可欠である。

　今大会を通じて持続可能性に関する効果がどれほどあったのかは
未知数であるが、大会をきっかけに環境保護への意識が高まり、自
然資源を大切にする行動が増すことを期待する。さらに、同じよう
な悩みを抱える他の国や地域が、資源を守るために似たような取り
組みを導入する可能性にも期待したい。

　特にオリンピック大会というメガイベントにおいては、関係者は
もちろんのこと、開催都市ならびに市民もまた責任ある行動を取り、
自然を守っていくためには、自然を享受する人々が一定の負担に応
じることは避けられない。加えて、オリンピックと持続可能性に学
ぶ新たな戦略として、これからの開発は、経済至上主義ばかりに注
力する長期的な展望を欠いたインフラ整備や、景気浮揚策のみの短
期志向の戦略展開といった一過性のものではなく、環境保全を考慮
した節度ある開発によって「どのような長期的な遺産を遺せるのか」
という視点を明確にしておくことが、より一層求められるのではな
いだろうか。

　東京 2020 大会の開催を契機として実践された「スポーツと環境」

の持続可能性に向けた取り組みの成果については、組織委員会からこの冬に公表される予定の持続可能性報告書を待ちたい。

参考文献

・公益財団法人東京オリンピック・パラリンピック競技大会組織委員会、持続可能性大会前報告書　2020 年 4 月
・公益財団法人東京オリンピック・パラリンピック競技大会組織委員会 総務局持続可能性部、持続可能性大会前報告書 追補版　2021 年 7 月

註

1) トヨタ自動車、東京 2020 オリンピック・パラリンピックを電動車のフルラインナップと多様なモビリティでサポート , https://global.toyota/jp/newsroom/corporate/28700223.html
2) JXTG エネルギー株式会社 広報部 広報グループ、東京 2020 オリンピック・パラリンピック競技大会における聖火台への ENEOS 水素燃料供給について , https://www.eneos.co.jp/newsrelease/20200124_01_1090046.pdf
3) 東京ガス株式会社 広報部、日本初となるカーボンニュートラル都市ガスプランの第三者検証報告書の受領について , https://www.tokyo-gas.co.jp/news/press/20210615-01.html
4) 株式会社アシックス、東京 2020 オリンピック・パラリンピック競技大会 日本代表選手団 オフィシャルスポーツウェアのアイテムについて , https://corp.asics.com/jp/press/article/2020-02-21-2
5) 株式会社エアウィーヴ、東京 2020 大会選手村への提供寝具 , https://airweave.jp/tokyo2020_bedding/
6) 東京学参株式会社、中学別入試過去問題シリーズ「早稲田実業学校中等部 2022 年度」

わが国のオリンピック・パラリンピック教育の歴史と未来

後藤光将

1．オリンピック・パラリンピックにおける教育の価値

　国際オリンピック委員会 (International Olympic Committee, IOC) は , オリンピック・ムーブメントにおける中心的な活動としてオリンピック教育を位置付けている。その理由は、「オリンピック憲章」の根本原則で確認できる。オリンピック憲章には、オリンピック・ムーブメントの組織体制や活動指針、オリンピック競技大会の開催条件などがまとめられている。

　「オリンピズム」は、近代オリンピックの復興者であるピエール・ド・クーベルタンが構想した教育的、平和的な理念である。オリンピック憲章根本原則 1 では、「オリンピズムは肉体と意志と精神のすべての資質を高め、バランスよく結合させる生き方の哲学である」とある。オリンピズムは哲学的な意味合いを持つことから、多様な解釈ができる側面もあり、時代背景の影響を受けながら、その解釈は微細な変化をしながら今日に至っている。オリンピック憲章根本原則 2 では、「オリンピズムの目的は、人間の尊厳の保持に重きを置く平和な社会の推進を目指すために、人類の調和のとれた発展にスポーツを役立てることである」とあり、その普遍的な倫理規範の尊厳保持を基に、心身共に調和の取れた発展にスポーツを役立てながら、平和なよりよい社会の構築を目指している。また、オリンピック憲章根本原則 6 では、「人種、肌の色、性別、性的指向、言語、宗教、政治的またはその他の意見、国あるいは社会的な出身、財産、出自やその他の身分などの理由による、いかなる種類の差別も受け

ることなく」とあり、いかなる差別にも断固反対する強い姿勢を持ち、「ダイバーシティ」や「インクルージョン」という現代社会の重要なテーマにも順応できる内容を備えている。

　IOC がオリンピック教育を推進する理由は、上記のようなスポーツを通じた哲学的、道徳的な教育志向の脈絡のためである。各国のオリンピック委員会（National Olympic Committee, NOC）や、各国のオリンピック・アカデミー（National Olympic Academy, NOA）に対して、青少年を対象とした教育活動に働きかけることを重視する動機ともなっている。

　IOC は、オリンピック教育をさらに推進していくために、2000 年にオリンピック教育委員会（Olympic Education Commission）を設立し、関連機関との連携を強化してきた。オリンピック教育委員会は、オリンピックの価値に基づいた教育の推進について、IOC 総会、IOC 理事会、および IOC 会長に助言し、スポーツを通じた若者の教育に関連する IOC の戦略的な活動の方向性を示す役割を担っている。

　オリンピック教育は、オリンピズムの理念を実現していくために、「フェアプレーの精神」「差別の撤廃」「アンチ・ドーピング活動」「スポーツと文化・教育の融合」などに取り組む活動である「オリンピック・ムーブメント」の推進の一環でもある。

　国際パラリンピック委員会（International Paralympic Committee, IPC）においても、パラリンピックスポーツを通して発信される価値やその意義を通して人々に気づきを与え、より良い社会をつくるための社会変革を起こそうとする活動である「パラリンピック・ムーブメント」を進めている。オリンピック、パラリンピック共にその理念は相通ずるものであり、「教育」という観点でも親和性がある。

2．IOC が定めるオリンピック教育：Olympic Values Education Program（OVEP）

IOC は、オリンピックのコアバリューとして、卓越（Excellence）、友情（Friendship）、敬意 / 尊重（Respect）の３つを強調している。この３つのオリンピック・バリューを学ぶために、IOC は教育プログラムである Olympic Values Education Program（OVEP）を開発し、指導書やアクティビティシートなどを無料で公開している。OVEP には、価値に基づく指導と学習の機会を推進するための情報および資料が含まれ、事実に基づく固定的な学習ではなく、オリンピズムの教育テーマをどのように教え、学ぶかに重点が置かれている。

IOC は OVEP により、若者を対象とした教育プログラムの充実を図り、オリンピック・バリューをさらにグローバルなものとして展開していくために、５つの教育的価値「努力する喜び（Joy of effort）」、「フェアプレイ（Fair play）」、「他者への尊重（Respect for others）」、「卓越さの追求（Pursuit of excellence）」、「身体、意志、心の調和（Balance between body, will and mind）」が示されている。対象年齢は、８歳から 18 歳としているが、目的に応じて多種多様に活用できる内容が詰め込まれ、教育現場で即座に利用しやすいツールキットであり、指導書である。

OVEP で用いられる教育手法は、多文化、異文化、総合情報的なアプローチで学習および指導に取り組む現在の教育理論に基づいている。これらの手法は、以下のような学習の原則を土台としている。

「① 学習とは、能動的な活動であり、受動的な活動ではない。学習者の関わりが深いほど、学習体験は効果的で楽しいものになる。

② 学習を助ける様々な方法がある。学習活動には、話すこと、聞くこと、演じること、作文、議論、ディベート、創造活動（芸術、演劇、音楽など）、スポーツ活動を通じた身体運動、ダンス、体育などがある。本書（OVEP、引用者注）には、学習への多様な取り組み方を可能にする様々な活動が収録されている。

③ 学習とは、個人的な活動であると同時に、協力して行う活動でもある。中には、独力で最大限の力を発揮する者もいる。しかし、協力を学び、実践するために人は協働する必要もある。この理由から、本書（OVEP、引用者注）には参加者同士が共同作業するように設計された多数の活動が収録されている。」

（日本オリンピック委員会、2018, p.14）

　OVEP では、学習者の想像力に問いかける教育手法も取り入れられている。アスリートは皆、目標を達成する上で想像力がいかに自分の力になるか、ある程度理解している。想像力を積極的かつ創造的に用いることは、若者の行動を変え、自分自身と他者に関する新たな考え方を引き出し、様々な行動パターンの探究を促す手助けになる。

3．1964 年東京大会：オリンピック教育

（1）オリンピック国民運動

　日本においても、オリンピック教育を学校教育の場で展開する試みは、オリンピック大会の開催のたびに取り組まれてきた。最初に組織的に広範囲で取り組んだのは、初めての日本での開催であった 1964 年の東京大会であった。その内容は、オリンピックを目前に控えて、東京の街を改善しようという動き、美化しようという動きとともに、日本人のマナー・行動を統制し、改善しようとする「オ

リンピック国民運動」と関連したものであった。当時の日本人のマナーは、ごみやタバコの吸い殻のポイ捨て、立ち小便、行列しないなど、現在と比較すると問題が多かった。政府、行政はこのような状況を改善するために、官主導で、オリンピックの理解、国際理解を進展させると共に、公衆道徳、商業道徳、交通道徳を向上させ、国土美化と健康増進を目指す「オリンピック国民運動」を展開した。

　中心となったのは、総理府オリンピック国民運動推進連絡会議であり、公衆道徳高揚運動部会、健康増進運動部会、商業道徳高揚運動部会、交通道徳高揚部会の4つの部会が設置された。各部会において、様々な取り組みが行われた。

　「オリンピック国民運動」の中で特に強調されたのが公衆道徳の向上であった。その核となるキャンペーンであった「国土美化運動」は、1962〜63年に全国的に展開された。オリンピック開催目前の東京都は、同じような目的で「首都美化運動」を推進した。1962年には首都美化運動推進本部が設置され、「首都美化は五輪の一種目」をスローガンに、河川浄化、ごみ対策、吸い殻対策、道路不正使用占拠、街路樹、公衆便所、列車便所改良などを進めた。1962年12月には、毎月10日を「首都美化デー」と決定した。第2回の1963年1月10日には目抜き通りで清掃パレードが行われ、銀座4丁目を大掃除した。以後、このような重点的な清掃活動は、1963年7月には池袋駅周辺、8月には「清掃機動隊」を投入して、上野、渋谷駅周辺を大掃除、9月は隅田川など、10月は新橋駅周辺、11月は都内の幹線道路で行われた。1964年1月には「百万人の清掃作戦」として実施され、都庁前では知事自らも箒を手に参加し、都内各所で総参加者200万人規模の一大イベントとなった。1964年5月には専用ごみ袋が配布され、重点地区が指定され各地で大掃除が展開された。オリンピック開幕直前の9月27日から10月

3日の1週間は「首都美化総点検週間」と位置づけられ、「私の家の前の道路は、掃除がゆきとどいている」など○×形式による数十項目のチェックシートが印刷され都民に配布された。

(2) 学校教育におけるオリンピック教育

　1964年4月には文部省が、学校生活を通じて生徒のオリンピックに対する意識と道徳的な自覚を高めるよう積極的な指導を通達し、小学生向け、中高生向けと2種類の副読本「オリンピック読本」が制作され、都内の学校に配布された。中高生向けの読本ではオリンピックの歴史やスポーツマンシップの大切さも取り上げられているが、小学生向け読本では、「自分の家や学校、道路などを清潔に」、「姿勢や歩き方を正しく」、「交通規則を守る」など、公衆道徳を高めることが強調された。さらに「日常生活も（外国に）報道されることでしょう。わたしたち、ひとりひとりの責任はひじょうに重大です」と外国人の目を意識したマナー教育が推進された。このような都民の公衆道徳意識を高める教育活動は、その後の国際観光都市・東京として発展する基盤となったといえる。

(3) 社会教育におけるオリンピック教育

　これらと連動して国内各地の社会教育の場でもオリンピック教育が展開された。オリンピック競技会やオリンピック・ムーブメントについて紹介したフィルム、スライドなどが各県の視聴覚ライブラリーに配置され、それらの視聴覚教材を使用して、講義やディスカッション、共同研究や展示物作成などを行うことが奨励された。この社会教育の特徴は、オリンピックへの関心を高め、理解を深めるとともに、多くの外国人の来訪に対して、日本人として彼らを受け入れるための基本的な態度や知識を身につけることを目指した点であ

る。東京オリンピックを契機にインフラ整備を行って戦後復興と発展を内外に示すとともに、平和を愛し、国際的にも通用する態度を備えた日本をアピールするために行われた国民に対する一大教育運動であったといえる。

4．1972年札幌冬季大会：オリンピック教育
(1) 札幌大会に向けたオリンピック教育

　1966年4月、ローマで開催された第64次IOC総会において、1972年の冬季大会の開催地に札幌市が選出された。1966年8月、文部省は「冬季オリンピック等準備室」を設置し、1972年札幌大会に向け、広く国民の間にオリンピック精神を普及し、冬季スポーツの振興を目的とした取り組みを推進した「オリンピック教育推進についての実施要領」を各学校あてに通達した。1967年から5年間、オリンピック精神普及資料作成協力会を開催し、毎年オリンピック冬季大会に関する事項や資料をまとめ、オリンピック精神普及資料として作成し、各都道府県教育委員会等に配布した。また、1971年には北海道をはじめ各都道府県8地区19会場で「札幌オリンピック巡回展示会」を開催した。

　札幌市では、政府からの通達の趣旨に基づき、オリンピック教育と国際理解の教育を進めるための必要な資料として、「オリンピック学習の手引き」を作成し、市内の各学校に配布した。なお、各学校では、オリンピック学習を平常の授業に取り入れるほか、運動会、文化祭等さまざまな行事でもその趣旨を活かすこととした。

(2) 札幌大会に向けて作成された教材・資料

　「オリンピック学習の手引き」は、この大会の機会を通じて札幌市の児童・生徒に「オリンピックの意義と狙いを理解させ、あわせ

て、札幌市民としての自覚と誇りを高めるとともに、国際協調の精神と態度を養うことを願い」として配布された。

「展示用学習ポスター」は、これまでに冬季オリンピックが開催された国や、1972年札幌冬季大会に参加する国々、およびその国旗を示す地図、競技種目とその内容を示すポスターなどであり、市内の各学校に配布された。

札幌市教育委員会が作成した「オリンピック施設紹介のスライド」も複数作成され、必要に応じて各学校に貸し出された。

地元のラジオ放送と提携して、生徒の英語学習に役立たせるための副読本として、「オリンピック英会話」が作成され、各学校に配布された。

(3) オリンピックを迎える学校の動き

運動会、体育大会および文化祭は、学校と地域の結びつきが強い行事であるため、これらの行事にオリンピックを迎える喜びや、意義の理解を内容とする種目を加えることは、国際理解、オリンピック教育に役立つだけでなく、これらの行事そのものの内容を豊かにするものと認識された。

各学校では、オリンピックを自らの学習の場に取り入れ、日常的な活動の中で国際理解を深めようとして、オリンピックコーナーを設置し、世界地図や各種オリンピック学習資料、札幌大会パノラマ、子供達の作文や標語、習字などを展示した。

これらの教育活動は、1970年12月から約2年にわたって推進され、プレオリンピック期間と1972年札幌大会期間においては、冬休みを2期に分けて、開閉会式をはじめ多くの大会関連の行事に児童・生徒を参加させた。また、「オリンピック学習の手引き」をもとに、各教科（社会科・体育・外国語）、道徳、特別活動、学

校行事でオリンピック教育を展開し、姉妹校の拡大や世界子ども美術及び書道展を開催するなど、児童・生徒の国際交流の機会を創出した。

　しかしながら、札幌市教育委員会主導で実施されたこのオリンピック教育は、大会終了後も組織的な継続性をもって実施されることはなかった。総じて、1972年札幌冬季大会を盛り上げるための時限的教育イベントという傾向が強いものであった。

5．1998年長野冬季大会：オリンピック教育

　1991年6月、バーミンガムで開催された第97次IOC総会において、1998年冬季大会開催都市に長野市が選出された。1994年10月に開催された広島アジア大会において、地区公民館単位で特定の国・地域を応援する「一館一国運動」が展開された。この事例を参考にして、1994年12月、長野市でも国際交流活動を実施することが決定され、長野国際親善クラブの声掛けにより、長野市の小・中・特殊教育学校による「一校一国交流活動」が検討された。1995年6月、長野市の校長会で「自国の国際化教育推進の為に、オリンピック・パラリンピックを軸にして一校が一国と交流活動を自主的に行う」ことが決定された。1995年10月、長野市国際化教育推進補助金を用いて、参加予定国の国旗等を購入し始めた。1995年11月、前回冬季五輪参加国を参考に市内各校の希望交流国のアンケート調査を実施して、1996年1月には、各校の交流相手国が決定され、取り組みが開始された。1996年4月には、「一校一国交流活動」を校務分掌（学校内における運営上必要な業務分担）と定め、児童会・生徒会に位置付け取り組み始め、学校内で相手国について本格的な調査が開始された。長野オリンピック冬季競技大会組織委員会（NAOC）の協力により、プレ大会、オリンピッ

ク関連イベントへの児童・生徒の参加、選手団との交流等も可能になった。1998 年 2 月、選手村入村式への参加、オリンピック・パラリンピック大会が開催されると、競技会場での応援や競技終了後の交流などが行われ、双方向的な交流が行われた。オリンピック・パラリンピック大会後においても、各学校において交流相手国の学校、団体との交流が継続された。2001 年 4 月、「国際交流基金」「一校一国活動補助金」が創設され、14 校で訪問、招待による交流を実施した。このような補助金等の公的サポートもあり、長野市内小・中学校・特殊教育学校 75 校が交流を継続した。

　一校一国運動という特徴的なオリンピック教育のかたちを実践した長野市は、オリンピック・パラリンピック大会閉幕後も規模を縮小しながらも、継続的な活動へと発展した。

6．東京 2020 大会：オリンピック教育

（1）スポーツ庁（文部科学省）のオリンピック・パラリンピック教育

　東京 2020 大会に向けて、スポーツ庁（文部科学省）では、オリンピック・パラリンピック教育の充実や全国展開に必要な方策等を検討することを目的として、2015 年 2 月、丹羽秀樹文部科学副大臣のもとに「オリンピック・パラリンピック教育に関する有識者会議」を設置した。同有識者会議では、2015 年 2 月 27 日から 7 月 9 日までに計 6 回会議を開催し、関係者からのヒアリングや検討が重ねられた。それらの検討結果として「オリンピック・パラリンピック教育の推進に向けて（中間まとめ）」が策定され、2015 年 7 月 17 日に発表された。その後 3 回の会議を経て、「オリンピック・パラリンピック教育の推進に向けて（最終報告）」が取りまとめられ、2016 年 7 月 21 日に発表された。

この有識者会議設置についてスポーツ庁は、

「2020年オリンピック・パラリンピック東京大会を成功させるために、日本全国各地にオリンピック・パラリンピック・ムーブメントを普及させる必要がある。そのために学校教育や社会教育の現場で、①オリンピック・パラリンピックに関する知識・理解・関心の向上やオリンピック精神の普及、②異文化理解や国際理解、多様性尊重の促進、③『おもてなし』やボランティア精神の醸成、マナーの向上、④スポーツ実施率の向上、等のための取組を進めていく必要があるとした。オリンピック・パラリンピック教育の実施を通じた無形のレガシーの創出という観点も踏まえ、上記取り組みの推進のための基本的な考え方や具体的な内容・手法について検討を行うため、スポーツ庁長官の下に有識者会議を設置する」(オリンピック・パラリンピック教育に関する有識者会議設置要綱、スポーツ庁ホームページより)

とその設置理由を述べている。最終報告の冒頭では、オリンピック・パラリンピック教育の全国展開に向けた取り組みを進めることを示した。中間まとめでは「オリンピック・パラリンピック教育を通じて目指すべきもの」が、最終報告では「スポーツの価値とオリンピック・パラリンピック教育の意義」とされて、スポーツの価値やオリンピック・パラリンピックの理念が具体的に示された内容となった。

(2) 東京都のオリンピック・パラリンピック教育

東京都は、2016年度より都内全ての公立学校において、「東京都オリンピック・パラリンピック教育」実施方針に基づき、「オリンピック・パラリンピックの精神」「スポーツ」「文化」「環境」の4つのテーマと、「学ぶ」「観る」「する」「支える」の4つのアクショ

ンとを組み合わせた多彩な教育プログラム（4×4の取組）を推進している。

　その中でもとりわけ重点的に育成すべき資質として、「ボランティアマインド」「障害者理解」「スポーツ志向」「日本人としての自覚と誇り」「豊かな国際感覚」の5つを掲げ、子供たちに身に付けさせていくこととしている（表1）。この5つの資質を伸ばすため,「東京ユースボランティア」「スマイルプロジェクト」「夢・未来プロジェクト」「世界ともだちプロジェクト」の4つのプロジェクトを推進している（表2）。

　具体的には、各学校の特色を生かし、教育活動全体を通して年間指導計画を作成し、年間35時間程度を目安に、学校全体で組織的・計画的に展開している。さらに、特定の教科等に偏ることなく全ての教育活動で展開するとともに、学びを深めるため、体験や活動を

表1　重点的に育成すべき5つの資質

育成すべき資質	内容
①ボランティアマインド	支える活動を通して、社会に貢献しようとする意欲や、他者を思いやる心を醸成し、自尊感情を高める
②障害者理解	多様性を尊重し、障害を理解する心のバリアフリーを浸透させる
③スポーツ志向	フェアプレーやチームワークの精神を育み、心身ともに健全な人間へと成長させる
④日本人としての自覚と誇り	日本や東京の良さを理解し、規範意識や公共の精神等を学び身につける
⑤豊かな国際感覚	世界の人々との積極的なコミュニケーションを図ろうとする態度を育成し、世界の多様性を受け入れる力を育てる

表2 5つの資質を伸ばすための4つのプロジェクト

プロジェクト	取組例	育成する資質
東京ユースボランティア	・地域清掃 ・地域行事やスポーツ大会 ・障害者・高齢者福祉施設等でのボランティア活動	①ボランティアマインド ②障害者理解
スマイルプロジェクト	・障害者スポーツの観戦, 体験 ・スポーツを通じた特別支援学校と地域の学校との交流	①ボランティアマインド ②障害者理解 ③スポーツ志向
夢・未来プロジェクト	・オリンピアンやパラリンピアン等との直接交流	①ボランティアマインド ②障害者理解 ③スポーツ志向 ④日本人としての自覚と誇り ⑤豊かな国際感覚
世界ともだちプロジェクト	・調べ学習を主とする国際理解教育 ・大使館や留学生との交流 ・海外の学校との相互交流	④日本人としての自覚と誇り ⑤豊かな国際感覚

重視し、発達段階に応じて系統的に実施していくこととしている。

　また、東京都内全校での展開を進めるため、区市町村や学校を支えるための多様な支援策を講じている。「オリンピック・パラリンピック学習読本」や映像教材、教員向けの指導書や実践事例集等の作成・配布を全校へ配布し、展開の促進を図っている。さらに、教員の指導力向上を図るための教員研修の拡充、各学校の取組をサポートするオリンピック・パラリンピック教育専用ウェブサイトの構築やコーディネート事業を実施している。

（3）東京オリンピック・パラリンピック競技大会組織委員会のオリンピック・パラリンピック教育

　東京オリンピック・パラリンピック競技大会組織委員会（組織委

員会）においては、多くの若者が自らの目標を持って、自らのベストを目指す意欲を持ち、多様性を理解し、豊かな国際感覚を備えるようになることを目標として、政府、東京都、全国の地方公共団体、スポンサー企業、教育機関等と連携し、教育プログラム（愛称「ようい、ドン！」）を展開してきた。

　具体的には、オリンピックの 3 つの価値、パラリンピックの 4 つの価値、東京 2020 大会ビジョン（「全員が自己ベスト」、「多様性と調和」、「未来への継承」）に基づいた各関係者の取組を , 組織委員会が審査して認証する制度を構築し、リオデジャネイロ大会（2016 年）後から開始された。その教育プログラムの体系は、以下のとおりである。

①東京 2020 オリンピック・パラリンピック教育実施校の認証

　オリンピック・パラリンピック教育を体系的に推進する学校を組織委員会が認証する。認証校には、大会エンブレムの入ったマークが付与される。

②スポンサー企業による教育プログラム

　アクション＆レガシープランの 5 本の柱に合致し、スポンサー企業の特徴を生かしたプログラムを、教育実施校や地域住民等に提供する。

③大学等による教育プログラム

　大学等が学生を巻き込んで企画した事業や、各々の専門性を活かした授業・研究を組織委員会が認証する。

④地域の非営利団体による教育プログラム

地域の特徴を生かしたプログラムを学校等と連携しながら実施することで、世代を超えた交流や地域に根付いた取組を展開する。

この教育プログラムの実施にあたっては、スポーツ庁や東京都における先行的な取組の成果と課題を検証しつつ、その後の学校認証の展開に活かされた。スポーツ庁、都道府県教育委員会等と密接に連携しながら、オリンピック・パラリンピック教育の取組を全国に拡大していった。

7．わが国のオリンピック・パラリンピック教育の位置付け

学習指導要領は、文部科学省が学校教育法に基づき、小学校、中学校、高等学校ごとに、それぞれの教科等の目標や大まかな教育内容を定めたものである。これまでの学習指導要領には保健体育科目の体育領域を中心に「オリンピック」が取り上げられてきた。

東京 2020 大会開催決定後のはじめての改訂である、2018 年の学習指導要領の改訂において、オリンピックに関しては次のような点が加えられた。小学校社会において、「オリンピックの開催などの歴史的事象を取り上げ、これらを具体的に調べること」、中学校保健体育において、「オリンピックや国際的なスポーツ大会などは、国際親善や世界平和に大きな役割を果たしていること」、高等学校保健体育において、「国際親善や世界平和に貢献する運動にオリンピックムーブメントなどがあること」を学習するとされ、オリンピックを学ぶこと、オリンピック通して学ぶことが様々な教科で定められることになった。日本におけるオリンピック・パラリンピック教育の実践は、1964 年東京大会から長い歴史を有し、数多くの蓄積がある。オリンピック・パラリンピック教育は、保健体育分野に限定されず、特別活動や課外活動も含む学校教育、あるいはその

延線上にある生涯学習という分野にも親和性がある。諸外国と比較しても、日本にはオリンピズムと同様な理念をもった内容が題材として数多く扱われてきた経緯もある。これら既存の教育内容をオリンピック・パラリンピック教育という観点で見直すことも、今後の展開には必要になってくるであろう。これは、日本における教育の理念や意義、スポーツの価値について再考することにも繋がるであろう。

　しかしながら、4度のオリンピック大会開催の経験は強みである一方で、大会後も継続して展開していくことは大きな課題といえる。

8．東京 2020 大会以後のオリンピック・パラリンピック教育

　東京 2020 大会は、コロナ禍の影響で約1年開催が延期され、事前合宿の取りやめ、無観客開催など、オリンピック・パラリンピック教育の根幹である「交流」の場が激減した。この影響を受け、多くの教育現場では当初の計画通りの取り組みができなかった。しかしながら、コロナ禍のなかでも「開催できた」ことはオリンピック・パラリンピックの「強さ」を再確認できた大会でもあった。

　オリンピックは、国際平和、男女平等など社会的な大きな課題に取り組んでおり、パラリンピックは、障害を持つ選手が公平に競い合えるための様々な工夫を通して、「インクルーシブな社会を創出する」ことを実現することを目指している。このようなオリンピック、パラリンピックの理念や取り組みは、教育の教材として適しており、今後も様々な教科で用いられるべきである。東京 2020 大会以後にもオリンピック・パラリンピック教育をさらに発展させることは、わが国の未来にとって有益なことであると考えられる。そのためには、オリンピック・パラリンピック教育の理念や意義を再確認する機会や場を定期的に設定する必要がある。文部科学省、スポー

ツ庁、教育委員会などはもちろん、オリンピック・パラリンピックに関係する団体の「オリンピック・パラリンピック教育」を念頭においた様々な取り組みに期待したい。

参考文献

・(公財) 日本オリンピック委員会 (編) (2019)『オリンピック憲章』
・(公財) 日本オリンピック委員会 (編) (2018)『オリンピック価値教育の基礎』
・真田久 (2015)「オリンピック・ムーブメントとオリンピック教育」、スポーツ教育学研究 34 巻 2 号, pp.29-33.
・斗鬼正一 (2018)「東京オリンピックと日本人のアイデンティティー ―1964 年東京大会と首都美化運動, マナーキャンペーン―」江戸川大学紀要 28 号, pp.337-362.
・福田佳太 (2017)「1972 年札幌大会に関連して実施されたオリンピック教育」オリンピック教育 5 号, pp.39-44.
・札幌市総務局オリンピック整理室 (編) (1972)『第 11 回オリンピック冬季大会札幌市報告書』札幌市総務局
・長野国際親善クラブホームページ (http://www.nifc.info/)
・オリンピック・パラリンピック教育に関する有識者会議 (2015)「オリンピック・パラリンピック教育の推進に向けて (中間まとめ)」文部科学省
・オリンピック・パラリンピック教育に関する有識者会議 (2016)「オリンピック・パラリンピック教育の推進に向けて (最終報告)」文部科学省
・「オリンピック・パラリンピック教育に関する有識者会議設置要綱」スポーツ庁ホームページ (http://www.mext.go.jp/sports/)
・東京都教育委員会 (2016)「東京都オリンピック・パラリンピック教育実施方針」東京都

第3章

東京 2020 大会の報じ方・報じられ方・見られ方

東京 2020 大会を支配した空気と報道スタンス

佐野慎輔

1．はじめに

　2020 東京オリンピック・パラリンピック (以下、東京 2020 大会) は異形の大会であった。新型コロナウイルス感染のパンデミック (世界的流行) によって 4 年に 1 度、オリンピアードの初年に開催する原則を変更、史上初めて 1 年延期して開催された。しかも一部地方開催を除き、東京をはじめ首都圏の競技会場は観客の入場が禁じられた。

　開催するためにはそれ以外の方法はなく、私自身、早い時期から「無観客開催」と書いてもいた。しかし史上初めて歓声や拍手のない競技会場の現実に直面したとき、やはり違和感は禁じ得なかった。オリンピック、パラリンピックの開催はこれでよかったのか？　そうした疑問は今も解消されてはいない。

　日本人は「ゼロリスク」を信奉する国民性だと言われる。ゼロリスク、即ちリスクがない世界、少しでもリスクを被る可能性があってはならないとする思考である。「失敗学」の分野では、ゼロリスクはあり得ないと説かれていると聞く。「ゼロに限りなく近いがゼロではない」という前提のもとで物事を進行していく。東京 2020 大会はまさにこうした立ち位置にあったのではないだろうか。

　オリンピック開幕後、7 月下旬から 8 月にかけて感染者が増大。5 回目の緊急事態宣言が発出された。菅義偉首相はすぐに「中止」説を否定。しかし対応に大きな変化はなく、拡大するコロナ禍と開催の意義は問われ続けた。開催により人々の緊張感が緩んで人流が

増えたとして「大会は失敗だった」と論じた人たちがいる。それ以前に「ゼロリスク」に程遠い状態での強行開催だから失敗だと断じた人もいた。一方で、無観客でテレビやインターネットでオリンピック報道に接したことから人流は抑えられたと主張し、感染者の増加と開催との因果関係はみられないと言う人たちもいた。新聞の論調も大きく分かれた。

　開催と人流の増加、感染者増の関係については今後、きちんとした検証が求められる。ただそうした「不協和音」が確かに東京2020大会を支配していたことは間違いない。

　東京大会の掉尾を飾るパラリンピック閉会式は９月５日、「Harmonious Cacophony（調和する不協和音）」をコンセプトに実施された。「多様性と調和」「共生社会の実現」を掲げた大会ビジョンに相応しいセレモニーではあったがさて、コロナ禍での開催を巡って生じた不協和音は果たして解消されたのだろうか。埋まらない溝もあるかもしれない、そう考えながら閉会式を眺めていた。

　メディアは大会開催に影を落とした「不協和音」をどう報じてきたのだろうか。東京2020大会の何を伝え、何を伝えられなかったのか。とりわけ国際オリンピック委員会（ＩＯＣ）のありようなど批判が渦巻いたオリンピックを、世論調査と新聞報道を俎上に挙げて考えをまとめてみたい。

２．世論調査は人の心の反映か？

　共同通信はオリンピック閉幕後１週間を経た８月14〜16日に全国電話調査を実施、オリンピックの開催の是非を聞いている。開催されて「よかった」と答えた人は全体の62.9％にのぼり、「よくなかった」と回答した30.8％の倍の結果となった。

　同様に新聞各紙の調査を調べてみると、５月に社説で「中止」を

迫った朝日新聞が8月7、8日に実施した調査では「よかった」が56%で「よくなかった」の32%を上回った。同じく8月7〜8日に調査した読売新聞では「よかったと思う」が64%にのぼり、「よかったと思わない」28%を大きく上回った。開催懐疑派の朝日と開催推進派の読売だが、ともに開催を評価している。もっとも数値の差は読者層の違いだろうか。

　産経新聞はフジテレビを起点とするネットワークFNNと合同で8月21〜22日に調査。「よかった」55.6%に対し「よくなかった」は35.5%だった。開催推進派の産経が朝日よりも「よかった」が下回った。バラエティー番組で「中止」を煽り続けたテレビの影響をうけた結果だったか。また毎日新聞は8月28日に「東京オリンピックを楽しめたか」を聞いた。「楽しめた」53%に対し「楽しめなかった」は26%。「もともと楽しみにしていなかった」21%はいかにも開催懐疑派の毎日の読者らしい反応だったといえよう。

　総じて各社の世論調査では、民意はコロナ禍での開催を肯定的に捉えていた。それはオリンピックのありようというより、国内外の選手たち、とりわけ史上最多27個の金メダルをはじめ58個のメダルを獲得した日本選手の活躍に起因していよう。

　各社調査では開催とコロナとの因果関係も問うている。共同通信では「開催が感染の一因となったか」との問いに、「一因となったと思う」が59.8%で「一因になったとは思わない」が36.4%。開催して「よかった」と答えた人の44.2%が感染拡大の「一因」と答えた事に注目したい。

　朝日の調査では「安全、安心の大会にできたと思うか」との問いに「できた」32%に対し、54%が「できなかった」と回答。「開催で自粛ムードが緩んだか」との設問には61%が「緩んだ」と答えた。また読売の調査でも安全、安心が問われ「できた」38%に対し、

「できたと思わない」が 55％とほぼ朝日と同様の結果となった。開催形態についても「もっと観客をいれたほうがいい」12％に対し、「無観客でよかった」61％、「中止した方がよかった」が 25％に上った。根強い「中止」意識があったことがわかる。毎日の調査では開催がコロナ感染拡大に影響したかが問われ、「大きく影響したと思う」33％、「多少は影響したと思う」が 41％で、「影響したとは思わない」は 21％に留まった。

　総じて世論は開催を肯定しながらもコロナ禍拡大への影響を冷静に受け止めている。識者の中には古代ローマの「パンとサーカス」になぞらえ、コロナ禍の深刻さを糊塗するための強行開催だと批判した人もいた。しかし民意は冷静に判断したと考えていい。

　調査では政府のコロナ対策への是非も問われた。各社共通して「支持しない」という回答が半数以上を占めた。菅首相は東京 2020 大会開催により人気浮揚を狙ったとされるが、オリンピックあるいは選手への関心は高まっても政権の支持拡大にはつながっていない。菅前首相の退陣は自明の理であった。

3．「再延期」はミスリード？

　では大会開催前の民意はどうであったか。共同通信が開幕直前の 7 月 17 〜 18 日に実施した調査では無観客開催は「適切だ」が 43.6％となり「少人数でも観客をいれるべきだ」の 23.6％を上回った。競技を「楽しみにしている」人たちは「どちらかといえば」を含めると 71.0％に上る。一方、この時期においても「中止するべきだ」が 31.2％に及んだ。

　6 月 19、20 日に実施した調査では「無観客で開催するべきだ」40.3％、「観客数を制限して開催」27.2％に対し、「中止にするべきだ」は 30.8％だった。中止要請は大会直前まで続き、さらに読

売の閉幕後の調査で25%が「中止にした方がよかった」と答えたように「中止」論の根深さを証明した。

1964年、アジアで初めて開催された東京オリンピックは国民に歓迎され、大いに盛り上がったと理想化して語る人は少なくない。確かに敗戦の焦土から立ち上がり、高度経済成長の入り口にあった大会である。開幕に合わせて開通した東海道新幹線や首都高速道路に象徴される大きなエポックであった。

しかし、開幕4カ月前の64年6月にNHKが東京都内で実施した世論調査では、「関心を持っていますか」との問いかけに「非常に持っている」が24.0%で「やや持っている」が47.2%、「あまり持っていない」が20.4%で「全然持っていない」が8.3%と拍子抜けだった。東京2020大会と比べた場合、「関心がない」と「中止」とは意味合いは異なるが、少なくとも30%はオリンピックに関心のない層である。今回はコロナ禍下、関心のない層が「中止」を選択したとの類推も働く。

64年大会終了後、NHKは追加調査し「オリンピック開催が日本にとってプラスだったか、マイナスだったか」を問うた。東京都民の「プラスだったと思う」との回答は94.4%で「マイナスだったと思う」は4.2%、人心の変化がみてとれる。今回は64年大会ほど顕著な変化はみられなかった。

東京2020大会の中止論が最も声高く叫ばれたのは5月である。共同通信の5月15～16日の調査では「無観客で開催」25.2%、「観客数を制限して開催」12.6%に対し「中止するべきだ」が59.7%に及んだ。同時期の産経FNN合同調査でも「無観客」26.3%に対して「制限開催」15.5%、「中止」56.6%と否定的な意見が多かった。3度目の緊急事態宣言が延長され、不安が増した時期にあたる。

5月、6月の朝日、毎日、読売の調査でも同様の結果だった。

朝日は「予定通り開催」が5月14%⇒6月38%で「再延期」が40%⇒27%、「中止」も43%⇒33%。毎日では「観客をいれた開催」が20%⇒22%、「無観客開催」が13%⇒31%、「再延期」23%⇒12%で「中止」は40%⇒30%。読売では「観客を制限して開催」が25%⇒24%、「無観客開催」24%⇒26%で「中止」48%⇒48%だった。

　「再延期」と「中止」を合わせれば世論の8割は開催に反対していると喧伝された。選手へのワクチン接種優遇や小、中学校の運動会等の中止をあげて、「オリンピックは特別か」と疑問視された時期とも重なる。そして5月23日に信濃毎日新聞が初めて社説で「中止」を論じ、25日には西日本新聞も取り上げた。朝日新聞が全国紙では初めて「中止」に言及したのは翌26日だった。新聞が「意見を発していない」と批判された頃でもあった。

　一方、共同や読売、産経FNNは調査の設問から「再延期」を外した。開催懐疑派から「開催に向けた世論操作だ」との声があがった。しかし、背景を鑑みれば「再延期」はありえない。むしろ「再延期」こそミスリードではなかったか。

　IOCのトーマス・バッハ会長は2020年6月20日、英テレビBBCのインタビューで東京2020大会開催が難しくなった場合「中止する」と発言。以後、姿勢を変えていない。また、①すでに2021年開催を22年に延期した陸上競技、水泳の世界選手権の再延期は難しく、②選手を長く不安定な状況に置いておけない。③代表の再選考となれば訴訟問題に発展しかねず、④施設管理や補償問題なども山積、⑤組織委員会等の人材確保、雇用継続は難しい。さらに⑥スポンサーの再々契約のハードルは高く、⑦1924年以来100周年開催となる2024年パリの説得はあり得ない。再延期が困難な理由はいくつも数え挙げられた。

　IOC 事情に詳しい元電通専務で東京 2020 大会組織委員会理事の高橋治之氏によれば、「IOC は WHO(世界保健機関) がパンデミックを宣言した頃 (2020 年 3 月 11 日) までには中止を考えていた」という。この頃、高橋氏は米ウォール・ストリート・ジャーナル紙のインタビューに答え、初めて「延期」に言及した。「IOC の中止論を抑え込むための方策だった」とも語る。高橋氏は当時、世界で最も影響力のあったドナルド・トランプ米大統領に狙いを絞り、トランプ氏の購読紙を調べたうえで「仕掛けた」と述べた。

　トランプ氏はパンデミック宣言の出た 3 月 11 日、個人の見解として「東京大会の 1 年延期」に言及。翌日、トランプ氏と電話会談した安倍晋三首相が同 24 日、バッハ会長と会談し、自ら主導する形で東京 2020 大会は 1 年延期された。

　高橋氏の狙いは、実は「コロナの状況から考えて、2 年延期」だった。2 年延期なら、東京 2020 大会は観客もいれ、腰を据えたコロナ対策も可能であったと思われる。

　歴史に「もしも」は許されないが、この時期、スポーツ界やメディアが議論を深めるべく声をあげていたなら、何かが変わっていたかもしれない。声も上がらないまま、政治主導が進んだ事は誰もが知っている。

　ちなみに共同通信の 3 月 14 ～ 16 日の調査で初めて「開催の可否」が問われ、「開催できると思う」24.5％で、「できないと思う」が 69.9％にのぼった。一方、1 年延期決定後の緊急調査では「適切」とする答えが 78.7％と高く、「2 年程度の延期」11.1％、「中止」5.5％を大きく抑えた。1 年延期については NHK も 3 月 27 ～ 29 日に調査。延期を「大いに評価する」57％、「ある程度評価する」35％と実に 92％が安倍首相の決定を支持していた。

　この頃、インターネットメディアでは「政治介入だ」とする批判

が渦巻いていた。しかし世論調査は政治決定を評価していた。

4．ネットメディアがつくった空気

　オリンピック・パラリンピックは「メディア・イベント」と称される。メディアの報道によって人々が関心を持ち、報道が繰り返されることによって大きな影響力を発揮する。とりわけオリンピックは明治時代末期以降、新聞や放送局が積極的に関与し、報道と同時にさまざまに事業を展開してきた。新聞社は写真展やシンポジウムなどを通し、読者にオリンピックを伝える役割を果たしてきた。

　新聞やテレビなど伝統メディアはそうした流れを汲み、オリンピックを「国家的イベント」「国民的なイベント」とみなして協力してきた歴史がある。1964 年東京大会では各新聞・通信社運動部長が運営に関わった。1972 年札幌冬季大会では北海道新聞、1998 年長野冬季大会では信濃毎日新聞がそれぞれ地元紙として大きな役割を果たした。そして今回も全国紙、通信社、ＮＨＫと在京テレビ、ラジオ局に外国特派員協会の代表が組織委員会メディア委員として関与している。

　また朝日新聞、毎日新聞、読売新聞、日本経済新聞はオフィシャルスポンサー、産経新聞、北海道新聞がオフィシャルサプライヤーとして参画した。新聞社の論理でいえば「国民的なイベント」への協力には違和感はなかった。永年続けてきたオリンピックムーブメント普及への貢献の延長線である。

　実際、読売新聞社は長く日本オリンピック委員会 (JOC) のオリンピックスポンサーを務めている。今大会では、電通との間でオフィシャルスポンサーの 1 社独占契約に向けて話が進んでいた。焦ったライバル社が「オールジャパン体制」の名目の下、過去の貢献を盾に押し戻したのである。

写真展やシンポジウムに「オリンピック」の冠をつけて開催するためにはスポンサーであることが背景にある。アンブッシュマーケティングを避けるねらいがあった。

余談ながら、日本における国際的なメガ・スポーツイベントのメディアスポンサーは日本と韓国の共同開催となった2002年FIFA(国際サッカー連盟)ワールドカップを嚆矢とする。アマチュアリズム至上で商業主義を批判していた朝日新聞社がオフィシャルスポンサーとなり世間を驚かせた。2019年ラグビー・ワールドカップでは読売新聞社が日本テレビとともにオフィシャルスポンサーとなった。

新聞社は「編集・論説」と販売・広告などの「営業」そして「事業」とが共存する。批評・批判する立場と批判される対象とが内在していると言い換えてもいい。もちろん、それにより、批判が鈍ることがあってはならない。

しかし、こうした伝統メディアのありようはわかりにくい。新聞社のオリンピック・スポンサー化に対し、開催懐疑派やネットメディアを中心に批判が起きた。「スポンサーになることでオリンピックやIOC、組織委員会を批判できない」という批判である。素朴な疑問はネットメディアを通して公表、拡散された。

ネットは「個」のメディアである。いつもは「個」がそれぞれ別の方向を向いているものの、一旦事が起きれば拡散されて大きな力ともなりうる。例えば2020年5月、米ミネアポリスで起きた白人警察官による黒人男性の圧迫死事件はソーシャルメディアを通して世界に拡散され、「BLACK LIVES MATTER!（黒人の命も大切だ！）」という抗議運動になった。セクシャルハラスメントを告発する「＃Me Too」もまた「個」が「空気」をつくった事例である。

「個」のメディアは「国民的な」という意識の共有を嫌う。むし

ろ政治や権威、権力の関与に反発する性格がある。不正や情報の秘匿に反応し、「倫理」「正義」といった否定できない意識を背景に批判のベクトルを向ける。それが集まり「空気」をつくるわけだ。

東京 2020 大会は「批判のタネ」が尽きなかった。招致決定時の福島原発処理水をめぐる当時の安倍首相の「アンダーコントロール」発言に始まり、新国立競技場建設の計画変更や大会エンブレムの盗作疑惑。招致をめぐる贈賄疑惑に IOC 主導のマラソン・競歩の札幌への会場変更と続いた。そして開催延期後の森喜朗組織委員会会長 (当時) の女性蔑視発言に開会式直前の式典担当者の相次ぐ過去の言動による辞任騒動……。これでもかと不手際、不祥事が続いた。

ネットメディアが批判の"発火点"になった事もあれば、拡散した事象もある。組織委員会や政府の説明不足、情報開示の足りなさがさらに不信感を増幅させた。政府や組織委員会がもう少し、上手に説明する手立てを持っていたなら状況は変わっていただろう。

新型コロナウイルス感染に伴う開催中止を求めた「空気」は、まさにそうした「個」の意見の集まりであった。拡大傾向が続くコロナ感染と後手に回る対策。人命と引き換えにした開催でいいのかという不安に加えて対応への不信感、長く我慢を強いられる行動規制への不満も加わって強固な「中止という空気」をつくりだした事は間違いない。

ネットで流布した情報には根拠がないものも少なくなく、便乗型のフェイクニュースもあった。情報のなさ、知識不足は否定できない。また「中止」のベクトルが選手たちに向かい、誹謗中傷を生んだ事は明らかな誤りである。ネットメディアが解決しなければならない大きな課題として残った。

ただ、こうしたネットメディアの勢いは凄まじく、組織委員会の不祥事が続くにつれて伝統メディアにも波及した批判の高まりは明

らかにネットの影響であった。とりわけテレビのワイドショーの論調は明らかにネットメディアがつくりだしたと言ってもいい。

　総務省の『令和3年版情報通信白書』によればモバイル端末の世帯保有率は 96.8％を数え、なかでもスマートフォンの世帯保有率は 86.8％でパソコンの 70.1％を凌ぐ。スマートフォンの個人保有率は 69.3％で、小さな子供から高齢者までスマートフォンを操る姿が日常となって久しい。情報通信技術 (ICT) の発達でニュースや意見は SNS(ソーシャル・ネットワーキング・サービス) などを通し、瞬時に世界に拡散される。個人が発信元となった「個」のメディアが、まさに時代を動かしている所以である。

　東京 2020 大会は「個」のメディアが普及、初めて迎えたメガイベントであった。しかし組織委員会の反応は鈍く、前述したメディア委員会も伝統メディア以外からはドワンゴ CEO の夏野剛氏（現 KADOKAWA 社長)が委員となっていたに過ぎない。ネットメディアがつくり出した「空気」への対策もほとんどなく、広報部門の対応の拙さも手伝い、想定以上の批判となった事を「組織のあり方の失敗」として指摘しておきたい。

5．オリンピックをどう伝えたか

　これまで伝統メディアは、概して日本選手の活躍を中心にオリンピックを好意的に報じてきた。今回は日本開催。否が応でも力が入るはずだったが、コロナ禍が阻害した。1面と社会面に加え、多い社では 7 ページ、少ない社でも 3 ～ 4 ページの特集面で報じる紙面構成は今回も大きな変化はない。しかし、報道スタンスには大きな違いが現れた。

　ここでは、わかりやすく全国紙の 1 面、そして社説 (産経新聞は主張) を取り上げて、各社のスタンスの違いを考えてみたい。

　東京 2020 大会の開会式は 7 月 23 日だが、21 日にはソフトボールが先行開幕した。東京で夕刊を発行していない産経新聞以外の 4 紙は 21 日夕刊 1 面で「五輪開始」を報じた。日経新聞だけが「五輪競技、福島でスタート」と 2011 年東日本大震災で被災した「福島」を見出しに掲げた。産経新聞は 22 日朝刊で「1 年待った　逆境越え祭典」をトップに据えた。

　開会式典の演出担当、小林賢太郎氏が 22 日、過去のコントで「ユダヤ人虐殺」を揶揄した事を問われて解任された。朝日と毎日が 23 日朝刊トップで報じ、読売と産経は「東京五輪きょう開幕」がトップで小林氏はカタ。日経は「コロナ下五輪安全優先」と見出し。

　開会式翌日の 24 日は 5 紙ともに開幕をトップで報じた。読売は 1 面と最終面をぶち抜いて日本選手団の入場行進の写真を掲載し大会への意気込みをうかがわせた。一方で朝日はカタに「熱戦の隣鳴りやまぬ救急電話」の見出しでコロナ禍にある救急外来のルポを掲載した。オリンピックとコロナ禍。どのように扱うか、社としての姿勢であった。

　25 日は柔道の金、銀メダルをトップに据えた読売、産経に対し、朝日は体操の内村航平の落下がトップ。日経は「越境リモート労働 3 割増」と独自の世界にはいった。

　異彩を放ったのは毎日。2000 年シドニー大会の銀メダリストで後にタレントに転向した田島寧子を取り上げ「銀メダルの『苦しみ』越え」という読み物がトップ。こうした読み物はその後も登場するが、なぜ開幕後のいま報じたのか、読者も驚いた事だろう。毎日は 26 日もコロナ下でも人出が続く渋谷の夜のルポがトップ。日本の現状を伝えようという意図はわかるが苦肉の策、正面からの批判ではない。朝日、読売、産経は「柔道の阿部兄妹の同日金メダル」だ。

　27 日は卓球の水谷隼・伊藤美誠が混合ダブルスで金メダル。一

方「黒い雨」訴訟で上告が見送られ、読売・産経と朝日・毎日で分かれた。

28 日も読売・産経と毎日がソフトボールの金メダル、朝日は「東京感染最多 2848 人」がトップ。コロナ禍の深刻さが増した 29 日は朝日・毎日が全国の感染者数「最多」がトップ、読売・産経は体操の橋本大輝の個人総合金メダルだ。そして 30 日、国内感染者が 1 万人を超えた。さすがに 4 紙とも「コロナ」だ。31 日は産経だけ「金メダル史上最多 17」を掲げた。3 紙は「緊急事態宣言の拡大」である。

8 月 1 日、今度は読売だけが「柔道団体の銀」をトップに。コロナは産経のみ。毎日は 1992 年のマラソン谷口浩美がトップ。2 日はオリンピックのトップなし。3 日は体操の村上茉愛の銅をトップにした産経以外はコロナ関連だった。4 日は読売・産経の「体操・橋本の 2 冠とボクシング入江聖奈の金」に対し、朝日と毎日は「知事会の自宅療養批判」だ。5 日は読売が「スケートボード四十住さくらの金」で、他の 3 紙はコロナ関連。6 日は日経を除く 4 紙が「中等症は原則入院」などコロナ関連の記事でトップをつくった。

7 日、「空手の喜友名諒金メダル」をトップにした読売以外は、朝日「広島平和の日」毎日「コロナ」産経「台湾」とそれぞれ。8 日の読売は「野球の金」でトップをつくり、毎日はなぜか「東洋の魔女」だ。朝日と産経がめずらしく「ワクチンもの」でそろった。

閉会式は 8 月 8 日。9 日付朝刊は当然、全紙東京 2020 大会閉幕である。読売が再び 1 面と最終面ぶち抜いて写真を掲載した。各紙ほぼ同じ体裁で閉会式本記と署名論文で構成した。各紙の論文見出しをあげると、朝日「負の遺産すべて洗い出して」(スポーツ部長)毎日「意義と教訓　次世代に」(東京五輪・パラリンピック報道本部長)、読売「逆境を越え　世界に希望」(編集委員)、日経「続『1964』夢と現実」(論説委員)、産経「コロナ禍乗り越えた底力」(運

動部長)。

　大会期間中、読売と産経は圧倒的に選手の活躍で 1 面トップを飾ることが多く、大会を肯定的に捉えようとした事がわかる。開催は非難されるものではなく、さまざまな苦難を乗り越えてパフォーマンスする選手の姿をありのまま伝えたいとする思いがのぞいた。

　読売は量的にも他紙を圧倒。永年 JOC スポンサーを務めていたこともあり、無観客の大会を逆手に選手や試合をより詳しく読者に伝えたいとの思いがわかった。産経も同様。

　一方、朝日と毎日はコロナ禍の現実に重きを置き、日本選手のメダル獲得は控えめに伝えた。高揚感を抑えるべく腐心したふしがある。朝日の開会式翌日の緊急病棟ルポはある種の実験ではなかったか。従来なら社会面のはずが、あえて 1 面カタに置いた。単なる批判ではなく、オリンピック開催もコロナ対応も生活に立脚していると伝えたい意図はわかる。「コロナ禍下のオリンピック」を伝える模索と受け止めた。

　毎日の過去の選手の読み物も苦心の策だろうが、なぜ現在進行形の選手、試合に優先しなければならなかったのか。それほど重要な話だったのか。残念ながら理解を超えた。大会批判だけの理由ではなかったと思うが……。

　社説はより直線的に社としてのスタンスが伝わる。各紙開会式当日 (毎日は 24 日付)、東京 2020 大会を論じた。見出しは以下の通り。
・朝日「分断と不信、漂流する祭典」
・毎日「大会の意義問い直す場に」
・読売「コロナ禍に希望と力届けたい」
・日経「東京での開催を五輪再生の出発点に」
・産経「明日につながる熱戦望む」
　読売と産経はここでもオリンピック開催に期待を寄せた。読売は

「困難に立ち向かう努力の大切さや尊さを伝えたい」と述べ、産経は「日本のみならず世界と五輪史にとって大きな意義がある」と論じた。朝日は「生命と健康を守ることを最優先課題と位置づけ、中断・中止の可能性も排除せずに大会に臨む必要がある」と突き放し、毎日は「これほど逆風にさらされ、開催を疑問視されたオリンピックは戦争時を除いてなかったろう」としつつ、「無観客の競技場から見えてくるものがあるはずだ」と希望をつないだ。

　閉会式翌日の9日にも各社の総括的な社説が並んだ。

・朝日「混迷の祭典　再生めざす機に」
・毎日「古い体質を改める契機に」
・読売「輝き放った選手を称えたい／運営面での課題を次に生かせ」
・日経「『コロナ禍の五輪』を改革につなげよ」
・産経「全ての選手が真の勝者だ／聖火守れたことを誇りたい」

　朝日は5月に「中止」を菅首相に求めた事に触れ、「『賭け』は行われ、状況はより深刻になっている」と非難。「強行開催によって、社会には深い不信と分断が刻まれた。その修復は政治が取り組むべき最大の課題である」と政府に矛先を向けた。毎日はIOCのありようを批判。「古い体質を改めなければ、五輪は新たな時代に踏み出せない」と述べた。

　読売は「新型コロナウイルスの世界的な流行という困難を乗り越えて開催された異例の大会として、長く語り継がれることだろう」と評価。「全力を尽くして戦った選手たちを称えたい」と不安定ななかで練習を続け、期間中も行動制限をうけながら競技と向き合った選手たちを称賛した。産経も開催を「これほど心を動かされる夏を、誰が想像できただろう」と述べ、「日本は最後まで聖火を守り抜き、大きな足跡を歴史に刻んだ」と記した。

　ここでも朝日・毎日と読売・産経の立ち位置の違いが浮き彫りに

なった。

　開幕を「賭け」と論じた朝日だが、選手たちの活躍を「本来のオリンピズムを体現したアスリートたちの健闘には、開催の是非を離れて心からの拍手を送りたい」と称賛している。一方で読売もまた「現代の五輪が抱える課題も浮き彫りになった」と述べ、「大会組織委員会は、今回直面した課題を記録に残し、IOC に提案する事が必要だ」と強調した。その意味ではスタンスに違いはあっても大会の意義を検証し、それを今後に生かしていくべきだとする主張に違いはない。分断されたといわれる世論の修復にはきちんとした検証は欠くべからざるものと言えよう。

6．あとがきにかえて

　改めて東京 2020 大会は何を目指したのか、それを考えてみたい。もはや人口に膾炙されなくなって久しい大会ビジョンは、3 つの柱を掲げていた。「全員が自己ベスト」「多様性と調和」「未来への継承」である。

　「自己ベスト」に関してはいうまでもあるまい。選手、関係者など関わった人たちのベストな働きがなければ、少なくとも「開催してよかった」という雰囲気は現出し得なかった。しかし、コロナ対策はもっと致しようがあったはずだ。1 年延期された頃から備えがあったならば大会のありようも異なっていたに違いない。検証ではここは外せない。

　「多様性と調和」は「共生社会の実現」につながる重要なテーマである。

　その意味ではパラリンピック開催が重要な役割を担った。共同通信が閉幕直後の 9 月 4 〜 5 日に実施した調査では開催して「よかった」が 69.8％で「よくなかった」が 26.3％。オリンピック閉幕後

の調査よりも高い共感が得られた。東京2020大会が「パラリンピックに救われた」とされる所以である。

　また、開催をきっかけに障害者との共生が「深まると思う」と答えた人は67.1％に上った。確かにパラリンピックやパラアスリートへの認知は進んだと思われる。しかしパラアスリートに話を聞くと、まだ練習会場を断られる事態も少なくないという。理解はようやく緒に就いたばかり、これからが重要でありメディアは理解促進に大きな役割を担う。

　不自然なかたちで大きな話題となった「ジェンダー平等」は、日本の遅れが改めて表面化した。世界経済フォーラム発表の「2019年世界ジェンダー・ギャップ指数」は調査153カ国中、日本は121位である。

　大会は参加女子選手の比率が48.8％と史上最高値を示し、選手宣誓は男女一緒に行われた。選手も男女1名ずつ務め、男性旗手はベナン人を父に持つプロバスケットの八村塁。聖火の最終点火もハイチ人の父を持つプロテニスの大坂なおみが務めた。いずれも「多様化」を象徴する配慮といえたが、どこか取ってつけたような印象は拭えなかった。

　組織委員会は8月18日、「東京2020D&Iアクション」を発表した。Dは多様性を示す「Diversity」、Iは包括を意味する「Inclusion」である。今後の取り組みへの表明だが、監視とともに広報役としてメディアが必要となる。

　東京2020大会は「SDGs(持続可能な開発目標)」に舵を切った大会でもある。国連の「2030アジェンダ」に呼応、5つの柱を立てた。①気候変動（脱炭素社会の実現に向けて）②資源管理（資源を一切ムダにしない）③大気・水・緑・生物多様性等（自然共生都市の実現）④人権・労働・公正な事業慣行等（多様性の祝祭）⑤参

加・協働・情報発信（パートナーシップによる大会づくり）。

　都市鉱山から金・銀・銅メダルを製作、表彰台は再生プラスチックだった。選手村は水素エネルギーを活用した未来社会のモデルケースと期待を集め、電気自動車や燃料電池自動車の活用もあった。目立った事象は紹介されたが、それ以外の取り組みはどれほど紹介され、人口に膾炙しただろう。コロナ禍の影響だけではあるまい。

　一方、13 万食の弁当やマスクなど 500 万円相当の医療備品の廃棄は大きく喧伝された。

　東京は何をしようとして、何ができ、何ができなかったのか。メディアはそれらをきちんと報じてきたか？ 「開催」「中止」に振り回されて大事な論点を忘れてはいなかったか。何より、メディアは「オリンピックの意義」をどれほど伝えてきただろうか？

　組織委員会の検証とは別に、メディア自身の検証も望みたい。それが開催国メディアとしての責務である。

参考文献

・朝日新聞、毎日新聞、読売新聞、日経新聞、産経新聞、共同通信
・『巨大メディア・イベントを揺るがす「空気」の考察』佐野慎輔 (日本体育大学「オリンピックスポーツ文化研究」NO.6 所収)
・『新聞研究』2021・10 月号 (日本新聞協会)
・『令和 3 年版情報通信白書』(総務省)
・『東京オリンピック』(ＮＨＫ放送世論調査所)
・日本財団ジャーナル『オリ・パラ今昔ものがたり』佐野慎輔 -「『ARIGATO』は誰に～選手が魂を吹き込んだ 2020 大会」(2021/8/20) 「どう評価すればいいのか？」(2021/8/23)「パラリンピックの現在地と日本財団」(2021/9/3) 「コロナ下の東京 2020 大会は何を残すのか…」(2021/9/24)

インタビュー協力

前東京 2020 大会組織委員会理事・高橋治之氏

英米独仏メディアが報じた東京2020大会

和田 恵子

　海外メディアがどのように東京大会を報じたのか、英、米、独、仏の電子版の新聞、週刊誌の記事14本、紙版1紙を入手し読み比べた。この中からニューヨークタイムズ（米国）、エコノミストとデイリーテレグラフ（英国）、フランクフルト・アルゲマイネとシュピーゲル（ドイツ）、フィガロとリベラシオン（フランス）の記事を紹介したい。

米国
　8月7日付ニューヨークタイムズ[1]の記事については、ここに全訳を掲載する。

> 「記憶に残るオリンピック。だが、果たしてその意味するところとは？」
> 　コロナ禍で大会が開催されたことは、ひとえに大会関係者の優れた計画力と実行力の賜物ではあるものの、華やかさを失い、不安ばかりが膨らむ雰囲気のなか、金メダリストたちでさえ帰国を急いだ。

> 　白、緑、赤茶のシートがランダムに入り混じる万華鏡のような東京オリンピックのメインスタジアムは、木漏れ日が差し込むこの国の林床をイメージしたという。
> 　だが、この3週間、そのスタンドは別の思わぬ効用をもたらし

た。目を細めて見ると、6万8千のスタンドがこれまでの大会のように、観客で埋め尽くされているような錯覚を起こさせる。もちろん現実には誰もいない。

　日曜日には、簡略化された閉会式が広さだけが目立つ新国立競技場で行われ、異例ずくめの大会が終わりを告げる。この東京大会は、納得のいく歓迎すべきイベントだったと思うそばから、不快なほどの異常さを感じさせる、ある意味イリュージョンのような大会であった。

　この大会をパンデミック下で強行したことは、昨年国際オリンピック委員会のトーマス・バッハ会長が述べたように「全世界が置かれている暗いトンネルの出口に見える光」となるはずだった。だが、大会は時に閉所恐怖症を引き起こしそうに息苦しく、社会から切り離された中で行われた。そして東京の広々とした各会場には、安全な隔離施設という別の目的が与えられた。

　つまり、この大会は矛盾に満ち、異様で、理解しにくいものだった。そもそも大会を実施すべきかどうかとの議論の最中にあっても、大会関係者の優れた計画力と実行力が強調されていた。時間を逆行した名称「Tokyo 2020」に固執したのは、開会に至るまでの紆余曲折を忘れさせないということなのか。テレビのための壮大なショーであり、時に不条理なまでに演出された大会だった。

　選手にとっては、サバイバル、レジリエンス、何とかやり過ごすこと、しまいには目標は達成できなくてもそれはそれで満足というのがこの大会だった。史上もっとも奇妙なオリンピックの一つに数えられる大会で、メダリストたちの中にも疎外感に耐え、参加することへの複雑な思いを持つ者もいた。

オリンピック史上もっとも輝かしい記録を誇る陸上のアリソン・フェリックス（米）は、銅メダル獲得後に「早く家に帰りたい。毎日、指折り数えている。あともう少し」と話していた。

　新型コロナウイルス感染症により、選手たちは友人も家族の同行もなく、もちろんファンもいないなかで競技を強いられている。そしてほとんどの時間を自室で過ごし、専用のバスで競技場へと向かう。

　オリンピックによる感染への影響については、今後数週間の後に明らかになるが、人流を数千人単位で減らそうとする取り組みは少なくとも短期的には奏功しているかのように思われる。バッハ会長は 8 月 6 日の記者会見で、オリンピック関係者を対象とする 571,000 件の検査での陽性率は 0.02％だと述べた。IOCのスポークスマンがいう「大会内の別世界（パラレルワールド）」を作ったことが人々を遠ざける効果につながったことは間違いない。

　オリンピック会場（全 38 カ所）のオリンピック・バブルは、さながら不気味な幽霊船と化した。客の来ないボランティアステーションに有り余るほどのボランティア。空っぽのスタンドの前で繰り広げられるダンスパフォーマンス。誰もいない観客相手にスタジアムで興奮気味に実況中継するアナウンサー。これならストックホルムのスポーツ会場だろうが、カンサスシティのコンベンションセンター、あるいはドバイの体育館だろうが、開催地には関係のないイベントだ。

　「パンデミックさえなければ、この大会はおそらくもっともうまくいったオリンピックの仲間入りを果たしていただろう」とオ

リンピック史の研究者で、今回が 19 回目の観戦となるデービッ
ド・ワレチンスキーは言う。

　このオリンピックは、真珠を宿さない真珠貝のようだった。

　人気の競技でずば抜けた成績があまり多くなかったこと、最高
のパフォーマンスはあってもどよめく歓声のないことが、物足り
なさを感じさせた。スーパースター選手たちが過酷な太陽の下で
体力を消耗し、名だたるチャンピオンたちが自身のベストを出せ
なかったことも残念だった。

　この大会では「より速く、より高く、より強く」のモットーは
通用しなかった。脆弱性、自己認識、そして不完全という言葉が
新たなテーマとして浮上した。

　大会の前評判が高かった体操のシモーヌ・バイルズは、最終的
に種目別で銅メダルを獲得したが、精神の不調を訴えて競技を途
中棄権した。聖火の最終点灯者を務めた大坂なおみは、女子テニ
ス第 3 戦で姿を消し、男子テニスのトップ選手ノバク・ジョコビッ
チは銅メダルをかけた試合で敗退した。
　5 つの金メダルを獲得した水泳のケイレブ・ドレッセルでさえ
も、コーチの言う「4 年に 1 度の 5 年目」という 1 年延期によ
る異常なサイクルでのトレーニングの重圧と大会期間中のストレ
スが辛かったことを明かしている。東京滞在 2 週間についても「楽
しいこともあったけど、全体的に見れば楽しかったとは言えない」
と語っている。

それでも、ほっとする場面もあった。

　走り高跳びの決勝で同記録となり、もう一回優勝を決定するためのジャンプをするか聞かれて、2人で金メダリストとなる選択をしたジャンマルコ・タンベリ（イタリア）とムタズ・エサ・バルシム（カタール）に世界中の人々が賞賛を送った。またフィリピン初の金メダリストとなった重量挙げのヒディリン・ディアス、米国で2人目のレスリング女子の金メダルに輝いたタミラ・メンサストックの号泣インタビューはソーシャルメディアで話題となった。

　ニュージーランドのローレル・ハバードは、オリンピック初のトランスジェンダー選手として重量挙げに出場。他にも、これまでのジェンダー規範に当てはまらない選手も参加、その一人であるカナダのクインは、サッカー選手として金メダルを獲得した。

　オリンピック精神に適った行為が見られたのは、意外なことに新競技だった。これらの競技が発表されたときは、オリンピック競技らしくないと非難されることもあったのだが。例えばスポーツクライミングでは、互いにどう攻めるかについてメモ書きの情報交換をしている様子が見られた。スケートボード・パークでは、決勝でボードから落下した岡本碧優（15歳）を担ぎ上げ、泣き顔が笑顔になるまでライバル選手たちが慰めた。その時のことをレポーターに問われた岡本は、また涙顔になりながら「感謝している」と答えた。

　新競技の会場近くのオリンピック・ファンパーク、本来ならチケットを持った観客のための広場だが、フェンスに閉ざされ、誰

も使わないテーブルとアトラクションが見渡す限り広がる。

　東京人たちは、大会の様子を覗き見できる場所をよく知っている。BMX コースが見える駅のプラットフォーム、スポーツクライミングが展望できる歩道橋、さらには自転車レースが疾走する道路わきなどを目指して集まってきていた。

　東京湾近くの歩道橋上の聖火台にも人々がやってくる。立ち止まってポーズをとって写真を撮る。警備員やボランティアたちは「立ち止まらないように」と言い続けてはいるものの、その声のトーンは控えめに聞こえる。大会観戦が許されないファンを思えば、その程度の職務怠慢は許されるのではないか。概ねムードは控えめではあるが、暗くはない。

　「オリンピックに強い関心のある人たちは、たとえテレビ観戦であっても大いに楽しんでいるが、」と話すのは上智大学の教授（政治学）の中野晃一だ。「大多数の日本人は未だ増え続ける感染者数とオリンピックが開催されているからとも取れる政府の無策に怖れを抱いている」

　ベラルーシのスプリンターの亡命、砲丸投げのレイブン・ソーンダース（米）の表彰台でのデモ行動、毛沢東の肖像をあしらったピンバッジを着用した 2 名の中国人自転車選手といった政治がらみの問題もあった。こうしたことは、オリンピックのたびに持ちあがるが、今にも大問題に発展しそうにみえてもそれほど深刻な事態には至らない。IOC が故意に判断を遅らせているからなのかもしれない。

　中国で冬季大会が開催される来年初めも相変わらず新型コロナ

感染症は猛威を振るっていると思われるなか、ここ3週間で中国に対する懸念が大きく浮上してきた。IOCと選手たちは、ウイグル族やその他の少数民族に対する弾圧といったこの国の人権問題にどのくらい関わるのか？　東京大会では、公衆衛生という名のもとで個人の自由が制限されたが、こうした制限は北京ではさらに厳しい規制となることが予測されるのか？　6日に行われた最後の記者会見の場でバッハ会長は、中国に関する質問には一切答えなかった。

今大会が記憶に残るのは、その特異性であり、これまでのオリンピックの基準や規範に挑戦するかのように、今というこれまでにない時代を象徴する出来事が起きたことにある。

前出のワレチンスキーが初めてオリンピックを観戦したのは1960年のローマ大会だった。金曜日の夜、これまで欠かさず観てきた閉会式に行くかどうか迷っていた。感染拡大防止のためにすでに多くの選手たちが帰国している閉会式。通常の閉会式に比べれば、影のようにひっそり開催される閉会式に出てどれほどの意味があるのか。

1週間前の陸上競技を観戦した国立競技場で、プリズムのように彩られたスタンドのそこかしこに競技者の小グループが見られ、チームメートや友人たちを応援する姿は感動的で、むしろその思い出を残しておきたいとワレチンスキーは話した。たとえ一瞬ではあっても、厳しい現実を忘れさせることのできる光景で、「少しだけだけど、オリンピック気分を味わえた」と結んだ。

英国

　週刊新聞エコノミスト８月７日付 [2] の見出しは「大過なく大会を終えて胸をなでおろす日本」。

　人類が新型コロナウイルスに勝利した象徴となることを願った東京 2020 大会だったが、現実は「反対の声が高まる中、無観客で開催され、パンデミック下での開催がどれほど異様で多くの問題をはらんでいるかを示す」大会として記憶されることになったとし、東京 2020 大会が日本にもたらすレガシーは複雑なものになるだろうと述べている。「大会前には懸念を示していたのに、競技見たさに会場周辺に集まるスポーツファン」、「日本が好成績を上げても、名誉金メダルを授与された菅内閣の支持率は低下」、「反対派がオリンピック止めろと声を上げるすぐそばでスマホ片手に開会式を楽しむ人たち」など、相反する面を対比させながら日本国内の事情を詳しく報じている。また、日本のコロナ感染対策について、政府には、厳しいロックダウンを課す法的権限がなく、緊急事態宣言の発令とは、国民に行動を制限するようにお願いし、商店等には終業時間を早めたり、アルコールの提供をしないようお願いする程度でしかないとしている。パンデミック疲れが見える中、「オリンピックをやっているんだから、外に出ても OK と思い始めている人が多い」と大勢の人が集まるオリンピックシンボル近くで写真撮影をする日本人のコメントを紹介している。

　英国主要紙の一つデイリーテレグラフからは、オリンピック閉会式後とパラリンピック閉会式後（いずれも同じ記者による）の２つの記事を紹介する。紙版で入手したタブロイド判 [3] の８月９日付の記事のごく一部だが抜粋訳を紹介したい。

　この亡霊のような大会を救ったのは、昨年起きた問題を乗り越えたいというアスリートの思いと開催都市の辛抱だった。

　オリンピックの総括にありがちなのは、勝者であろうとすることだ。ふたを開けてみればあらゆる懸念は行き場を失い、お役所仕事による悪夢はスポーツのすばらしさによって帳消しになったと思わせようとする。だが、東京 2020 大会でそのような総括をするのは軽率のそしりを受けるだろう。日本の人々が参加できない祝祭のために建てられた多くの競技会場を見ると胸が痛む。自分たちの居場所がない祭りのために 180 億ポンドもの負債を開催都市に負わせながらこの 16 日間が文句なしの大成功だったと言うには、さすがの国際オリンピック委員会会長もいささか強心臓でなくてはならない。

　果たしてこの大会が途方もない負担に値するものだったのかどうか、これについて東京都民には割り切れない感情があるようだ。グローバル都市にとっても、これほどの大規模イベントは一生に一度あるかないかである。
　1964 年を経験した人々は、自分がいた場所、果たした役割、目の当たりにした金メダルに思いを馳せるだろう。だが、その子どもや孫たちには、かつてのような贅沢な体験を与えられていない。

　東京オリンピックは平和と連帯の大会として記憶されるだろうとバッハ会長は自信を示した。これはコロナ騒ぎに飲み込まれた大会に対してあまりにも現実を無視した発言と思われ、そもそも大会を開催すべきだったのかについて意見を二分させている。一

つ確かだと言えそうなのは、東京が直面した無数の危機に鑑みて何もしないことこそが最も簡単な選択だったということだ。東京大会は白旗を挙げ、パリ大会を待ってもらうのがあらゆる点で賢明な選択であると判断して、運命の名のもとに崩れ去ってもよかった。

　東京 2020 大会は、混乱と不完全極まりない状況の中、大会が中止になればオリンピックの舞台に立つ機会を永遠に失うかもしれないアスリートのために開催された。10 人中 7 人にとってこれが最後のチャンスだったと考えると、失われた世代の話も大げさではなかった。到底返しきれないほどの恩義に対して感謝の念を示すべき対象は、アスリートと、自らの祭典から締め出されても最後まで耐え続けた開催都市東京に対してだ。この大博打を価値あるものにしたのは彼らなのだから。

　「創意工夫で挑んだ選手たちの活躍　失われた機会を思わせる無観客の閉会式」で始まる 9 月 5 日付 [4] のデイリーテレグラフは、「ロンドン大会で盛り上がりを見せたパラリンピック・ムーブメントはどこへ？」という選手の言葉を紹介し、申し分のない設備が整った東京大会ではあったが、無観客試合ゆえに、選手たちは障がい者スポーツが「真空」状態に置かれていることをますます強く感じさせたとしている。創意工夫で試合に臨んだ選手への賞賛と同時に、障がいの複雑さから生じるカテゴリーの多さ、さらに成績の上位 3 カ国が 435 個ものメダルを独占していることを問題視している。IPC がアフガニスタン選手の参加に向けて外交面で果たした役割に触れ、大会のミッションは、抑圧された人々を勇気づけるというパラリンピックの父と呼ばれるルードウィッヒ・グットマンのコア

メッセージを越えつつあると述べている。1996 年まで優生保護法が存在し、障がいに対して保守的な姿勢を示してきた日本の認識が変わることが期待された第 16 回パラリンピック競技大会は、無観客での開催となったことでその機会が奪われたとしている。そして「忘れられる存在ではないとの意思で結ばれた 4400 人超の選手たちの不屈の精神は、暗闇の中の救いの光となる」と結んでいる。

ドイツ

　夏冬 3 回のオリンピック競技大会開催国ドイツのメディアは、東京大会をどのように見たのだろうか。日刊紙フランクフルター・アルゲマイネ（中道右派）と週刊誌シュピーゲル（中道左派）の記事を取り上げる。

　フランクフルター・アルゲマイネ 8 月 9 日付[5] の見出しは「東京大会を終えて—嬉しさは中くらいの日本」。コロナ禍での東京大会は、日本にとって成功だったといえるかもしれない。だが、ポジティブな面だけが大会のイメージを決められるのか、とリード文で問いかける。評価できる面として、選手や関係者間に新型コロナウイルスの感染爆発もなく、大会運営が順調かつ効率的に進められたこと、加えて、何万人もの選手、役員、ジャーナリストに対して見事なホスピタリティぶりを見せたボランティアたちの（マスクには隠されているが）フレンドリーな笑顔が挙げられている。また、特筆すべきこととして「今大会で忘れてはならない成功は、女性の活躍が際立っていたこと」とし、「大会直前、組織委員会がジェンダー平等を図ろうと必死の努力をしたことだけではない。金メダル 58 個の内女子選手の獲得数が 30 個と男子選手の数を上回ったという事実は、大会運営における女性定数ルールよりも、保守的な日本の

若い女性を力づけるだろう」と、女性の進出について報じている。ネガティブな側面として言及されているのが、大会コスト増問題と大会後のコロナ感染者数の増大だ。組織委員会の橋本聖子会長が、大会が日本に与える有益なレガシーを示すことは難しいとしていることから、大会に対する日本人の喜びは手離しではないとの見方をしている。IOC と日本政府に対する世論の目は厳しく、いずれも世論調査の勝者にはなり得ないだろうと締めくくっている。

　シュピーゲル誌の大会前 7 月 8 日付 [6) の見出しは「大会開催の意義を問う」、リード文は「無観客での開催となった東京大会。コロナ禍にあっては当然の決定だろう。だが、このようなビッグイベントを今夏開催することは正気の沙汰ではない」と厳しい。
　大会の意義は、最高の選手によるパフォーマンスだけではなく、国際的な交流、共に観戦するという楽しみが重要であり、無観客とするという日本側の決定は、国内の厳しい状況からすれば当然としながらも、「IOC も日本の関係者も何が何でも開催したいのだ。その理由は、テレビ放映権料とスポンサーマネーが何よりも大切だからだ」と断じている。「7 月 23 日から 8 月 8 日の東京からの報道が伝えてくるメッセージはただ一つ、『スポーツには観客が不可欠』ということになるだろう。『ぜったいに開催すべきではなかった』とても悲しいイベントになるだろう」と結んでいる。

　さて同じシュピーゲル記者による 8 月 8 日付 [7) の記事を見てみよう。「東京大会は人々の記憶に残るものとなることは間違いない。だが、その理由は決して誇らしいものではない。コロナ感染症が選手の、そして競技の輝きを奪った。だが、IOC は意に介さない」と大会前と同じように無観客開催に厳しく、IOC、特にバッハ会

長に対する痛烈なコメントが印象的だ。

　開催地が独裁的なロシアだろうが、財政難に苦しむブラジルだろうが、はたまたコロナ感染のホットスポットと化した東京だろうが、閉会時には常に「この2週間にわたる競技大会は私の期待をはるかに超えるものだった」と祝辞を述べるバッハ会長について、「きれい事を言い合う競技大会であれば、IOC会長は毎回金メダルが取れる」と辛らつだ。

　競技だけに目を向けるのであれば、東京大会は感動的なスポーツの祭典だったし、スポーツそのものの素晴らしさに変わりはないとしながらも、「いつものオリンピックでの輝くパフォーマンス、勝利も悲劇もなく、選手たちはただテレビカメラの前で演技を披露し、闘う。彼ら彼女らは無観客という状況で、自らを鼓舞し、気持ちを高めなくてはならなかった。このような競技大会なら、火星で開催してもさしたる違いはなかっただろう」と選手たちに同情的だ。また、ベラルーシのクリスティナ・ティマノフスカヤ選手がコーチによる強制帰国を拒んでポーランドに亡命したことを挙げ、この1件は真・善・美というオリンピックの表の顔からベールを引き剥がすものだったとしているなど、たとえIOCが今もなお外の世界をシャットアウトしたいと思っているにせよ、結局のところオリンピック競技大会は現実の世界で開催されるので、今回のオリンピック競技にしても一点の曇りもなく晴れ晴れとしたものだったはずがないと述べている。

フランス

　2024年に第33回オリンピック競技大会を開催するフランスのメディアが東京大会をどのように報じたか、フィガロ、リベラシオンの記事を取り上げる。英米独と比較すると2024年の大会を控え

たフランスメディアは東京大会について肯定的な印象を受けた。

　フランスで最も古い歴史を持つフィガロ。中道右派とされるこの日刊紙の大会前と大会後の記事の内容を比較した。7月8日付け[8]の見出しは「東京オリンピックの無観客開催：科学的というよりも、むしろ政治的な決断」。大会を無観客とすることを「(緊急事態宣言を踏まえると) 妥当な決定」としながらも、日本政府によるこの発令は、経済活動に対する緩やかな対策で、予防措置に過ぎないとしている。日本各地で数千人単位の観客を入れている施設がある一方、350万枚のチケットを販売したオリンピックのみが無観客となったことを指摘している。無観客とする決断の理由として、フィガロとのインタビューで、武藤敏郎大会組織委員会事務総長が、「一般のスポーツイベントのそれぞれに規範があるように、東京オリンピック大会組織委員会は政府が義務付ける規範を遵守するため」と述べたことを紹介し、無観客の決定は科学的判断ではなく、政治的な性格を帯びているとしている。バッハ会長の日本到着のタイミングで、ユーロ2020、ウィンブルドン、ツール・ド・フランスといった大型イベントが有観客で開催されていることから、日本の無観客の決定は会長にとって受け入れ難いのではないかと結んでいる。

　8月8日[9]は「東京の聖火は消え、舞台は2024年パリへ」で、金メダル争いで米国が僅差で中国を上回ったこと、日本が史上最多の27個を獲得したこと、フランスはチームスポーツで躍進し、最終日にドイツ、イタリアを抜いて8位に浮上したことを報じている。「オリンピック旗はイダルゴ市長の手に、東京オリンピックは閉幕」の中見出しが示す通り、トロカデロ広場の熱狂、メダリストのデモンストレーション、閉会式でのパリの紹介動画などについて詳しく

報じており、関心は閉会式と共にパリ大会に移っているようだ。

　中道左派と呼ばれるリベラシオン紙の 8 月 8 日付 [10] の記事の見出しは「東京大会閉幕：憂鬱から歓喜へ」、リード文は「非難を浴びながらも、新型コロナに怯える地球全体を元気にした大会。舞台は 2024 年大会の開催地フランスへ」である。「スポーツこそ最強なのか。感染症や経済危機、政治よりも強いか。半年前、東京大会がここまで歓喜を呼ぶと誰が想像したか」という問いかけで始まる本文は、クラスター発生のリスク承知での開催への国際社会からの非難、日本国内では費用が嵩む大祭典は感染拡大を促し国力を弱めると抗議の声が上がるなか、憂鬱と共に始まった東京大会は、歓喜の中で閉幕したとしている。

　閉会式でのパリ大会に向けたビデオを引き合いに出して「スポーツは政治に勝るかもしれないが、両者の関係はいつも近いところにある」とし、大統領選挙（2022 年）への立候補を目論むイダルゴ市長がパリ大会の効果を独占するのを牽制する意図からか、マクロン大統領が喜びに沸く若者と共にオリンピックの新モットーを叫ぶというビデオを用意周到に事前録画していたことを紹介。イダルゴとマクロンにとって、パリ大会は僥倖、仏国民の大多数にとっては、感染症への不安から孤立に陥りがちな状況下での慰めとなりはけ口となるとしている。そして今大会フランスがチーム・スポーツ【スポール・コレクティフ】で輝きを見せたこともあってか、「集団【コレクティフ】は、過度の個人主義に対する理想的な薬」と結んでいる。

　フランスの代表的なメディア、ルモンド [11] の記事は、ドイツメディアとは別な意味で IOC に厳しく、再選時にバッハ会長がオリンピズムのさらなる浸透を図ることを目指して発表したアジェンダ 2000+5 は賞賛すべき内容だが、不明確で、漠然としているとして、

「パリ 2024 大会は、IOC の誠実さを検証する場となる」と述べている。パリの組織委員会のトニ・エスタンゲ会長が、パリ 2024 大会は単に第 33 回オリンピアードではなく、新たなサイクルの第 1 回とするとの目的を掲げているという。どういうことを目指しているのか、今後に注目したい。ルモンドでは上述を含めて、以下のようにオリンピズムという言葉を使って次のような記述があった。

・オリンピズムという魔法はこれまでのような効き目はない
・IOC が今後開催都市として選びたいのは、財政的・環境保護の点でインフラが整った都市であり、一方で、オリンピズムの普及を図るための新たな国々である
・オリンピズムにとっての最大の収入源はテレビ視聴者だが、高齢化が進み、その数も減少しつつある
・オリンピズムという言葉に再び魔法をまとわせるには 3 年以上の年月を必要とするだろう

まとめ

　米国のメディアで取り上げたニューヨークタイムズは、バランスの取れた記事との印象を持った。ロサンゼルスタイムズのオリンピック閉会式後の記事も目を通したが、ロサンゼルス 2028 大会には言及しておらず、記事の最後は「東京大会は近代オリンピック史上、他とは比べようのない大会だった。少なくとも、来年 2 月の北京冬季大会までは」と締めくくっていた。

　イギリスのデイリーテレグラフの記者は、日本社会をよく理解しているように思われるが、パラリンピック大会が無観客となったことで、保守的な日本社会の障がいに対する認識に変革を起こす機会が失われた、としている点については同意できなかった。オリンピック教育とパラリンピック教育が並行して行われてきたこと、そして

たとえテレビ観戦であっても、自国でのパラリンピック競技大会の開催は日本人、とりわけ若い世代の障がい者やパラスポーツに対する見方を変えたと思うからだ。

　ドイツのメディアがバッハ会長に厳しいのは、シュピーゲルだけではない。ドイツで発行部数最多の南ドイツ新聞でもバッハ会長に好意的なコメントは見られなかった。読者としては、身内に甘い記事より厳しいほうが、客観性が保たれていると感じるものではあるが、自国出身の会長に対して他の国のメディアに比してはるかに手厳しいのはなぜなのか、これについてはドイツ国内の他のメディアについても当たる必要がありそうだ。

　フランスの各紙・誌は、記事の視点が東京大会からパリ大会に移りつつあることを述べたが、上述以外のフランスの記事で、過去の大会での予算額と実質支出額との乖離（平均で 172％）には慣れっこになっているものの、東京大会がオリンピック史上最も高額な大会となったこと、パリ大会の今後大会関係者の目標は、いかに支出を削ぎ落すかにかかっていると述べている。この点についても関心をもって今後の推移を見ていきたい。

　オリンピズムの普及と浸透を目指す JOA の一員として、オリンピズムという言葉がどの程度米・英・独の記事で使われているかどうかを調べてみた。米英独の記事ではまったくオリンピズムは登場しない。フランスの 6 件の雑誌、新聞でも使われていたのは、フランスウエスト新聞とルモンドのみだった。オリンピック競技大会の取材にあたっては、オリンピズムという言葉はなじまないのだろうか。

　今回読んだ新聞、雑誌からは組織委員会の大会運営に対する強い

批判的なコメントは見られなかった。海外の記者たちが選手や役員以外で目にすることの多かったであろうボランティアについては、好意的な表現が多かった。自国選手の活躍はもちろんのこと、卓越したパフォーマンスに対する各国選手への賞賛や心温まる話などいつもと変わらない報道と並行して、COVID-19 が選手に与えた影響、選手たちを思いやる言葉、選手自身の本音が紹介されていた。大会を形容する言葉として「特異」「異様」「不安」「非現実」「疎外」「不条理」がみられた。もっとも批判の矛先が向けられていたのは IOC で、肯定的なコメントはほとんどなかった。

　この報告では英米独仏の一部のメディアを紹介したに過ぎない。また、アジアの視点、オリンピック・パラリンピック競技大会を開催したことのない国々の報道、開発途上国の見方が欠けている。取り上げられていないメディアの方が圧倒的に多いことを承知したうえでの感想だが、各国の記者たちは、このパンデミック下での今まで経験したことのない大会をどう総括すればよいか、どのように評価すべきか迷いのあることが伝わってきた。筆者も迷いつつ、ここで筆を擱く。

註

1) https://www.nytimes.com/2021/08/07/sports/olympics/covid-closing-
ceremony-athletes.html?unlocked_article_code=AAAAAAAAAAAAAAAACE
IPuonUktbfqohkQFUbBCbORd89sgbBgvzexaQ9jWS5Jy-LSDoHxOASGlm
G9ALGaLBuYtw1znGSWN9FPaMiX7py0upbdQRLejWfn6Glyt4DMjln7sW
6RH831JbAGrlmoDXhZzbnbbonnuX64h6Pbn25X6eMzXV2lFw2pZZmcV7
532cahfuQSp4D0dR-3_8nAZ56VG1AMHHM56-0fk04bNaWbRjc6h00U_
VbXlzRnt2f47EHd2ZCGA6MDSM_sStntoQqaJ5AN73_LhUjZMP1nb4Tb2VoJ4-
iDJE1LJPGOzqRl0G1AYETQV2M_CplXQ&smid=url-share
2021 年 9 月 5 日閲覧

2) https://www.economist.com/asia/the-tokyo-olympics-are-not-a-flop-nor-are-they-a-success/21803360?giftId=888beda5-bbf2-4726-bad8-ea4afea6b4092　2021年9月10日閲覧

3) Monday 9 August 2021 The Daily Telegraph Tokyo 2020

4) https://www.telegraph.co.uk/paralympic-sport/2021/09/05/empty-paralympic-closing-ceremony-reminder-opportunity-lost/　2021年9月16日閲覧

5) https://www.faz.net/aktuell/sport/olympia/sportpolitik/olympia-bilanz-in-tokio-japans-begrenzte-freude-nach-spielen-17476573.html
2021年9月4日閲覧

6) https://www.spiegel.de/sport/olympia/olympische-spiele-in-tokio-ohne-publikum-was-soll-das-fuer-ein-fest-sein-a-877eead6-8385-4980-9c86-fdd359d4e394
2021年9月5日閲覧

7) https://www.spiegel.de/sport/olympia/olympia-2021-in-tokio-gold-fuers-schoenreden-a-a227cc12-8844-46ca-b5c3-f569bc27e7f5
2021年9月5日閲覧 8) https://www.lefigaro.fr/sports/jeux-olympiques/pas-de-spectateurs-aux-jo-de-tokyo-une-decision-plus-politique-que-scientifique-20210708
2021年9月14日閲覧

9) https://www.lefigaro.fr/sports/jeux-olympiques/en-direct-jo-2020-16eme-journee-jeux-olympiques-tokyo-20210807
2021年9月14日閲覧

10) https://www.liberation.fr/idees-et-debats/editorial/cloture-des-jo-de-tokyo-de-la-morosite-a-la-liesse-20210808_HLDMOUICD5HUHDX6WVTXJK2J6Q/
2021年9月16日閲覧

11) https://www.lemonde.fr/idees/article/2021/07/24/apres-tokyo-reenchanter-les-jeux-olympiques_6089409_3232.html
2021年9月6日閲覧

スタジオ・オリンピックの開会式
――夢のはじまりはこれでよかったのか

大野益弘

　東京 2020 大会はオリンピック史上初めて 1 年延期された。さらに緊急事態宣言発出中の開催となったことで、多くの議論はあったものの、一部地域の競技場を除き無観客で行われた。

　かつて社会学者の藤竹暁は、1964 年東京オリンピックのライブ観戦について「実際に競技場に出かけて実物に接した人びとは、いわばドラマのロケに立ち合ったようなものではなかったのか。テレビ・オリンピックこそがむしろ本物と呼んで差しつかえないものなのではないか」（早川・藤竹・中野・北村・岡田 ,「マス・コミュニケーション入門」1979）と述べた。東京 2020 大会は「本物と呼んで差しつかえないもの」ではなく、紛れもなくテレビ・オリンピックそのものになった。無観客であったため、関係者以外の圧倒的多数の人々にとっては、テレビやネット配信以外の手段で競技を観戦できなかったのである。東京 2020 大会では、競技場がまさにスタジオと化していた。スタジオ・オリンピックと言ってもよい。

オリンピックの理念を示すはずの開会式

　オリンピックは世界最高のスポーツの祭典である。東京 2020 大会では、世界 205 の国・地域（と難民選手団）から 1 万 1000 人以上の選手が参加し、33 競技 339 種目が行われた。だが、オリンピックの価値は規模の大きさだけではない。また、各競技の世界選手権の集合体にとどまらない。

　オリンピック憲章「オリンピズムの根本原則」には、「オリンピ

ズムは肉体と意志と精神のすべての資質を高め、バランスよく結合させる生き方の哲学」であり、「オリンピズムはスポーツを文化、教育と融合させ、生き方の創造を探求するもの」であり、「オリンピズムの目的は、人間の尊厳の保持に重きを置く平和な社会の推進を目指すために、人類の調和のとれた発展にスポーツを役立てること」と記されている。こうした崇高な理念のもと開催されるスポーツの祭典こそがオリンピック、ということになっている。

そして、オリンピック競技大会においてその理念を象徴的に示す最大の機会、それが開会式なのである。そのため、宗教に似た神聖性が付与され、荘厳な雰囲気が醸し出される。さらに、開催地の文化が紹介され、観客を楽しませるエンターテインメントも行われる。開会式は荘厳な式典であると同時に、世界最高のスペクタクルなイベントでもあるのだ。

1964年10月10日、初めての東京オリンピックの開会式は、雲一つない青空のもとで行われた。古関裕而作曲の「オリンピック・マーチ」が演奏される中、ギリシャを先頭に世界の国・地域の選手団が入場した。天皇陛下の開会宣言、日本選手団主将・小野喬による選手宣誓。多数の鳩が放たれ、上空にブルーインパルスがオリンピックシンボルを描く、それは美と崇高に満ち溢れた壮大なセレモニーだった。あのときの開会式には、翌日から始まる競技の価値を最大限に高める圧倒的な力が備わっていた。

では、今回＝東京2020大会の開会式はどうだったのだろうか。

オリンピック・パラリンピックの開会式を再確認する

1　オリンピック開会式

2021年7月23日20時、開会式がスタートした。コンセプトは「United by Emotion（感動でつなぐ力）」。

・コロナ禍のアスリートたちを表現したパフォーマンス

　コロナ禍で多くの葛藤を抱えながらトレーニングに励んできたアスリートたちの姿を表現するパフォーマンスが行われた。中心にいたのは、「看護師ボクサー」としてオリンピック出場を目指してきた津端ありさ。新型コロナウィルスの感染拡大で世界最終予選が中止となったため世界ランキング入りができず、東京オリンピック出場の夢が絶たれた選手である。

　黙々とトレーニングに打ち込むアスリートを囲む赤い紐は、血管や筋肉、困難やストレスなどの心の動きを象徴する。オリンピックを目指すアスリートの苦難とそれを乗り越える様子を表現した。

　このパフォーマンスで発信されたメッセージは「コロナ禍を乗り越える」ということだろう。米国ジョンズ・ホプキンス大学の集計によると、世界の新型コロナウイルス感染者は 2021 年 7 月 8 日時点で 1 億 8512 万 5 千人となり、死亡者数が 400 万人を突破した。開会式の冒頭では、そのコロナ禍を乗り越える強い意志を示した。

・天皇陛下のご臨席と日本国旗入場

　貴賓席に天皇陛下がご臨席。続いて、菅義偉首相、小池百合子東京都知事、国際オリンピック委員会（IOC）のトーマス・バッハ会長も登場。続いてフィールドに日本国旗が入場する。ギリシャでの聖火引き継ぎ式に出場する予定だった 2 名を含む小中学生 8 名が先導した。旗を運ぶベアラーは、オリンピック金メダリストの三宅義信、高橋尚子らに加え、エッセンシャルワーカーなど年齢や立場も多様な人々が担当した。三宅は 1964 年東京大会の第 1 号金メダリストであったことから 57 年前の東京大会へのオマージュを表すと同時に、81 歳という高齢であることでシニアの代表としての役割も務めた。

　ここではさまざまな立場、年齢のベアラーの登場で「多様性と調和」が表現された。

・MISIA による「君が代」独唱と国旗掲揚

　国歌「君が代」は、わが国が誇る女性歌手の MISIA によって歌われた。国旗「日の丸」は自衛隊によって掲揚された。MISIA の衣装はレインボーカラーだった。

　これも「多様性」を表現した演出だ。レインボーカラーは世界の LGBTQ に共通する、性の多様性を象徴する色である。このパフォーマンスは、世界のセクシャル・マイノリティ（性的少数者）に対する発信力はあったと思われる。だが、その意味を知らない多くの人々には届かなかったのではないだろうか。

・追悼式

　俳優・ダンサーの森山未來が新型コロナ犠牲者に捧げる舞を披露した。新型コロナで命を落とした人々、さらにはオリンピック期間中に命を落とした人々（1972 年ミュンヘンオリンピックでテロ被害に遭ったイスラエル選手など）を追悼するものである。また、森山自身幼少期に阪神淡路大震災を経験している。追悼する対象は、阪神淡路大震災や東日本大震災、そして災害や戦争で亡くなった世界のすべての人に捧げるものであったと思われた。その後、亡くなったすべての人に対し黙とうが行われた。

　森山が鎮めた御霊はそれだけではなく、実はもう一柱あったと推察する。森山は 6 月 5 日から 7 月 4 日まで「未練の幽霊と怪物─『挫波』『敦賀』」という舞台に出演していた。『挫波』は「ザハ」と読む。彼はザハ・ハディドを演じていたのだ。

　建築デザイナーであるザハ・ハディドは、2012 年に行われた新

国立競技場の国際デザインコンペで最優秀賞に選ばれながらも、経費がかかりすぎるという理由で2015年に降ろされた。そして翌年、心臓発作のため亡くなった。無念だったに違いない。

死者を象徴する白装束で現れた森山は、飛び上がり、舞台に体を打ち付ける激しい動きのあと、うずくまる。世界の6億人が見つめる中で、森山が鎮めた霊は、理不尽なテロで命を落とした選手たち、突然の地震や津波に襲われ力尽きてしまった多くの人々、そして断腸の思いを抱えてまま帰らぬ人となったザハ・ハディド……。

森山は怨霊と化していた。怨霊が暴れ狂いながら自らを鎮めていく。その渾身の舞が多くの御霊を鎮めていった。森山が舞った新しい国立競技場は、まさにザハ・ハディドがデザインコンペに参加し、彼女にとってみれば理不尽な形で排除された因縁の地である。その中央で、森山は彼女の御霊を鎮めた。この森山の渾身の「鎮魂」の舞は、新しい国立競技場にとっても必要だったのだろう。

・江戸と現代が融合したダンスショー

江戸時代に生まれた火消しの伝統「木遣り唄」に合わせたパフォーマンスが行われた。タップダンサーの熊谷和徳などが登場し、伝統と現代が融合するダンスショーを披露した。パフォーマーたちに先導され、提灯に囲まれた山車のようなセットが登場する。大きな木の輪は、1964年の東京オリンピックの際に各国選手団が持ち寄った種から育った林の樹木から作られたものだという。1964年東京大会からのレガシーが継承されていることを表現した木の輪は、3つになり、そして5つになる。大きな木でできたオリンピックシンボルが完成した。

「多様性と調和」「1964東京大会のレガシー継承」「江戸文化の披露」など、さまざまなメッセージを盛り込んだダンスショーだっ

たが、大きな木の輪の由来、1964年のレガシーについては、テレビの解説がなければ理解できないものであった。

・各国・地域の選手入場

　スタジアムに轟いたのは、ゲーム『ドラゴンクエスト』の序曲「ロトのテーマ」だった。205の国と地域の選手に加え、難民選手団の入場が始まった。先頭は、オリンピック発祥の地であるギリシャ。続いて入場したのは、難民選手団だ。紛争や迫害により故郷を追われた難民アスリートによって構成されたもので、前回のリオ大会で初めて結成された。今大会の難民選手団は29名。

　選手入場の行進曲として使用されたのはゲーム音楽だった。ドラゴンクエスト、ファイナルファンタジー、モンスターハンターなど、わが国を代表するサブカルチャーの一つであるゲーム音楽が流された。各国・地域の選手団を先導するプラカードベアラーが持つプラカードは、マンガの「ふきだし」をモチーフとしたデザイン。「ふきだし」の中に、参加国・地域の名称が日本語で描かれている。

　ゲームとマンガは、世界に発信する「クールジャパン」の主要コンテンツである。ただ、いくら日本のゲームが世界で好まれているとはいえ、この日本のサブカルチャーは世界中の人々に認知されているわけではない。日本国内でも年代によっては理解が難しかった。しかし、伝統を打破し、あえてサブカルチャーを大胆に使った試みには独創性が感じられた。

　入場は「五十音順」に行われた。ギリシャ、難民選手団の次は、国家ぐるみの組織的なドーピング違反で処分を受けたロシアの選手団だった。国の代表ではなく、ROC（ロシアオリンピック委員会）に所属する個人の資格で参加した。その後はアイスランド、アイルランドと続く。「ア」の次は「イ」になり、イエメンの登場。「ア」

の中にアメリカ合衆国は姿を見せなかった。アメリカはなんと後ろから3番目に登場した。2028年ロサンゼルス大会の開催国だからだという。後ろから2番目は次回2024年パリ大会の開催国、フランス選手団。そして最後を飾ったのは開催国日本の選手団である。

　旗手は今回から2人になり、バスケットボール男子の八村塁とレスリング女子の須崎優衣が務めた。八村塁は日本の多様性の象徴として旗手に起用された。

・宣誓

　選手・審判・コーチによる宣誓が行われた。選手宣誓は、日本選手団の主将を務める陸上男子100mの山縣亮太と、副主将で卓球女子の石川佳純。審判はサーフィンの加藤将門氏、水球の津崎明日美さん。コーチは柔道男子の井上康生監督、ソフトボールの宇津木麗華監督が参加して宣誓を行った。

　「ジェンダー平等」に配慮し、それぞれのカテゴリーで男女のバランスをとった形だ。また、水球の津崎明日美さんは日本初の水球審判員。ユニークなことに、選手宣誓の2名は金メダリストではなく、コーチの2名は選手やチームを金メダルに導いた実績がある。

・ドローンが上空でパフォーマンス

　1824台のドローンが競技場の上空で東京2020オリンピックのエンブレムを描いた。それは球体になり、地球の形へと変化していく。杉並児童合唱団がアジア代表として、ジョン・レノンの「イマジン」を歌った。映像ではアメリカのジョン・レジェンドほか、オセアニア、アフリカ、ヨーロッパと、世界の5大陸の代表が歌で繋がり、世界に平和のメッセージを発信した。

　報道によると、使用されたドローンは米国Intel社製（朝日新聞

7 月 25 日）で、日本製ではない。したがって、これによって「日本の先端技術を披露」したわけではない。夜空に地球を浮かばせ、世界 5 大陸で同時に「イマジン」を歌うことで、「世界平和」を訴えることが主眼だったのであろう。

　ピエール・ド・クーベルタンが世界 5 大陸を示す 5 色の輪をつなげたオリンピック・シンボルを考案し、初めて開会式で「オリンピック旗」として掲揚したのは 1920 年アントワープ大会だった。この大会は第一次世界大戦からの復興に加え、5 億人が感染し、4500 万人もの死者が出たスペイン風邪の世界的蔓延＝パンデミックからの復興という、東京 2020 大会と似た状況、いやそれ以上の悲惨な状態を乗り越えて開催された。このアントワープ大会は、戦争と疫病で分断されたヨーロッパの人々を大いに元気づけた大会として記録される。今回のパフォーマンス（宙に浮く地球と世界 5 大陸で同時に歌う平和の歌『イマジン』の合唱）は、100（101）年前の大会のコンセプトを彷彿とさせた。

・組織委員会の橋本会長、IOC バッハ会長によるスピーチ

　ステージに東京オリンピック・パラリンピック競技大会組織委員会の橋本聖子会長と、IOC のトーマス・バッハ会長が登壇し、スピーチを行った。

　橋本会長はまず歓迎の意を表し、史上初の延期を経て開催されることを述べた。そして 10 年前の東日本大震災から復興しつつある現状を伝え、新型コロナで世界が困難にある中、オリンピックを開催し、世界中のアスリートがオリンピックスタジアムに集ったことがスポーツの力であり、オリンピックの価値であるとして、平和の祈りを捧げた。

　バッハ会長は、「オリンピックの精神を再び東京へ」という旅を

始めたが、それは難しい旅だったとした。東日本大震災からの復興、そして新型コロナウイルス感染症……。医師、看護師、感染症の封じ込めに奮闘しているすべての日本人に感謝を述べるとともに、こうして集うことができる日本人に対して感謝と敬意を表した。

　（日本語で）「東京オリンピック大会を開催できるのは、日本のみなさんのおかげです。心から感謝しています」

　日本人の持つ不屈の精神、そして多様性の中で団結し、連帯することはパンデミックの先の光になるとされた。分断ではなく、団結、連帯の大切さを語った。このバッハ会長のメッセージからは、とにかくオリンピック競技大会を開催すること、それ自体が最大の目的であることが感じとられた。

　だが、2人ともあまりにもスピーチが長すぎた。

・天皇陛下による開会宣言

　「わたくしはここに、第32回近代オリンピアードを記念する、東京大会の開会を宣言します」

　オリンピック憲章55条3項には以下の記載がある。

　「オリンピック競技大会は、開催地の国の国家元首が（…）文章を読み上げ、開会を宣言する」

　これは政治的な意図をもって開会宣言に恣意的な変更を加えることを禁じているのである。そして具体的に以下のように記している。「わたしは、第……（オリンピアードの番号）回近代オリンピアードを祝い、……（開催地名）オリンピック競技大会の開会を宣言します」

　これを今回に当てはめると「わたしは、第32回近代オリンピアードを祝い、東京オリンピック競技大会の開会を宣言します」となる。ところが天皇の開会宣言の文言は、これと異なっていた（上記）。

　重要なポイントは、「祝い」を「記念する」に変えたことである。新型コロナウイルス感染症で世界の数百万もの人々が亡くなっている状況下では決して祝ってなどいられない、という強い意思がこの開会宣言には込められていた。

・オリンピック旗の掲揚とオリンピック讃歌合唱

　桃田賢斗らトップアスリートに運ばれてオリンピック旗が入場。コロナ禍で社会を支え続けたエッセンシャルワーカーたちに手渡され、その後、自衛隊員によって掲揚された。

　オリンピック旗の掲揚に合わせてオリンピック讃歌が演奏・合唱された。20 人の高校生が澄んだ歌声で英語のオリンピック讃歌を歌い上げた。20 人の内訳は、福島県・郡山高校の男子生徒 8 人と東京都・豊島岡女子学園高の女子生徒 12 人の合唱団。「東北被災地」と「ジェンダーバランス」に配慮した形だ。

　その後、平和の象徴である鳩の形のプロジェクションがフィールドに映し出された。

・「スポーツピクトグラム」を紹介

　オリンピックで実施される競技を示す絵文字「スポーツピクトグラム」をテーマにした映像とパフォーマンスが行われた。ピクトグラムに扮したパフォーマーが、東京 2020 オリンピックで行われる 33 競技 50 種類の絵文字を楽しく表現した。そもそもピクトグラムが言語を超えて世界の人々に理解される目的で制作されたものだけに、このパフォーマンスは世界各国で人気があったという。

　ここでは「言語を超えたコミュニケーション／世界共通理解～平和」を楽しく発信したのであろう。だが、このパフォーマンスはまさにテレビ向けだった。カメラポジション以外からでは何を演じて

いるかがよくわからなかったため、会場の選手たちは直接理解ができず、みな大型スクリーンで鑑賞することになった。

・競技会場と、東京の街を紹介する映像

　劇団ひとりと荒川静香のパフォーマンスが行われた。劇団ひとりがスイッチを次々にオンにすると、競技が行われる各会場に明かりが灯っていき、東京スカイツリーや浅草寺など、都内の名所にも明かりが灯る。最後に荒川静香が「ABZ」と記されたスイッチを入れると、国立競技場のステージにライトがあたり、歌舞伎の市川海老蔵（ABZ）と、世界的ジャズピアニストの上原ひろみが登場し、歌舞伎「暫」とジャズピアノのコラボレーションが始まった。

　このパートもテレビ向けであった。国立競技場ではなくスタジオで繰り広げられていたパフォーマンスをテレビと大型スクリーンに映し出したものである。東京の各観光スポットの紹介は、もっとシンプルであってよかったのではないだろうか。

　歌舞伎「暫」とジャズピアノのコラボレーションは国立競技場のステージで披露されたものではあるが、鑑賞するにはテレビや大型スクリーンが必要だった。市川海老蔵の「にらみ」は厄を落とし、邪気を払い、無病息災を願うもので、ウイルス退治の意味があったのだろうが、広い国立競技場では「にらみ」がよく見えず、これもテレビでようやく確認できる程度であった。それを無理にジャズピアノとのコラボにしてしまったため、また「多様性と調和」か……、という印象があった。

・聖火入場～聖火台点火

　ギリシャのオリンピアで太陽の光から採火されて日本に運ばれた聖火は、2020年3月20日に宮城県にある航空自衛隊松島基地に

到着し、聖火到着式が行われた。ところが、3月17日に新型コロナウイルス感染症緊急事態宣言が発出されていたため、聖火はランタンにうつされ、リレーはそこで中断された。1年後の2021年3月25日、聖火は福島県のJヴィレッジを出発。コロナ蔓延のため公道走行を取りやめた自治体が多かったものの、約1万人のランナーが121日間をかけて全国を巡った。その聖火が開会式の会場に到着した。

　会場内のランナー1組目は、柔道3連覇の野村忠宏とレスリング3連覇の吉田沙保里。2人は聖火とともに入場した。会場内のランナー2組目は野球界のレジェンドの長嶋茂雄、王貞治、松井秀喜である。2004年のアテネオリンピックで野球の監督に就任した長嶋は、大会のおよそ5カ月前に脳梗塞で倒れた。代表チームはヘッドコーチの中畑清が務め、ベンチには長嶋が監督として着るはずだった背番号3のユニフォームが掲げられた。その大会では銅メダルだったが、東京2020大会で野球チーム「侍ジャパン」は金メダルを目指した。開会式会場では、王が聖火トーチを持ち、松井が長嶋を支えながらゆっくりと歩を進めた。

　聖火は医療従事者から、パラトライアスロンの土田和歌子に渡る。そして、東日本大震災で被災した、岩手、宮城、福島の児童6人に渡った。

　最終点火者は、ハイチ系アメリカ人の父、日本人の母の間に生まれた大坂なおみ。トーチを持って大坂がゆっくりと階段を登る。頂上にある大きな球の聖火台が開き、点火した。

　聖火台は美しいが、そのサイズは控えめだ。オレンジ色の炎が会場を照らす。だが、この聖火台は期間中絶えず競技場を照らすものではなかった。開会式が終わると聖火は江東区有明の「夢の大橋」に移された。

とにかく「多様性と調和」にあふれた人選だった。ただ、1996年アトランタ大会でモハメド・アリがパーキンソン病にふるえる手で点火したときのような、驚愕のサプライズ＝予想を超えた感動はなかった。

オリンピックスタジアムでは、フィナーレの花火が大きく打ち上げられた。

2　パラリンピック開会式

コンセプトは「WE HAVE WINGS（私たちには翼がある）」。オープニング映像ではさまざまなパラアスリートが登場。躍動する姿から風が起きる。

・「パラ・エアポート」

ダンスパフォーマンスが始まる。リードするのはタレントのはるな愛。はるな愛は一般のオーディションで採用され参加したという。ここで「トランスジェンダーのはるな愛＝LGBTQ」というメッセージが発信された。

子どもたちの掛け声からカウントダウンが始まり、274発の花火が夜空に打ちあがる。

・天皇陛下のご臨席と日本国旗入場

天皇陛下がご臨席。国際パラリンピック委員会（IPC）のアンドリュー・パーソンズ会長が登場。菅義偉首相、小池百合子東京都知事も登場する。

4名の東京の子どもたちが先導し日本国旗「日の丸」が登場。国旗は今大会の日本選手団副団長を務めるマセソン美季、パラリンピック4大会連続金メダルの尾崎峰穂、パラバドミントンの今井

大湧、レスリングでオリンピック 4 連覇を達成した伊調馨らの手で運ばれた。国旗が掲揚され、国歌「君が代」は、生まれつき全盲のシンガーソングライター、佐藤ひらりが斉唱した。

・動き出すパラ・エアポート

　ロープ、ボール、フープ、パラソルを使う、からくりパフォーマーたちが登場。さまざまな道具を使って風を起こそうとする。そして大きなプロペラが起こした 3 色の風によって、3 方向から赤・緑・青のバルーンが登場する。センターにパラリンピックのシンボルマークである「スリーアギトス」が完成した。スリーアギトスには「私は動く」という意味がある。アギトスカラー（赤・緑・青）の花火があがる。赤・緑・青は光の三原色でもあり、3 色重ねれば白になる。

・22 競技の紹介

　映像が流れ、東京に風が吹き込んでいく。アスリートが起こす「風」をモチーフに、東京 2020 大会で実施される 22 競技が紹介された。

・選手入場

　まずパラリンピック難民選手団が入場した。紛争や迫害により故郷を追われた難民パラアスリートによって構成された選手団だ。今大会では 6 人の選手が陸上、カヌー、競泳、テコンドーに出場する。以降の入場は日本語の五十音順での入場となった。ただし、オリンピック同様 2024 年パリ大会のフランスは最後に入場する日本の一つ前、2028 年ロサンゼルス大会のアメリカはさらにその前に入場する。

　国内情勢の緊迫化で参加を断念したアフガニスタンは、関係者が国旗を掲げ開会式のみ参加した。カンボジアのプラカードを持つ茂

木孝子さんは交通事故で右足を失った。桜の花を描いた義足が見えるように、ショートパンツ姿でプラカードベアラーを務めた。モーリシャスの旗手・アルフォンス選手（陸上競技）の義足はカラフルな国旗の色。

　開催国の日本選手団は最後に入場。旗手は卓球男子の岩渕幸洋とトライアスロン女子の谷真海が務めた。今大会の選手団は過去最多の463名（うち選手は254名）。また、夏季大会としては初めて全競技に出場する。

・片翼の小さな飛行機

　「片翼の小さな飛行機」が登場。演じるのは一般公募から選ばれた13歳の和合由依さん。手足に障がいがある。

　片翼の少女＝小さな飛行機は、空を飛ぶことを夢見る。さまざまな形の飛行機が飛ぶ中、一緒に飛びたい片翼の少女はステージ中央で苦悩する。翼の長い飛行機、翼も機体も小さな飛行機、一本足の飛行機などが、それぞれ自分らしい飛び方で楽しそうに踊る。

　少女に近づいてきた飛行機が、手話で「あなたの翼はどんな翼？」と聞くが少女は答えられない。さらに、大きなプロペラで風を巻き起こす飛行機、目が見えない飛行機も登場。最後は個性豊かな6機による航空ショーが繰り広げられる。少女は飛びたいけれど翼が片方しかないため、空を飛ぶことをあきらめている。一歩が踏み出せない。

・橋本組織委員会会長、パーソンズIPC会長によるスピーチ（要旨）
＜橋本会長＞

　オリンピックから、いよいよ舞台はパラリンピックへ。ようこそ東京へ！　東京は史上初めて2度目の夏季パラリンピックを迎える。

前回（1964 年）の東京パラリンピックは、障がいのある方々に自律と社会参加を促し、その後の日本にパラスポーツの発展をもたらした。パラリンピックの準備を始めてから、私たちの社会はユニバーサルデザインのまちづくりや心のバリアフリーを目指してきた。少しずつ社会は変わり始めている。スポーツの力で世界と未来を変える。これが私たちの使命である。半世紀の時を経て、今、社会を変革するときが来た。

　アスリートのみなさん、コロナ禍という困難にあっても、東京に来ていただいたことを感謝する。ときに諦めざるを得ない状況から生まれた、真の力強さと覚悟を持つ、世界のすべてのパラアスリートを尊敬する。パラアスリートは、人間には無限の可能性と、限界を超える能力があることを教えてくれる。幾多の困難を乗り越えてきたその姿で、私たちに立ち上がる力と希望を与えてほしい。大会組織委員会は、パラアスリートを全力で支える。

＜パーソンズ IPC 会長＞
　東京 2020 パラリンピック競技大会にようこそ。この日を迎えられたのは信じられない気持ちだ。多くの人が不可能だと考えていた。しかし、みなさんの努力のおかげで、地球上もっとも変革をもたらす力を持つスポーツイベントが始まろうとしている。

　この大会を実現するために、日本国政府、東京都、東京 2020 組織委員会、国際オリンピック委員会（IOC）は、信念を失うことなく国際パラリンピック委員会（IPC）とともに、努力を続けてきた。

　「アリガトウジャパン！　アリガトウトーキョウ！」

　私たちはみなさまの信頼と、おもてなしの心におこたえし、障がいのある人々に対する新たな認識が、このパラリンピック競技大会が日本に残す素晴らしいレガシーになるよう努める。パラリンピア

ンのみなさんは、ここに来るために血と汗と涙を捧げた。今こそみなさんの技術、力、強い意志を世界に示すときだ。みなさんのパフォーマンスは運命を変えるかもしれない。重要なことは、それが世界の 12 億人の人生を永遠に変えることがあり得るということ。それがスポーツの力。変化はスポーツから始まる。

　そして明日から、パラアスリートたちが再び世界を変えていく。

　「ドウモアリガトウ！　サンキューベリマッチ！　ムイトオブリガード！」

・天皇陛下による開会宣言

　天皇陛下が東京パラリンピック競技大会の開会を宣言。

・パラリンピック旗が入場

　入場楽曲を奏でるのは、パラリンピック開会式のために特別に結成された、障がいのある演奏者を含む「パラ楽団」。

　パラリンピック旗はカヌーの瀬立モニカ、水泳の富田宇宙らパラアスリートが運び、コロナ禍で人々の生活を支えてくれたエッセンシャルワーカー 8 人に手渡された。

　パラリンピック讃歌が流れる中、パラリンピック旗は陸上自衛官・海上自衛官・航空自衛官の混成部隊によって掲揚された。

・宣誓

　ステージに選手、審判、コーチの各代表が登壇。日本の主将で、過去 3 個の金メダルを獲得した車いすテニス男子の国枝慎吾と、副主将でゴールボール女子の浦田理恵らが宣誓を行った。

・片翼の小さな飛行機と光るトラック

「片翼の小さな飛行機」の物語が続く。小さな飛行機はパラ・エアポートの外に出た。片腕のバイオリニストが音楽を奏でる。そこに「光る大きなトラック"デコトラ"」が登場。トラックには伊藤若冲の絵が描かれている。デコトラの荷台の扉が開くと同時に、大音量で"Battle Without Honor or Humanity"（映画「キルビル」のテーマ）が流れ、現れたのは日本が誇るギタリスト布袋寅泰。その左右で演奏するのは　障がいのあるギタリスト。ミュージックショーがスタートする。

ダンサーが少女の周りで踊り、その人数が増えていく。パフォーマーの中には障がいをもつ人たちの姿も多い。少女も楽しそうにリズムを刻む。義足のダンサーらによる光のダンスパフォーマンスと音楽が、少女に自信の光を与える。

片翼の少女は飛ぶことを決意し、パラ・エアポートに戻ってきた。夜の滑走路をデコトラとその仲間たちが明るく照らす。「風のダンサー」が現れ、その風に乗った「片翼の小さな飛行機」は滑走路を走り出し、ついに飛び立った。

「WE HAVE WINGS」の文字が会場に映し出され、物語のフィナーレを飾った。

・聖火入場

障がい者スポーツ発祥の地とされるイギリスのストークマンデビルと、47都道府県880超の市町村で工夫を凝らした採火の様子と聖火リレーの軌跡が映像で流れる。

会場内のランナー1組目は、冬季パラリンピックで10個のメダルに輝いた大日方邦子、1964年大会の金メダリスト竹内昌彦、今大会も出場するパラ競泳のレジェンド・成田真由美の3人が会場

中央へ聖火を運ぶ。

　会場内のランナー2組目は、中村太郎医師、田村玉美看護師、臼井二美男義肢装具士。中村医師は日本のパラリンピックの父といわれた故・中村裕博士の長男である。

　会場内のランナー3組目（最終点火者）は、車いすテニスの上地結衣を先頭に、ボッチャの内田峻介、パワーリフティングの森崎可林の3選手が、スロープを上り聖火台に向かう。

　3人同時に火を灯すと聖火台に大きなオレンジ色の光が立ちのぼり、フィナーレの花火が盛大に打ち上げられた。

3　二つの開会式についての考察

　オリンピックの開会式は、いくつものパートに分かれ、それぞれ独立して意味を持っていた。しかし、コンセプトが「United　by Emotion」であったにもかかわらず、「United＝結びついた」となっておらず、まとまりがなかった。Great Journey LLC 代表、コンサルタントの安川新一郎氏は「脈絡のない小さな出し物の連続で、大きなテーマが感じられない。途中で飽きてしまう」と述べた。筆者も同感である。

　実際、日本のサブカルチャー、日本の伝統文化・芸能、追悼、メッセージとしての「多様性と調和」・「ジェンダーバランス」、東京の街と観光資源、世界平和、そしてエンターテインメントが、厳かな式典と並んで展開された。たしかにそれぞれ個別に意味はあった。だがそれらが互いに連結されておらず、各々のパートがすれ違った主張をしてしまった。全体を貫く芯棒が見当たらなかったわけだが、それを「多様性と調和」だというにはあまりにも不調和だ。

　パンデミックの影響で明るく楽しい開会式にはならなかったが、それを考慮しても、これから始まる2週間の競技に対する期待やわ

くわく感を与えてくれるものではなかった。

　一方、パラリンピックの開会式は、「WE HAVE WINGS ＝私たちには翼がある」というコンセプトそのままに、片翼の小さな飛行機が主人公となり、パラ・エアポートを舞台にストーリーが展開されていった。パラリンピックの開会式には、オリンピックの際に感じた、「これでもかというほどの『多様性と調和』の押し付けがましさ」がなく、いかにも自然に、見る人を物語へと引き込む流れがあった。途中で目を逸らしてはいけないと思わせるストーリーがあった。

　オリンピック・パラリンピックの開会式は、式典とフェスティバルの複合体である。宗教的な厳かさとエンターテインメントショーを両立させるためには、かなりハイレベルな演出テクニックが必要だ。今回はパンデミックのために明るく楽しい開会式ができないという難しさがあったため、組織委員会には通常の大会とは比較にならないほどの苦労があったものと思われる。しかし、パラリンピックの開会式でできたことをオリンピックでできなかったのはなぜか、そこをもっと深く考えてみる必要があるのではないだろうか。

　余談だが、今回のオリンピック閉会式の選手入場の曲は、1964年東京大会で使用された古関裕而作曲「オリンピック・マーチ」だった。また、最後に大型スクリーンに映し出された「ARIGATO」の文字は、1964年東京大会の閉会式で使用された「SAYONARA」のフォントと同じであった。閉会式は 1964年東京大会のオマージュに彩られていた。

　筆者はそこに、60歳以上の日本人が持つ「1964年大会のノスタルジーと成功体験」に対する「もういいでしょう、これで終わりにしましょう」という幕引きのメッセージを読み取った。オリンピック東京開催を待ち望んでいた 60歳以上の日本人の多くは、1964

年東京大会の再現を夢見た。東京、そして日本が大きく変わり戦後から脱し高度成長期に入ったあの明るい日本の姿が、東京 2020 大会開催で蘇るのではないかと考えた人は少なくなかった。2021 年 6 月 9 日、国会の党首討論で菅総理が語った「57 年前の東京オリンピックは高校生だったが、いまだに鮮明に記憶している……例えば、東洋の魔女と言われたバレーの選手。回転レシーブというのもありました……何よりも私自身、記憶に残っていますのはオランダのヘーシンク選手……」は、そのことを示す典型的な例であろう。そうした 60 歳以上の「1964 年再現夢想派」に対するアンチテーゼが、今回の閉会式には込められていたように思えた。そんな夢が再現されるはずがない、と。

　おそらく、東京オリンピックは、1964 年 10 月 10 日に始まり、2021 年 8 月 8 日に終わったのだ。もう東京にオリンピックは来ない。

過去のオリンピックの開会式をふりかえる

　1896 年第 1 回オリンピック・アテネ大会の開会式は、ギリシャ国王の権力誇示の場としての意味があった。当時の大会では、選手は個人参加であり、国の推薦ではない。したがって、開催国以外の参加者には国という概念がなかった。第 2 回のパリオリンピックは万国博覧会付属のスポーツ大会だったため、オリンピックとしての開会式は実施されていない。第 3 回セントルイス大会は万国博覧会の開会式で博覧会会長が開会を宣言したのみだ。

　現在の開会式と同様に選手が国の代表として国旗を掲げて入場行進をしたのは、1906 年にアテネで行われた中間大会を除けば 1908 年第 4 回ロンドン大会からである。

　その後、オリンピックは国同士が（平和的に）競い合う場となっ

たわけだが、開催国のプレゼンスは重さを増していく。それが露骨に表出したのが1936年ベルリン大会だった。ヒトラーのオリンピックともいわれたこの大会で、開催するナチス・ドイツはオリンピックの開会式をまるで党大会のようにしてしまった。

　第二次世界大戦のためにオリンピック（夏季）は2大会中止になり、12年ぶりに行われた1948年ロンドン大会では、国同士の武器・兵力での戦いを否定し、平和が強調された。開会式は、平和にスポーツの祭典が開催できる国際社会が戻ってきたことを祝う場となった。やがてオリンピック開会式は、開催国がメッセージを発するようになっていった。1956年メルボルン大会は史上初の南半球での開催を、そして、1960年ローマ大会は3000年の歴史のある“永遠の都”を、1964年東京大会は、日本の戦災からの復興を果たし、国際社会復帰をアピールした。

　開会式からは離れるが、オリンピックに政治や社会問題が露骨に持ち込まれるようになるには時間がかからなかった。1968年メキシコシティー大会では表彰式で人種差別に対する抗議の示威行動が行われた（ブラックパワー・サリュート）。そしてオリンピック史上最悪の事件が1972年ミュンヘン大会で勃発した。「黒い九月」と称するパレスチナ武装組織がオリンピック選手村に侵入し、イスラエルのアスリートとコーチ11名を殺害した事件だ。このテロ以来、オリンピックの警備は格段に厳しくなった。

　開会式が大きく変わったのは1984年ロサンゼルス大会だった。4年前の1980年モスクワ大会はアメリカ、日本など西側諸国の多くがボイコットした。その4年前の1976年モントリオール大会は大赤字。そのためオリンピック開催地として立候補する都市が減り、1984年大会に手を挙げたのはロサンゼルスだけとなっていた。大会は税金を一切使用せずに行われた。スポンサー企業を募り、スポ

ンサーにはオリンピック・シンボルの使用を独占的に認め、テレビ局からは高い放送権料を得た。その開会式は華やかだった。経費を抑えるため 1932 年ロサンゼルス大会の際に使用したスタジアムを改装して使用。空には日本のスポンサー企業・Fuji Film（富士写真フイルム／当時）の飛行船が飛び、スタジアムの周囲はコカ・コーラの赤に染まった。この戦略的ビジネスモデルが奏功して大会は黒字化し、それまで低迷していたオリンピック人気が一気に蘇り、開催地に立候補する都市が増えた。

　1988 年にはアジアで 2 度目のオリンピックとなるソウル大会が行われた。前回 1984 年大会では東側陣営の多くがモスクワ大会の報復としてボイコットしたため、ソウル大会は 12 年ぶりに東西陣営のアスリートが集まることとなった。開会式は韓国の急速な経済発展を誇示するとともに、韓国の歴史と文化をアピールした。1992 年バルセロナ大会は、夏季大会としては史上初めて夜に行われた。アーチェリーの選手が聖火のついた矢を放って聖火台に点火するというスペクタクルを成功させた。

　一方、1992 年にはボスニア・ヘルツェゴビナ紛争（サラエボ内戦）が勃発。1984 年冬季大会が行われたサラエボが戦火に包まれ、20 万人もの死者が出た。この地域での戦闘を停止すべく、IOC のファン・アントニオ・サマランチ会長は IOC 総会で「オリンピック休戦を求めるアピール」を打ち出し、国連に働きかけ、オリンピック休戦が採択された。それを受けて、1994 年リレハンメル冬季大会の開会式でサラエボ内戦の死者に捧げる黙祷が行われた。悲惨な戦争を乗り越え、「世界平和」を掲げて開催された 1948 年ロンドン大会からおよそ半世紀経ち、オリンピックは再び、「世界平和」を掲げて開催しなければならないようになった。

　オリンピックと戦争・テロと戦いはその後も続くことになる。

1996年アトランタ大会では、公園の屋外コンサート会場でパイプ爆弾による爆破事件が発生し、2人が死亡、111人が負傷した。

　1972年以降、対テロとしてのセキュリティは、オリンピックにおいて重大な問題となっていた。ところが2020東京大会を襲ったのは戦争でもテロでもなく、新型コロナウイルスだった。そのために開催は1年延期され、無観客開催を強いられることとなった。パンデミックは開会式の内容を大きく変えた。追悼、黙祷が行われ、開会宣言の文言が変更になった。

オリンピックの開会式はどうあるべきだったか
　フェスティバルからレクイエムへと変貌せざるを得なかった東京2020オリンピックの開会式。そこまでしてやらなくてはいけない理由・目的は、いったい何だろう。
1. 神聖な式典を通じてオリンピックの権威を示す
2. 世界最大のイベントとしてのプレゼンスを示す
3. 選手や観客にエンターテインメントを提供
4. 開催国の国威発揚
5. 入場料収入および放送権料に結びつく視聴率確保
6. 各国・地域の選手を披露
7. 世界平和の演出（16日間の夢の世界のはじまり）
　すべてがあてはまる。だが、おそらく最大の理由は7なのだろう。
　かつて1964年東京オリンピックの記録映画の監督だった市川崑は、映画の冒頭に次のようなメッセージを描いた。
　「オリンピックは人類の持っている夢のあらわれである」
　この一文は、開会式からはじまり閉会式で終わる「夢の時間」こそがオリンピックであり、それは人類が持つ貴重な財産であるという意味だ。

　世界では紛争やテロが行われ、暴力や差別が横行する。国家間、民族間の対立は続き、核兵器はなくなる兆しもない。しかし、オリンピックには国連加盟国以上の数の国・地域からアスリートが集まり、同じルールのもとで競技を行う。そして戦った後は、異なった国の選手同士が互いに相手を讃え合う。それは現実のはるか彼方にある、まさしく夢の世界だ。

　開会式は、いわば「オリンピック＝夢の世界」という、アスリートが主人公となって繰り広げる壮大なオペラの序曲である。

　東京2020大会は無観客で行われ、選手はバブル方式という隔離された世界で競技を行った。テレビでしか見られないスタジオ・オリンピック。一般の人々が入れないその大きな泡の中は、現実とは異なる夢の世界だった。そこでは盛大に花火が打ち上げられ、超人が神のようなパフォーマンスを披露する。感動の涙がほとばしり、いくつもの笑顔があふれる……。

　4年に一度しか見られない夢。オリンピックという名の夢。

　東京2020オリンピックの開会式は、ちぐはぐでばらばらだった。テレビの解説者による詳しい説明がないと理解できない内容だった。そのため、今回の開会式はアスリートのパフォーマンスの引き立て役になってしまった。だが、かろうじて夢のかけらがあった。その夢のかけらは、翌日から行われた競技で一気に開花した。

　これから行われるオリンピックの開会式は、かつてのような開催国の国威発揚を前面に出したものではなく、パンデミックの影響を受けた東京2020大会のような悲しい内容もごめんだ。人々の胸を打ち、翌日から行われる競技へと感動をつなぐ開会式、幸せな夢の扉を開けてくれる、そんな美しい開会式であってほしい。

おわりに

　東京 2020 オリンピック・パラリンピックについて、若いみなさんにお伝えしたいことがある。

　今回は本当のオリンピックではなかった。東京 2020 大会は、新型コロナの影響で海外からの観客を含め、原則無観客。テレビなどのメディアでしか見ることのできない「スタジオ・オリンピック」「テレビ・オリンピック」になってしまった。

　しかし、選手たちはそんな状況の下でも、すばらしいパフォーマンスを発揮してくれた。大きな感動を与えてくれた。

　けれど、本当の自国開催のオリンピックはこんなものじゃない。スタジアムには大きな歓声が轟き、大きな拍手とともに感動の涙を流す観客。海外から来た観客と国内の観客が、言葉が通じなくても笑顔でハイタッチする。知らない国の人と一緒に自撮りする人、ピンバッジを交換する人もいる。競技場周辺や、今回でいえば第二聖火台が設置されたあたりに、記念写真を撮る多くのファミリーやカップルが集う。イベントスペースやスポンサーのブースでは楽しい催しが行われ、外国人も日本人も笑顔で参加する。地方のホストタウンでは、海外の選手と日本の子どもたちが一緒に歌を歌ったりイベントを楽しんだりしながら交流する。選手たちが帰国するときには、大人も子どもも涙をうかべて大きく手をふる。

　海外・国内の老若男女がそろって、お祭りを心ゆくまで楽しむことができる。それがオリンピック・パラリンピックの大きな醍醐味の一つなのだ。

　オリンピック・パラリンピックを楽しむための二大要素は「選手の活躍による感動」と「お祭り気分」である。今回は残念ながら、その「お祭り気分」を味わうことができなかった。だから、これが本当のオリンピック・パラリンピックだとは思っていただきたくは

ない。今回は特別なのだ。

　次に日本でオリンピック・パラリンピックが行われる可能性があるとすれば、2030年の札幌冬季大会だろうか。そのころになれば、いくらなんでも新型コロナの感染は終息しているだろう。その大会が行われるとき、本来の自国開催の価値がわかると思う。

　本当はもっと、圧倒的にすごいのだ。

参考文献

・早川・藤竹・中野・北村・岡田 ,「マス・コミュニケーション入門」有斐閣、1979
・日本オリンピック委員会監修「近代オリンピック 100 年の歩み」ベースボール・マガジン社、1994
・武田薫「オリンピック全大会」2008、朝日新聞社
・「現代スポーツ評論 44 ―特集・オリンピックの価値を問う」2021、創文企画
・朝日新聞
・毎日新聞
・市川崑 . 映画「東京オリンピック」1965、東宝

東京 2020 大会開催までの道のり

年	月	東京オリンピック・パラリンピックに関係する出来事、政治、社会の動きなど
2004		スポーツ界が2016年オリンピック・パラリンピックの招致を検討開始
2005	9月20日	東京都が2016年オリンピック・パラリンピック立候補正式表明
	9月22日	福岡市が2016年オリンピック・パラリンピック立候補正式表明
2006	4月24日	東京都が日本オリンピック委員会に「立候補意思表明書」を提出
	4月28日	福岡市が日本オリンピック委員会に「立候補意思表明書」を提出
	8月30日	2016年オリンピック・パラリンピックの日本開催招致都市を決める投票で、東京が福岡を破る
	9月26日	第1次安倍晋三内閣発足
	11月19日	2016年東京オリンピック・パラリンピック招致委員会設立
2007	2月18日	第1回東京マラソン開催
	4月23日	石原慎太郎氏が東京都知事再任(3期目)
	9月12日	安倍首相、体調不良のため辞任。その後福田康夫内閣発足
2008	1月	国際オリンピック委員会(IOC)に2016年の立候補ファイル提出
	1月21日	ナショナルトレーニングセンター開設(東京都北区)
	6月4日	2016年オリンピック・パラリンピック立候補都市確定(東京、リオデジャネイロ、マドリード、シカゴ)
	8/8～8/24	北京夏季オリンピック開催
	9/6～9/17	北京夏季パラリンピック開催
	9月24日	麻生太郎内閣発足
	10月8日	ノーベル物理学賞(南部陽一氏、益川敏英氏、小林誠氏)、化学賞(下村脩氏)の4名の日本人が受賞
2009	1月20日	アメリカの大統領に民主党のバラク・オバマ氏が就任
	5月11日	ナショナルトレーニングセンターの名称変更「味の素ナショナルトレーニングセンター」
	7月28日	ラグビーワールドカップ2019年大会日本開催決定、2015年イングランド(英国)大会と同時決定
	9月16日	政権交代が実現。民主党鳩山由紀夫氏を首相とする連立内閣が発足
	10月2日	コペンハーゲンで行われたIOC総会の2016年オリンピック・パラリンピック開催都市決定投票で、東京は2回目で落選。リオデジャネイロに決定
2010	2/12～2/28	バンクーバー冬季オリンピック開催
	3/12～3/21	バンクーバー冬季パラリンピック開催
	6月8日	菅直人内閣発足
2011	3月11日	東日本大震災
	4月	大相撲八百長発覚により、3月場所中止、5月場所は技量審査場所として開催
		石原慎太郎氏が東京都知事再任(4期目)、2020年東京大会招致に意欲
	7月16日	東京都が2020年オリンピック・パラリンピック招致を表明
		日本体育協会創立100周年、日本スポーツ協会への名称変更を発表
	7月17日	FIFA女子ワールドカップで「なでしこジャパン」が初優勝の快挙
	8月18日	「なでしこジャパン」国民栄誉賞受賞
	8月24日	スポーツ基本法施行
	9月	2020年オリンピック・パラリンピック立候補都市に東京が決定
	9月2日	野田佳彦内閣発足

2012	2月	IOCに2020年大会の立候補ファイル提出
	5月	2020年オリンピック・パラリンピック立候補都市確定(東京、イスタンブール、マドリード)
	7/27〜8/12	ロンドン夏季オリンピック開催
	8/29〜9/9	ロンドン夏季パラリンピック開催
	10月8日	山中伸弥氏ノーベル医学生理学賞受賞
	10月31日	石原慎太郎都知事辞任
	11月15日	新国立競技場の設計案にザハ・ハディド氏の案を決定
	12月18日	猪瀬直樹都知事就任
	12月26日	吉田沙保里氏 国民栄誉賞受賞
		自民党が政権奪還。第2次安倍内閣発足
2013	2月25日	大鵬幸喜氏(故人)国民栄誉賞受賞
	5月5日	長島茂雄氏・松井秀喜氏 国民栄誉賞受賞
	9月8日	IOC総会で2020年オリンピック・パラリンピック開催都市が東京に決定
	9月13日	オリンピック・パラリンピック担当大臣に下村博文氏が就任(文部科学大臣兼任)
	12月18日	11月にワールドマスターズ2021関西の開催決定
		猪瀬都知事辞任
2014	1月14日	東京オリンピック・パラリンピック競技大会組織委員会発足。森喜朗氏が会長、武藤敏郎氏が事務総長に就任
	2月11日	舛添要一都知事就任
	2/7〜2/23	ソチ冬季オリンピック開催
	3/7〜3/16	ソチ冬季パラリンピック開催
	6月3日	「パラリンピック研究会」発足(日本財団顧問小倉和夫氏会長就任)
	10/6〜12	東京オリンピック・パラリンピック50周年記念ウイーク(日本オリンピック委員会)
	10月8日	ノーベル物理学賞を赤崎勇氏、天野浩氏、中村修二氏が受賞
	12月8日	国際オリンピック委員会(JOC)の総会で「オリンピック・アジェンダ2020」が採択
2015	3月3日	国立競技場解体作業開始
	5月15日	「日本財団パラリンピック・サポートセンター」発足
	6月25日	オリンピック・パラリンピック担当大臣に遠藤利明氏が就任
	7月17日	安倍首相が新国立競技場のザハ氏の案を白紙に戻しゼロベースで検討することを発表
	7月24日	公式エンブレムに佐野研二郎氏のデザインが決定
	9月1日	公式エンブレム盗作疑惑により佐野氏の案が白紙撤回 ※後に盗作ではないことが証明される
	9月19日	イングランド(英国)で開催されたラグビーワールドカップで日本が強豪南アフリカを破る快挙
	10月1日	スポーツ庁発足。鈴木大地氏が初代長官
	10月6日	ノーベル医学生理学賞を大村智氏、物理学賞を梶田隆章氏が受賞
	12月22日	新しい新国立競技場の設計案に隈研吾氏の案を決定
2016	4月14日	熊本大地震
	4月25日	新しい公式エンブレムに野老朝雄氏のデザインが選ばれる
	6月21日	舛添都知事辞任
	8月2日	小池百合子都知事就任

	8月3日	オリンピック・パラリンピック担当大臣に丸川珠代氏が就任
	8月8日	天皇陛下、退位の意向を表明
	8/5〜8/21	リオデジャネイロ夏季オリンピック開催
	9/7〜9/18	リオデジャネイロ夏季パラリンピック開催
	10月20日	伊調馨氏　国民栄誉賞受賞
	12月	新国立競技場本体工事開始 1日あたり2800人が作業
2017	1月1日	渡邊守成氏、国際体操連盟会長に就任
	1月20日	アメリカの大統領に共和党のドナルド・トランプ氏が就任
	8月3日	オリンピック・パラリンピック担当大臣に鈴木俊一氏が就任
	9月9日	桐生祥秀が陸上100mで日本人初の9秒台となる9秒98の記録を達成
	9月27日	「日本財団ボランティアサポートセンター」開設
2018	2/9〜2/25	平昌冬季オリンピック開催
	3/9〜3/18	平昌冬季パラリンピック開催
	4月1日	日本体育協会が日本スポーツ協会に名称変更
	6月1日	「日本財団パラアリーナ」開設(全館バリアフリーのパラ専用体育館)
	6月13日	2020年1月1日より「体育の日」が「スポーツの日」に改正について祝日法可決
	7月2日	羽生結弦氏　国民栄誉賞受賞
	9月8日	全米オープンテニス女子シングルスで大坂なおみが優勝。日本人初の4大大会優勝の快挙
	10月2日	オリンピック・パラリンピック担当大臣に桜田義孝氏が就任
	10月9日	渡邊守成氏、国際オリンピック委員会の委員に就任
2019	1月12日	競泳の池江璃花子が白血病発症を公表
	1月26日	大坂なおみ全豪オープン優勝
	3月19日	JOC竹田恒和会長(組織委副会長)が、日本オリンピック委員会会長、組織委副会長、国際オリンピック委員会委員の辞任を表明
	3月21日	イチロー氏現役引退を発表
	4月11日	オリンピック・パラリンピック担当大臣に鈴木俊一氏が就任
	5月1日	皇太子が新天皇に即位。元号は「令和」に
	7月4日	山下泰裕氏JOC新会長に就任
	7月24日	東京オリンピック・パラリンピックのメダルデザイン発表
	9月11日	オリンピック・パラリンピック担当大臣に橋本聖子氏が就任
	9/20〜11/2	ラグビーワールドカップが日本で開催され、日本は史上初のベスト8に進出、南アフリカ3度目の優勝、68億円の黒字
	10月16日	東京オリンピックのマラソン・競歩のコースを札幌に変更することを発表　※11/1 国際オリンピック委員会、東京都、組織委員会で合意・正式決定
	11月30日	新国立競技場完成。正式名称:国立競技場(東京大会期間中⇒オリンピックスタジアム)
	12月9日	世界アンチドーピング機構がロシアのドーピング不正・データ改ざん問題で東京オリンピック・パラリンピック等主要大会から4年間除外を決定
	12月21日	国立競技場でオープニングイベントが開催(観客:52,000人)
2020	1月10日	山下泰裕氏がIOCの委員に就任
	1月16日	新型コロナウイルス、日本で初の感染者確認

	1月20日	東京オリンピック・パラリンピック日本選手団公式ユニフォーム発表(白ジャケット・赤パンツ)
	2月3日	ダイヤモンドプリンセス号が横浜港に入港。途中、香港で下船した男性の新型コロナ感染が分かり、横浜沖に停泊させたまま検疫を実施
	2月27日	国際オリンピック委員会のバッハ会長は緊急の電話会見で東京大会を予定どおり開催することを強調
		国際オリンピック委員会ディック・パウンド氏が東京大会1年延期に言及
	2月28日	国際パラリンピック委員会(IPC)が声明を発表。「東京パラリンピックに向けたIPCと大会組織委員会の準備は予定どおり進んでいる」とコメント
	3月11日	組織委員会理事　高橋治之氏(元電通専務)が東京大会延期について発言
		トランプ大統領が東京大会延期について言及
		世界保健機関(WHO)がパンデミック宣言
	3月12日	ギリシャのオリンピアで東京オリンピック聖火の採火式が行われる(式典は無観客)
	3月13日	安倍首相がトランプ大統領との電話会談で東京大会開催に向けて努力していると報告
	3月16日	G7で安倍総理が完全な形で東京大会を実施すると発言
	3月17日	IOCは電話会議の形式で行った臨時理事会で「大会まで、まだまだ4か月あり、今は抜本的な決定をすべき時でない」と予定どおりの開催に向け準備を進めていく考えを確認
	3月19日	JOC山口香理事、延期に言及
	3月20日	宮城県東松島市の航空自衛隊松島基地にオリンピック聖火が到着
	3月24日	新型コロナウイルスの世界的感染拡大により、大会の1年程度の延期が発表される。大会名は「2020」を維持(安倍総理大臣と国際オリンピック委員会バッハ会長による電話会談で決定)※森喜朗大会組織委員会会長、橋本聖子五オリンピック担当大臣、小池百合子東京都知事が会談に参加
	3月25日	安倍首相がトランプ大統領との電話会談で東京大会延期の報告
	3月30日	国際オリンピック委員会は臨時理事会で大会の延期日程を決定。オリンピックは2021年7月23日に開幕する17日間。パラリンピックは2021年8月24日に開幕する13日間
	4月3日	「日本財団パラアリーナ」が新型コロナウイルス感染症の医療施設に転用のため一時閉鎖
	4月7日	新型コロナウイルス感染対策として7都府県に緊急事態宣言を発令。16日に全国に拡大
	4月20日	新型コロナウイルス感染症に伴う「緊急事態宣言発出」により「味の素ナショナルトレーニングセンター」活動停止
	5月25日	緊急事態宣言を全面解除
	5月27日	「味の素ナショナルトレーニングセンター」活動再開
	7月23日	東京オリンピック・パラリンピック1年前イベント開催(無観客)。白血病から復帰した池江選手が世界のアスリートにメッセージ発信
	7月31日	東京都知事選挙投開票。小池都知事再任(2期目)
	8月28日	安倍首相、体調不良により退陣を表明
	9月4日	東京オリンピック・パラリンピック開催に向けての政府の新型コロナウイルス対策調整会議が開催
	9月13日	大坂なおみ全米オープン2度目の優勝、黒人差別に抗議のため7試合黒いマスク着用
	9月16日	オリンピック・パラリンピック担当大臣に橋本聖子氏が再任
		菅義偉内閣発足
	9月25日	IOCと大会組織委員会は、選手団役員の参加人数の削減等52項目にわたる大会簡素化で合意
	9月28日	オリンピック聖火リレーは3月25日に福島Jヴィレッジをスタートし121日間行われることが発表
	10月1日	スポーツ庁2代目長官に室伏広治氏就任
	10月30日	大会組織委員会は既に販売された観戦チケットの払い戻しを決定

	10月30日	新型コロナウイルス感染防止と大規模イベントを両立を検証するために神奈川県やプロ野球DeNAなどが横浜スタジアムの試合で初の実証実験を行う
	11月5日	ワールドマスターズ関西1年延期(2022年5月開催へ)
	11/15~18	IOCバッハ会長が来日し、菅首相との会談や国立競技場の視察を行う
	11月16日	安倍晋三前首相が国際オリンピック委員会バッハ会長からオリンピック・オーダーを授与(金賞)
	12月12日	開閉会式演出チームの再編を発表。野村萬斎氏率いる7名のチームが解散。新たに統括責任者として佐々木宏氏が就任
2021	1月7日	1都3県に2度目の緊急事態宣言を発令
	2月12日	森喜朗大会組織委員会会長が女性蔑視発言をめぐり辞任を表明
	2月18日	大会組織委員会新会長に橋本聖子氏(前オリンピック担当大臣)が就任
		オリンピック・パラリンピック担当大臣に丸川珠代氏が就任
	2月19日	G7で菅首相が東京大会開催の支持を受ける
	2月20日	大坂なおみ全豪オープン2度目の優勝
	2月24日	大会組織委員会内部に「ジェンダー平等推進チーム」を発足(責任者に小谷実可子スポーツディレクター)
	3月3日	高橋尚子氏をはじめ12名が大会組織委員会新理事に就任(女性比率20%から42%となる)
	3月10日	IOC総会の選挙(オンライン)でトーマス・バッハ会長が再選
	3月11日	中国が東京オリンピック・パラリンピックの出場者に向けた新型コロナウイルスのワクチン提供を申し出る
	3月18日	開閉会式総括責任者の佐々木宏氏が"不適切演出提案"の責任を取って辞任
	3月20日	大会組織委員会は海外からの一般観客の受け入れを断念すると発表 (IOCとIPCの了承を得る)
	3月22日	2度目の緊急事態宣言解除
	3月25日	福島県Jヴィレッジで聖火出発式が行われ聖火リレーがスタート、しかし芸能人が次々と聖火ランナーを辞退
	4月4日	競泳の池江璃花子が日本選手権100mバタフライで優勝。東京オリンピック400mMRの代表に内定
	4月5日	北朝鮮が新型コロナウイルスを理由に東京オリンピック・パラリンピックへの参加を辞退すると発表
	4月12日	松山英樹がマスターズで優勝 (アジア初)
	4月14日	オリンピック100日前
	4月15日	自民党の二階幹事長が新型コロナウイルス感染状況次第では東京大会の中止もありえるとの見方を示す
	4月16日	菅首相とバイデン大統領との日米首脳会議で菅首相は「世界の団結の象徴として東京オリンピック・パラリンピックの開催」を実現する決意を伝え、バイデン大統領からの支持
	4月22日	10都道府県に3度目の緊急事態宣言を発令
	4月28日	大会組織委員会は観客数の上限を6月時点の国内スポーツイベントに適用される新型コロナウイルス対策の規制に準ずると発表(政府、東京都、IOC、IPCとのオンライン会議で合意する)
		プレイブック 第2版発表(選手・チームオフィシャル)
	4月30日	プレイブック 第2版発表(国際連盟、プレス、マーケティング等)
	5月7日	3度目の緊急事態宣言延長(5月末まで)
	5月10日	IOCバッハ会長が聖火ランナーとして参加(広島県)予定の延期発表
	5月16日	パラリンピック100日前

5月20日	IOCバッハ会長の7月12日来日が発表
5月21日	IOCコーツ調整委員長は、「東京都で新型コロナウイルスの感染が広がり、大会時に緊急事態宣言が発令されている中でもオリンピックの開催は可能」との考えを示す
5月24日	アメリカ国務省は、日本をアメリカ国民向けの海外渡航警戒レベルを最も高いレベル「4」に引き上げ発表。東京オリンピック・パラリンピックへのアメリカ代表の出場には影響はないと声明を発表
6月1日	東京オリンピック日本選手団のワクチン接種スタート(福井団長、尾縣総監督ほか6競技団体約200名が国立スポーツ科学センターで接種)
	オーストラリアのソフトボールチームが来日(群馬県太田市) ※日本に入国する初の外国選手団
6月2日	東京都、大会期間中の代々木公園パブリックビューイング中止を発表
	政府の分科会の尾身茂会長は、東京大会の開催は「普通ではない」と発言し警鐘を鳴らした
6月6日	山縣亮太が男子100m決勝で9秒95の日本新記録を樹立。体操・内村航平4度目のオリンピック出場内定
6月7日	笹生優花が全米女子オープンゴルフで、史上最年少優勝を果たす。メジャー制覇は樋口久子、渋野日向子に継いで3人目
6月15日	選手および関係者向けの新型コロナウイルス対策指針をまとめたプレイブックの最新版を発表(ルールに従わない場合、罰則の対象となる可能性がある。罰則は警告から罰金や大会参加資格の剥奪など)
	IOC副会長のジョン・コーツ氏が来日
6月18日	分科会の尾身会長は東京大会への提言を発表:「無観客開催が最も感染拡大リスクが少なく望ましい」、観客を入れるのであれば、開催基準より厳しい基準の採用を政府や大会の主催者に求めた
6月19日	東アフリカ・ウガンダの選手団のうち1人が、空港での新型コロナウイルスの検査で「陽性」と確認(成田空港)
6月20日	3度目の緊急事態宣言解除。東京都などまん延防止等重点措置へ移行
6月22日	東京都の小池百合子知事が過度の疲労により、静養が必要となり入院
6月23日	収容人員の50%で1万人までの観客上限が決定
	会場での飲酒は全面禁止となり、アルコール飲料の持ち込みも禁止が決定
6月24日	宮内庁の西村泰彦長官が、天皇陛下が大会開催による新型コロナの感染拡大をご心配していると拝察すると発言
	日本陸上競技選手権大会開幕(〜27日)
7月4日	東京都議会議員選挙投開票日
7月8日	東京大会無観客が決定(東京都、埼玉県、千葉県、神奈川県)
7月9日	東京大会無観客が決定(北海道)
7月10日	東京大会無観客が決定(福島県)
7月12日	東京都に4度目の緊急事態宣言を発令(8月22日まで)
7月21日	東京オリンピック サッカー・ソフトボール予選開始
7月22日	神奈川県に緊急事態宣言を発令(8月22日まで)
7月23日	東京オリンピック開会式
8月8日	東京オリンピック閉会式
8月24日	東京パラリンピック開会式
9月5日	東京パラリンピック閉会式

東京 2020 大会概要 ·······························

第 32 回オリンピック競技大会（2020 ／東京）
Games of the XXXII Olympiad

開催期間　2021 年 7 月 23 日（金）〜 8 月 8 日（日）
参加国（地域）数　205 および難民選手団
参加選手数　約 1 万 1,090 人
日本の参加選手数　583 人
実施競技数　33
実施種目数　339
日本のメダル獲得数　金 27 銀 14 銅 17　合計 58 個

東京 2020 パラリンピック競技大会
Tokyo 2020 Paralympic Games

開催期間　2021 年 8 月 24 日（火）〜 9 月 5 日（日）
参加国（地域）数　162 および難民選手団
参加選手数　約 4,400 人
日本の参加選手数　254 人
実施競技数　22
実施種目数　539
日本のメダル獲得数　金 13 銀 15 銅 23　合計 51 個

＜執筆者紹介＞ （掲載順）

※執筆者は全員、日本オリンピック・アカデミー（JOA）会員

結城和香子 （ゆうき・わかこ）

東京大学文学部卒。読売新聞東京本社運動部、シドニー支局長、ロンドン支局員、アテネ臨時支局支局長等を経て 2011 年から編集委員。国際オリンピック委員会（IOC）の取材を 28 年近く担当。2020 年東京大会を含む、1994 年以降の夏季・冬季五輪 14 大会と、夏季・冬季パラリンピック 9 大会を取材。文部科学省オリンピック・パラリンピック教育有識者会議委員、スポーツ庁スポーツ審議会委員などを務める。JOA 副会長。

望月敏夫 （もちづき・としお）

1966 年東京大学卒業後外務省入省。在スイス公使時代に IOC を担当、関西担当大使時代に大阪招致を支援、駐ギリシャ大使時代にアテネ大会の公式リエゾン役。2007 年より 2 度の東京招致担当大使。この間早稲田大学大学院で「スポーツと政治・外交」講義を担当。日本パラスポーツ協会評議員、国士舘大学大学院客員教授、早稲田大学招聘研究員等。JOA 会長。

佐藤次郎 （さとう・じろう）

1950 年横浜生まれ。中日新聞社に入社し東京新聞の社会部、特別報道部をへて運動部勤務。オリンピック 6 回、世界陸上 5 回を現地取材。運動部長、編集委員兼論説委員を歴任。退社後スポーツライターとして活動。ミズノ・スポーツライター賞、JRA 馬事文化賞を受賞。著書に「東京五輪 1964」（文春新書）、「砂の王　メイセイオペラ」（新潮社）、「オリンピックの輝き　ここにしかない物語」（東京書籍）、「1964 年の東京パラリンピック」（紀伊国屋書店出版部）など。JOA 監事。

猪谷千春 (いがや・ちはる)

1931 年生まれ。3 度オリンピック出場。1956 年コルチナダンペッツオ大会回転 2 位となり、日本人初の冬季メダリストに。米ダートマス大卒業後は AIU 保険会社入社し、アメリカンホームズ保険会社社長など歴任。1982 年 IOC 委員となり、2011 年の退任まで約 30 年、理事 2 期、副会長 1 期務めた。現在は IOC 名誉委員。著書に『わが人生のシュプール』(ベースボールマガジン社)、『IOC』(新潮社) など。JOA 最高顧問。

和田浩一 (わだ・こういち)

フェリス女学院大学国際交流学部教授。専門は体育・スポーツ史。『オリンピック・パラリンピック学習読本』「オリンピック・パラリンピック教育映像教材」(いずれも東京都教育委員会、2016 年)と『オリンピック大事典』『パラリンピック大事典』(いずれも金の星社、2017 年) を監修。一般財団法人東京オリンピック・パラリンピック競技大会組織委員会大学連携検討会委員。国際ピエール・ド・クーベルタン委員会会員。JOA 理事。

真田 久 (さなだ・ひさし)

筑波大学特命教授。東京生まれ。小学 3 年時、東京 1964 大会を迎える。筑波大学進学後、オリンピックの歴史について研究。大学院修了後、ギリシャに 1 年間滞在し、オリンピアやデルフィ、ネメアなどの競技施設を歴訪。帰国後は日本のオリンピックの始まりについても研究する。東京 2020 大会組織員会参与、同文化教育委員会委員を務める。日本スポーツ人類学会会長。大河ドラマ「いだてん」スポーツ史考証を担当。博士(人間科学)。JOA 副会長。

來田享子 (らいた・きょうこ)

中京大学スポーツ科学部教授。神戸大学・大学院修士課程、中京大学大学院博士課程を経て博士（体育学）。オリンピック史、スポーツとジェンダー研究。JOA 理事、日本スポーツとジェンダー学会（JSSGS）会長、日本体育・スポーツ・健康学会副会長、日本スポーツ体育健康科学学術連合副代表、体育史学会副会長、東京オリンピック・パラリンピック競技大会組織委員会理事など。中京大学スポーツミュージアム副館長。JSSGS 学会賞、国際オリンピック史家協会 "Vikelas Plaque" 受賞。JOA 理事。

日比野暢子 (ひびの・のぶこ)

桐蔭横浜大学スポーツ健康政策学部教授／桐蔭横浜大学大学院スポーツ科学科教授、ウースター大学スポーツ・エクササイズ学部名誉教授。その他、（公財）2020 年東京オリンピック・パラリンピック競技大会組織委員会理事、（公財）日本パラスポーツ協会理事、（一社）日本パラリンピアンズ協会アドバイザーなどを務める。専門はスポーツ政策学。パラリンピックや障害者スポーツに関する研究が多い。JOA 理事。

黒須朱莉 (くろす・あかり)

茨城県出身。びわこ成蹊スポーツ大学講師、博士（社会学）。専攻分野は、スポーツ史。共著に『オリンピックが生み出す愛国心』（かもがわ出版）、『12 の問いから始めるオリンピック・パラリンピック研究』（かもがわ出版）など。JOA 編集・出版委員会委員。

大津克哉 (おおつ・かつや)

東海大学体育学部スポーツ・レジャーマネジメント学科准教授。専門は、体育・スポーツ哲学、オリンピック教育に関する研究。主に、日本のスポーツ研究の分野において、「スポーツと地球環境」の問題に関する研究が為されていないことから、「環境」、「持続可能性」等をキーワードとする新しい研究分野にも取り組んでいる。日本オリンピック委員会オリンピック・ムーブメント事業専門部会部会員。JOA 理事。

後藤光将 (ごとう・みつまさ)

明治大学教授。1975 年石川県野々市市生。93 年金沢泉丘高卒、97 年筑波大学体育専門学群卒、2002 年筑波大学大学院博士課程体育科学研究科退学。専門は体育・スポーツ史、日本テニス史、オリパラ教育。博士 (体育科学)。筑波大学体育センター文部科学技官などを経て 07 年明治大学政治経済学部専任講師、17 年より教授。ほかに日本テニス協会テニスミュージアム委員会委員，明大スポーツ新聞部部長など。JOA 理事。

佐野慎輔 (さの・しんすけ)

1954 年生まれ。産経新聞編集局次長兼運動部長、取締役サンケイスポーツ代表、特別記者兼論説委員などを歴任し、2019 年退社。20 年から尚美学園大学教授の傍ら、産経新聞客員論説委員、笹川スポーツ財団理事、日本スポーツフェアネス機構体制審議委員などを務める。近著に『嘉納治五郎』『中村裕』(以上、小峰書店) など。共著に『スポーツレガシーの探求』(ベースボールマガジン社)、『これからのスポーツガバナンス』(創文企画) など。JOA 理事。

和田恵子 （わだ・けいこ）

上智大学外国語学部英語科卒業。有限会社和田翻訳室代表取締役。翻訳分野は、金融、法律、保険、歴史、広告、IT、スポーツ、マーケティング、ファッション他。オリンピック、スポーツ関係の翻訳実績として、論文、定款、規定・規程、競技規則、報告書、リリース等がある。JOA 理事。

大野益弘 （おおの・ますひろ）

1954 年東京生まれ。ライター・編集者。株式会社ジャニス代表取締役。福武書店（現・ベネッセ）などを経て編集プロダクションを設立。オリンピック関連書籍・写真集の編集および監修多数。筑波大学大学院人間総合科学研究科修了（修士）。著書に『オリンピック ヒーローたちの物語』、『オリンピック・パラリンピックのスゴイ話 1 〜 4 巻』（以上、ポプラ社）、『クーベルタン』『人見絹枝』（以上、小峰書店）、『古関裕而物語』（講談社）など。JOA 理事。

＜編著者＞
特定非営利活動法人 日本オリンピック・アカデミー（JOA）
ギリシャに本部を持つ国際オリンピック・アカデミー（IOA）を頂点とする世界各国・地域の国内アカデミーの1つ。オリンピック憲章の理念に則り、主に次の活動を行っている。
「オリンピックおよびスポーツに関する研究」「オリンピックおよびスポーツの普及・振興に関する事業」「青少年の健全な育成を目的とするオリンピック教育の実践」
JOA の設立は 1978 年。オリンピックについて関心を持つさまざまな立場のメンバーで構成されている。

2020＋1 東京大会を考える

2022 年 2 月 17 日　初版第1刷発行

編著者　特定非営利活動法人 日本オリンピック・アカデミー
発行人　磯田 肇
発行所　株式会社メディアパル
　　　　〒 162-8710 東京都新宿区東五軒町 6-24
　　　　TEL.03-5261-1171　FAX.03-3235-4645

印刷・製本　株式会社堀内印刷所
Printed in Japan
ISBN978-4-8021-1065-5　C0075
©2022 Japan Olympic Academy

※定価はカバーに表示してあります。造本には十分注意しておりますが、万が一、落丁・乱丁などの不備がございましたら、お手数ですが、メディアパルまでお送りください。送料は弊社負担でお取替えいたします。
※ 本書の無断複写（コピー）は、著作権法上での例外を除き禁じられております。また代行業者などに依頼してスキャンやデジタル化を行うことは、たとえ個人や家庭内での利用を目的とする場合でも著作権法違反となります。ご注意ください。

ピエール・ド・クーベルタン
オリンピック回想録

　近代オリンピックの創始者、ピエール・ド・クーベルタンが書いた文献をまとめた、オリンピック研究者必読の一冊。

　国際オリンピック委員会（IOC）を設立し、1896年第1回アテネ大会の開催までの経緯と実態。ギリシャ王家との軋轢と第2回パリ大会開催にともなう苦難と苦悩。アマチュアリズムに関する考え方、第一次世界大戦におけるオリンピック中止などについて、クーベルタン自身が生々しく語る。

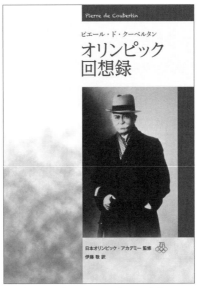

日本オリンピック・アカデミー 監修

伊藤 敬 訳

A5判　224ページ　ISBN 978-4-8021-1061-7　本体 3200 円＋税